© Michael Thumser M.A., 2020

Einbandgestaltung: Carolina Schlak
(Foto: Pixabay)

Autorenfoto (Seite 338): © Dr. Mechthild Habermann, 2020

Printed in Germany.
Eine Publikation des Hochfranken-Feuilletons, Hof
Verlag und Druck: tredition GmbH,
Halenreie 40-44, 22359 Hamburg.

978-3-347-14402-6 (Hardcover)
978-3-347-14401-9 (Paperback)
978-3-347-14403-3 (e-Book)

Das Werk, einschließlich seiner Teile, ist urheberrechtlich geschützt. Jede Verwertung ist ohne Zustimmung des Verlages und des Autors unzulässig. Dies gilt insbesondere für die elektronische oder sonstige Vervielfältigung, Übersetzung, Verbreitung und öffentliche Zugänglichmachung.

Bibliografische Information der Deutschen Nationalbibliothek:
Die Deutsche Nationalbibliothek verzeichnet diese Publikation in der Deutschen Nationalbibliografie; detaillierte bibliografische Daten sind im Internet über http://dnb.d-nb.de abrufbar.

Michael Thumser

Wir sind wie Stunden

Essays

Wir sind wie Stunden: die aus deinen Händen
herniederfallen, und die dann beginnen,
wenn andre gehen, und die darin enden,
dass wieder neue kommen. In uns drinnen

vergeht das Leben langsam, einer Uhr
in ihrem Wandel ähnlich. Deine Hände
sind ihre Kraft, wir sind die Zeiger nur,
als ob sich deine Hand in uns befände.

Du, als die Mitte, leitest uns im Kreise,
denn selbst hat keiner je den Weg gefunden.
So sind wir nichts als jene runde Reise,
und deine Hände selber sind die Stunden.

Für Nina und Nele,

*meine Töchter,
das vergötterte „Otterngezücht"*

Inhalt

Vorwort 8

Immer und ewig

Die Erfindung der Dauer 11
Wie der Mensch auf Zeit und Geschichte verfiel (2020)

Von vorgestern bis gestern

Das Phantom, Ruhm genannt 65
Zwischen Grazien und Grenadieren:
König Friedrich II. von Preußen (2012)

Zwei Wesen, von Göttern beneidet 75
Wilhelm Heinrich Wackenroder, Ludwig Tieck
und ihre Pfingstreise im Jahr 1793 (2010)

Von Sarajevo nach Versailles 96
Wilhelm II. und Franz Joseph: Zwei Kaiser und der
Große Krieg (2014)

„… und Streben nach Glück" 109
Massen in Bewegung: Über Revolutionen und
Widerstand (2015)

Ernstfall Europa 123
Bemerkungen zu Geschichte und Gegenwart der
Staatsräson (2018)

Völkerschlacht oder Völkerbund 140
Europa als Mythos und Idee (2013)

**Das meiste geht nicht verloren, es verändert
sich nur** 153
Einige Schlaglichter auf den Begriff Tradition (2010)

Zwischen heute und morgen

Wir werden, was wir sind und waren *165*
Erinnerung als Wegweiser in die Zukunft (2012)

Der Albtraum der Offiziere *175*
Worin Frieden besteht und was man besser nicht dafür hält (2019)

„Typisch deutsch" *193*
Kulturwerte zwischen Beethoven und Ballermann (2017)

Der periphere Mensch *207*
Von der Schmach der Provinz und den Gründen, sie zu loben (2015)

Paradies und Pandora *220*
„Carpe diem" oder
Wie man das Beste aus dem Leben macht (2020)

Verdoppeltes Dasein *248*
Freundschaft: eine Seele in zwei Körpern? (2018)

Der Stein rollt den Berg nicht hinauf *266*
Über Kreativität als Energie (2011)

Panta rhei – Alles fließt *276*
Eine kleine Philosophie der Bewegung (2014)

Es muss nicht gleich das große Fressen sein *290*
Bemerkungen über Askese und Genuss (2016)

Lasst wohlbeleibte Männer um mich sein *307*
Aus der Gegenwart und Kulturgeschichte der Adipositas (2017)

Da steh ich, ein entlaubter Stamm *321*
Über die Nacktheit (2019)

Über den Autor *338*

Vorwort

„Der Mensch erscheint im Holozän" – *eine erdgeschichtliche Binsenweisheit. Nach ihr hat Max Frisch eine apokalyptische Prosa-Arbeit, eine seiner späten und besten, benannt (s. Seiten 54 ff.). Das vorliegende Buch erscheint sozusagen im Coronozän. Zwar läutet die Corona-Pandemie, vor deren globaler Ausbreitung die Weltgesellschaft teils ratlos steht und deren Dauer sie nicht abzuschätzen vermag, wohl nicht das Ende der Menschheit ein; und sie wird, anders als das Holozän, historiografisch nicht den Rang eines Erdzeitalters erreichen. Unzweifelhaft aber hat sie das Zeug, aus der Weltgeschichte des 21. Jahrhunderts als ein Markstein herauszuragen. Insofern gehört auch sie, ohne ausgiebig Thema dieses Buchs zu sein, zu seinem Untergrund. Denn mehr oder weniger handeln alle hier versammelten Texte von Zeit und Geschichte, Fortschritt und Vergänglichkeit, von Werten und Werden, Sein und Bleiben, von Wandel und Vanitas. Geschrieben wurden sie zwischen 2010 und 2020 größtenteils als Vorträge, die der Verfasser hauptsächlich vor oberfränkischen Rotary Clubs hielt. In Buchform erscheinen sie durchweg überarbeitet, vielfach in deutlich erweiterter Fassung. Gelegentliche Bezüge auf ihre Entstehungszeit blieben (ebenso wie inhaltliche Überschneidungen) mit Absicht erhalten, weswegen das Inhaltsverzeichnis auch die Entstehungsjahre vermerkt. Als* Essays *wollen die Texte gelesen werden, folglich weniger als Beiträge zu den Fachwissenschaften, mit denen sie sich berühren, denn als* schriftstellerische *Versuche. Darum fehlen Anmerkungen, Angaben zu Quellen und Belegen sowie Literaturhinweise. Formal handelt es sich um sprachschöpferische Arbeiten eines klassischen Feuilletonisten, inhaltlich um Produkte von Zusammenschau, Kompilation und Kombination, wobei der Verfasser Ergebnisse eingehender Recherchen mit eigenen Einsichten und Hypothesen verwob, um Grundsätzliches mitzuteilen und nachvollziehbar darüber nachzudenken.*   *Hof, im Herbst 2020*

Immer und ewig

Die Erfindung der Dauer

Wie der Mensch auf Zeit und Geschichte verfiel

Der Geist des Weines

Unter der Nummer 714 893 gewährte das Deutsche Reichspatentamt am 9. Dezember 1941 den Schutzanspruch für eine Wanduhr der besonderen Art. Zwar trieb Elektrizität sie an, nicht aber, wie üblich, ein Elektromotor. Vielmehr verdankte sie ihren ziemlich verlässlichen Gleichlauf – pro Tag ging sie nur etwa vierzig Sekunden vor oder nach – dem Geist des Weines. Denn hinter dem Zifferblatt befand sich, aufgeschraubt in quadratischem Holzrahmen, eine Art Rad aus vier Glaszylinderchen, teilweise mit Spiritus gefüllt. Über Röhren standen die luftdichten Gefäße miteinander in Verbindung. Im Wechsel lag immer eines an einer kleinen Heizeinheit an, so lange, bis der Spiritus in ihm verdampft und als Dunst in den darüber liegenden Zylinder emporgestiegen war. In dessen Kühle kehrte das Ethanol kondensierend zu seinem flüssigen Zustand zurück und beschwerte dadurch den Zylinder, der um eine Position nach unten gezogen wurde. So drehte sich das Rad mit Unterbrechungen, Stück um Stück, doch regelmäßig. Dabei spannte es über einen Hebel eine Feder, die ihre Kraft an die Zeiger weitergab, wie es Uhren geziemt.

Uhren sind, nach einem Wort des US-Soziologen Lewis Mumford, unbedingt zu den „Schlüsselmaschinen der Neuzeit" zu zählen. Denkbar, dass der Geist des Weines dem Urheber dieses Exemplars nicht allein als Treibmittel für sein Wunderwerkchen diente, sondern ihn selbst zu einer Technik inspirierte, die es erlaubte, 1941 in Weltkriegszeiten Strom aus der Steckdose zu nutzen, während alle verfügbaren Elektromotoren wehrtechnisch verbraucht wurden. Allemal kündet das chronometrische Kuriosum vom Geistreichtum menschlicher Erfinder-Fantasie. Sie setzte die Flüchtigkeit einer chemischen Substanz, den unausgesetzten Fluss subatomarer geladener Teilchen und den Wechsel zwischen heißer und kalter Temperatur in ein quantifizierbares und greifbares Verhältnis zueinander, um etwas so Ungreifbares zu messen wie die Zeit. Die hat also, zumindest im Zuge ihrer Veranschaulichung, mit Energie zu tun, denn an den in Gang gebrachten Zeigern, den leuchtenden Ziffern der Uhr lesen wir die Zeit ab; und sie braucht zumindest bei klassischen Uhren mit Zifferblatt Raum, denn die Zeiger schreiten voran, legen einen Weg zurück.

Wann beginnt Zeit? Mit größter Selbstverständlichkeit halten wir sie für ein unbeeinflussbares Immer-und-Ewig. Aber denken wir nur einen Augenblick über sie nach, sind wir uns gleichwohl bewusst, dass wir, indem wir sie primär in Stunden, sekundär in Minuten und Sekunden einteilen, recht willkürlich mit ihr verfahren. Wann beginnt eine Stunde? Wir gewöhnten uns an, ihren Anfang mit dem unendlich schmalen Moment gleichzusetzen, da sich der große Uhrzeiger von der Zwölf als Startpunkt zum ersten der sechzig Minutenstriche aufmacht. Bei Bahnhofsuhren legt der Sekundenzeiger für zwei Sekunden ein Päuschen auf der Zwölf ein, bevor er die nächste Runde angeht wie nach einem verzögerten Stups. Leicht beschleicht uns für jene zwei Sekunden der beklemmende Eindruck, die Zeit wolle stillstehen, um dann erst recht einen Sprung zu machen.

Aber die Zeit springt nicht; nicht so, dass wirs spüren könnten. Macht alle Zeit der Welt, macht die Geschichte Sprünge? Fast dürften wir daran glauben, wenn wir den Publizisten Herbert Illig ernst nehmen wollten, der online das obskure Magazin ZEITENSPRÜNGE herausgibt. Als Germanist promoviert, als Geschichtswissenschaftler Autodidakt, machte er sich 1995 bekannt, indem er – im Verein mit dem Technikhistoriker Hans-Ulrich Niemitz von der Universität Leipzig – mit der Behauptung an die Öffentlichkeit trat, die historiografische Dokumentation von dreihundert Jahren des frühen Mittelalters sei nichts als schnöder *fake*; die in der Chronologie etwa zwischen den Jahren 600 und 900 vermerkte Zeitspanne habe es nie gegeben. Mithin seien auch identitätsstiftende Leitgestalten wie Karl der Große Phantomfiguren aus einer pompösen, aber manipulativen Mogelpackung. In einem bestsellerhaft verkauften Buch ruft Illig eine Reihe von unbestreitbaren Rätselhaftig- und Unerklärlichkeiten in der Datierung von Ereignissen und Entwicklungen der europäischen Geschichte als Zeugnisse auf, um seine im Echoraum eines (dem Buchtitel zufolge) ERFUNDENEN MITTELALTERS versammelten Anhänger mit Scheinbelegen über einen „leeren Zeitraum" zwischen 614 und 911 zu versorgen. So behauptet er, etliche eigentümliche Baudetails an der Aachener Pfalzkapelle, darunter ihre Kuppel und die Bronzetüren, ließen darauf schließen, dass das berühmte karolingische Kernstück des Doms nicht etwa um 800, sondern erst um 1100 errichtet worden sei. Überhaupt hätten, so Hans-Ulrich Niemitz, die akademischen Mediävisten ihren Forschungszeitraum lügnerisch „zurechtgebogen, was das Zeug hält" – eine kolossale „Chronistensauerei", die auf einen Willkürakt des Kaisers Otto III. zurückgehe.

Dessen Biodaten verortet die allgemein anerkannte Historiografie zwischen 980 und 1002; in Wirklichkeit, so fabeln die beiden Verschwörungstheoretiker, habe der Jüngling ums Jahr 700 gelebt, sich aber sehnlichst an die Schwelle des ersten zum zweiten Jahrtausend gewünscht, um der dann erwarteten Wiederkunft Christi beiwohnen zu können. All die Gestalten und Geschehnisse der erfundenen Zwischenzeit hätten ebenso hochrangige wie einfallsreiche Schreiber und Kanzlisten des Monarchen wie auch des Papstes Silvester II. ersonnen und zu einem dichten, wenngleich keineswegs immer einleuchtenden Geschichtennetz verwoben. Seriöse Fachleute wenden ein, Täuschungsmanöver von solcher Tragweite hätten eines Komplotts von beispielloser Ausdehnung und Verschwiegenheit bedurft. So brandete den zwei Provokateuren, wo Notiz von ihnen genommen wurde, eine Flut von Häme und Protest entgegen. Mag ja sein, dass zahllose, auch wirkmächtige Urkunden des Mittelalters ver- oder gefälscht worden sind – die haarsträubenden Volten der Herren Illig und Niemitz aber (die zuvor schon die Entstehung der ägyptischen Pyramiden aus dem dritten vorchristlichen Jahrtausend ins erste zu verlegen suchten) gelten zunftgemäßen Kolleginnen und Kollegen denn doch als „absurd", „abenteuerlich" und „reine Spinnerei". Beider Gefolgschaft belächeln sie als „pseudoreligiöse Gemeinde".

Wirklich verdienen derlei Hirngespinste grundsätzlich kein größeres Interesse, als es einer schrulligen Anekdote der Geschichtsschreibung zukommt. Aber die weist uns immerhin zurück auf die Ursprünge des Begriffs Geschichte, der sich erst während des achtzehnten Jahrhunderts gegen die zuvor gebräuchliche Historie durchsetzte. Leicht einsehbar, weil sprachlich evident bezeichnet Geschichte zunächst alles, was geschehen ist; zugleich auch das, was über Geschehnisse mitgeteilt wurde und wird, speziell durch wissenschaftliche Forschung. Auf unsere Spezies bezogen, ist Geschichte, was sich über uns in Form von Geschichten erzählen lässt, die in realen Orten, Personen und (vergangenen) Zeiten verankert sind. Von einzelnen Gestalten oder ganzen Völkern, von der Menschheit und der Welt kann Geschichte handeln, wenn, was sie erzählt, über das alltäglich Gleichgültige hinaus Bedeutung und Wirkungen hatte auf Gesellschaften und deren Denken und Handeln, auf ihr Wirtschaften und den Verkehr mit Nachbarn, Partnern und Opponenten, auf ihre kulturellen Leistungen. Geschichte fragt nach dem, was war, indem sie nach den zureichenden Gründen dafür fragt, nach dem Woher, Warum und Wozu: nach Ausgangspunkten und Vorbedingungen, Motiven und Intentionen. Indem sie den Gang der Ereignisse als Kette aus Auslösern und Konsequenzen nachvollzieht, blickt sie vom gegebenen historischen Moment aus stets auch in die von diesem Moment aus gesehene Zukunft hinein. Woraus zusammenfassend für uns Heutige erhellt, dass wir „ohne Herkunft keine Zukunft" erwarten dürfen, wie der namhafte, 2015 gestorbene Philosoph Odo Marquard als Quintessenz formulierte; oder um den Altbundeskanzler Helmut Kohl zu zitieren: „Wer die Vergangenheit nicht kennt, kann die Gegenwart nicht verstehen und die Zukunft nicht gestalten."

Keine Experimente

Wann aber verfielen unsere Vorfahren darauf? Wann war ihr Staunen und Wundern über die Welt und über sich selbst in ihr so groß geworden, wann verführte sie ihr urmenschliches Reflexionsvermögen soweit, dass sie fragten, was das Gestern von ihrem Heute unterscheide und was wohl morgen aus ihnen werden möge, warum manche Vorgänge und Verrichtungen unangemessen lang dauern und andere unverhofft oder unerwünscht schnell vorübergehen?

Immer stehen Erkundigungen nach dem Lauf der Zeit und der Bedeutung der Geschichte in zwingendem Bezug zur Gegenwart – selbst dann, wenn es wie bei Leopold von Ranke, dem 1886 gestorbenen Nestor der deutschen Geschichtswissenschaft und Vorkämpfer ihrer historisch-kritischen Methode, scheinbar unvoreingenommen darum gehen soll, „wie es wirklich gewesen" ist. Die Wirklichkeit als Forschungsfeld der Geschichtswissenschaft weicht weitgehend ab von dem der Naturwissenschaft: Zwar haben es beide mit Ursache-Wirkung-Geflechten zu tun. Der Naturwissenschaftler aber belegt seine Erklärungen durch akribische Beobachtung und Messung; als wahr gelten Ergebnisse, die sich im Experiment durch Wiederholung beliebig nachprüfen und exakt vorhersagen lassen. Vergleichsweise eng sind die Spielräume, die hier der Interpretation bleiben.

Demgegenüber liegt die veröffentlichte Wahrheit der Geisteswissenschaften, auch der Historiografie weitaus tiefer in der individuellen Deutung durch den Forscher begründet; ihm bleibt die Möglichkeit des objektiven, absichernden Experiments verschlossen. Gleichwohl muss er danach trachten, sein Tun durch ein widerstandsfähiges Faktenfundament zu untermauern, durch die Kenntnis und Durchleuchtung einschlägiger Quellen. Doch bereits hier, beim Graben nach Zeugnissen, Originalen und Belegen sowie ihrer Sichtung, entkommt er seiner Persönlich- und Parteilichkeit nicht: Seine Interpretation einer Quelle beginnt bereits mit dem Urteil, ob er sie als echt anerkennt oder als Falsifikat verwirft, für wesentlich oder unwichtig hält. Wollen wir dem nahekommen, wie „es wirklich gewesen" ist, tut sich uns allein der Weg der Rekonstruktionen, der Analogieschlüsse und Vermutungen, der Wahrscheinlichkeitsrechnungen und Schätzungen auf. Gelänge es, uns mit Hilfe einer Zeitmaschine etwa an den Hof des strahlenden Stauferkaisers Friedrich II. zu versetzen, wir würden zwar wissbegierig ein paar Stunden bis Tage der vergangenen Epoche einsaugen mit allen sehenden und hörenden, riechenden und schmeckenden Sinnen; das Erlebte aber auch nur im Ansatz zu verstehen, bliebe uns, selbst wenn wir sprachliche Hürden überwänden, verwehrt: Zu weit lägen Zeitgeister und Weltsichten auseinander, weder dem hochmögenden Monarchen noch dem schlichtesten seiner Köche oder einem beschränkten Stallburschen könnten wir begreiflich machen, dass wir, nicht anders als sie, der Gattung Mensch zugehören. Vielleicht würden wir, unserer vergleichsweise atemberaubenden Fähigkeiten halber, für Engel gehalten; oder doch eher als Dämonen ausgetrieben, wenn nicht als Zauberer und Hexen verbrannt.

An der Datenbasis der Geschichte scheint nichts hieb- und stichfest – gehen wir den Herren Illig und Niemitz auf den Leim, dann nicht einmal die Korrektheit simpelster Jahreszahlen. Wann beginnt das Mittelalter – im Jahr 600 oder 900? Wann beginnt der Tag – wirklich in der Mitte der Nacht, in Stockfinsternis um null Uhr? Dann aber immer nur in einer einzigen der 37 Zeitzonen, die den Planeten umfassen. Oder fängt er, wie der Islam lehrt, mit dem Sonnenuntergang an? So sieht es auch die jüdische Bibel, wenn sie berichtet, wie in Gottes Schöpfungswerk „aus Abend und Morgen der erste Tag" und alle folgenden aufstiegen. Für uns Dutzendgesichter geht er so richtig erst dann los, wenn wir, mal früher, mal später, am Morgen aus dem Bett finden. Unsere Sprache bekräftigt uns in dieser Empfindung: Das Wort Tagesanbruch bezeichnet, nach der Nacht, das Morgengrauen.

Und wann beginnt die Woche? Am Montag? So halten wir es für selbstverständlich; 1978 legten das die Vereinten Nationen international fest, und die ISO-Norm 8601 standardisiert es. Die Bewohner mancher arabischer Länder halten indes den Samstag für den Start in die Woche. Den Sonntag sieht die jüdische und christliche Tradition dafür vor. Auch hierzulande regelte ein Normenwerk im Jahr 1943, dass eine Woche von Sonntag bis Samstag dauere. Aber selbst damals genossen die Deutschen ihr Wochenende an Samstag und Sonntag. Wann beginnt das Jahr? Nach wie vor halten wir uns an das Dekret von Papst Innozenz XII., der 1691 den 1. Januar festlegte. Indes galt den Römern der Antike, die lange nur zehn Monate kannten, ehedem der 1. März als Neujahr, weshalb unser neunter Monat September, „der siebte", und unser zehnter Oktober, „der achte", heißt, unser elfter Monat November, ursprünglich „der neunte", und unser zwölfter Dezember, „Zehnter"; 153 vor Christus legten sie das Datum gleichfalls auf den 1. Januar. Den griechischen Nachbarn war ein Termin im Sommer lieber. Die frühen Christen in der Metropole Rom feierten am 6. Januar. Auf den 22. September datierten die französischen Revolutionäre den Anfang ihres Jahres, auf jenen Tag, an dem sie 1792 die Republik ausgerufen hatten. Weil die orthodoxen Christen sich nach wie vor am Julianischen Kalender orientieren, fällt ihr Neujahr auf den 14. Januar unseres gregorianischen Kalenders. Für die Chinesen wandert der Jahresanfang zwischen dem 21. Januar und dem 21. Februar, je nachdem, wann sich der Mond als Neumond unsichtbar macht. Hauptsache, das Jahr geht los, egal wann?

Aber Zeit geht nicht los. Sie geht weiter. Unsere Einteilungen, Kategorisierungen, Benennungen sind nichts als Gehhilfen, künstliche Gliedmaßen. Sie dienen uns, das unaufhaltsame, unumkehrbare Kontinuum jener ungreifbaren Immaterialität, die wir Zeit nennen, mit Gedanken wie mit Händen zu fassen und organisatorisch in den Griff zu bekommen. Die Zeit selbst nehmen wir nicht wahr; wir stellen allenfalls Veränderungen fest, die sich in ihr, dem formalen Rahmen, ergeben. Und sich ergeben haben: Was vergangen ist, ändert sich nicht mehr.

Als einzig Unveränderbares im gesamten Kosmos hat Albert Einstein die Geschwindigkeit des Lichts ermittelt, das mit konstantem Tempo durch die Luftleere des Weltalls saust und dabei für 299 792,458 Kilometer eine Sekunde benötigt. Hier tritt uns Zeit als objektive Größe entgegen. Ebenso abgelöst von innermenschlichen Belangen können wir den Weg messen, den unsere Erde um die Sonne zurücklegt: Etwa 940 Millionen Kilometer ist er lang, und der Planet genehmigt sich für sie präzise 365 Tage, fünf Stunden, 48 Minuten und 46 Sekunden. Bis ins Allerkleinste objektivieren Atomuhren die Zeit, so die Cäsiumstrahl-Uhr mit der Bezeichnung CS2, die seit 1991 in der Physikalisch-Technischen Bundesanstalt in Braunschweig das Zeitnormal für die deutschen Funkuhren bereitstellt; seine Messung baut darauf, dass ein Cäsiumatom in der Sekunde 9 192 631 770 Mal schwingt. Am akkuratesten verfährt das Exemplar, das der Physiker Andrew Ludlow 2013 im National Institute of Standards and Technology im US-amerikanischen Boulder entwickelte, wofür er tiefgekühlte Strontiumatome heranzog: Bei ihm weicht ein Zeitintervall vom nächsten um höchstens anderthalb Trillionstel Sekunden ab; damit läuft die Maschine zehn Mal präziser als ihre Vorgängerinnen.

Die Schwingung von Atomen aufzunehmen, sind unsere Sinnesorgane wahrlich nicht geschaffen. Ohne Behelf vermag unser Verstand Zeit lediglich durch subjektive Eindrücke aufzufassen, nicht zuletzt, weil Empfindungen von Lust oder

Unlust die Tiefe eines Eindrucks, will sagen: seine gefühlte Dauer statuieren. Darum erscheinen uns dreißig Minuten Liebesspiel viel kürzer zu währen als fünf schmerzvolle Minuten einer Kieferabszessbehandlung. Als etwas Uneigentliches, höchstens Relatives erleben wir Menschen die Zeit: Im Grund genommen ist sie für uns nichts, das „weitergeht", sondern ein Medium, in dem *wir* uns bewegen, indem wir es durchqueren.

Wenn wir schon so gute Gründe finden, gewohnheitsmäßige Vorstellungen von Zeit infrage zu stellen, so haben wir auch keinen Anlass, ihr in Gestalt der Gegenwart zu vertrauen. Die ist ein Kommen und Gehen: Sie geht uns verloren und kommt uns abhanden. Betrachten wir sie genau, so entzieht die sich der Greifbarkeit wie die Zeit selbst. In Windeseile wird zu Geschichte, was wir eben noch konkret erlebten. Immer höher türmen sich Fakten-, Ereignis-, Erinnerungsmengen auf, die wir zu sichten, zu ordnen, womöglich zu dokumentieren, zu archivieren haben. Welches Gedächtnis fasst wohl so viel? Wo legen wir, gerissen in einen Strudel sozialer und militärischer, kultureller, technischer, moralischer Veränderungen – den geistigen Finger auf fixe Punkte, die Orientierung erlauben. Mit gewaltigen Datenspeichern behelfen wir uns. Mit Museen auch: Fast 7000, von der erlesenen Kunst- bis zur possierlichen Teddybärensammlung, gibt es in der Republik (die meisten in Baden-Württemberg und Bayern), 114,4 Millionen Besuche verzeichneten sie 2018.

„Weder die Zukunft noch die Vergangenheit ist", schrieb schon der antike, 430 verblichene Kirchenvater Augustinus von Hippo, und in der Gegenwart erahnen wir gerade mal ein mageres Jetzt zwischen dem nichtexistenten Nicht-mehr und dem nichtexistenten Noch-nicht, einen gleichsam submikroskopischen ‚Augenblick', wie ihn der schwedische Philosoph Søren Kierkegaard verstand: ein „Zweideutiges, darin Zeit und

Ewigkeit einander berühren". Leider geriet der (oder das) Nu außer Gebrauch; dabei gibt das Wörtchen durch seine Winzigkeit die Kürze jener denkbar kleinen Zeitspanne trefflich wieder. Zwischen vermeintlich unendlicher Vergangenheit und zum Schein unerschöpflicher Zukunft zwängt unsere Wahrnehmung die Gegenwart ein, als wäre sie ein Moment labiler Gewissheit zwischen Fragmenten zweifelhafter Erinnerungen und hypothetischer Erwartungen.

Trotzdem halten wir uns an ihr, einem Atom im Riesenmolekül Zeit, fest und versuchen, sie sinngebend und zu unserem Segen auszuschöpfen: *Carpe diem* – „pflücke den Tag", genieße die Zeit! Neben die altrömische Devise des Dichters Horaz postiert sich als antikes Pendant die Vorstellung der Griechen vom *kairos*, vom günstigsten, leider flüchtigen Augenblick im *chronos*, im fortdauernden Zeitstrom. Den *kairos* gilt es unverweilt und mutig zu ergreifen und zu nutzen. Daseins-Topografie: Im Möglichkeitsraum des Lebens bezeichnet dieser Zeitpunkt X einen Ort, an dem sich die Chance der Chancen bietet, die Gelegenheit, die den meisten Ertrag verspricht, eine beim Schopf zu packende goldene Sekunde. Allegorisch tritt sie in der griechischen Mythologie auf: Kairos ist ein Sohn des Göttervaters Zeus; sein Hinterhaupt ist haarlos, während über seiner Stirn eine umso dichtere Tolle flattert.

Eine Sekunde, nicht viel mehr. Denn nichts hat Bestand außer dem Wandel, und für ihn, für die Veränderung, ist die Zeit das Medium. Inbilder von besonderer Fasslichkeit findet sie in der Bewegung und in der Metamorphose. Die eine, die Veränderung der Position im Raum, behält die Natur fast ausschließlich den Tieren vor, weswegen die Evolution ihnen und nicht den Pflanzen Gehirne zugestand. Die andere, der Gestaltwandel, vollzieht sich zum Beispiel bei der Raupe, die sich zum Schmetterling buchstäblich entfaltet, oder beim

Generationswechsel von Nesseltieren, die als Polypen fest auf Grund sitzen, bevor sie, sich quer abschnürend, als Quallen davonsegeln. So wird die Idee der Veränderung erfahrbar im Werden und Vergehen und Wieder-Werden, was den einander ablösenden – oder besser: sich fortzeugenden – Zeit-Räumen den Anschein eines Kreislaufs verleiht; eines ewigen Kreislaufs. Freilich, so grenzenlos, wie uns die Zeit landläufig scheint, ist sie nicht. Das ahnten die Autoren des Alten und des Neuen Testaments der Bibel, wenn sie den Anfang von Allem in den sechs Schöpfungstagen des – am siebten Tag redlich erschöpften – Gottes schilderten und das Ende an dessen Jüngstem Gericht über Welt und Menschen erwarteten. Nicht ganz unähnlich unterrichtet uns die Astrophysik darüber, wie der Urknall oder *big bang* die Zeit, vereint mit dem Raum und zusammen mit aller Materie, vor etwa 13,8 Milliarden Jahren hervorbrachte; und sie wird, mit allem im All und mit diesem selbst, irgendwann in undenkbar weiter Ferne wieder zugrunde gehen, egal ob in einem *big crunch* oder *big rip*, einem *big chill* oder wie die Weissagungen der Experten alle heißen. Ein endgültiges Ende? Oder folgt auf die letzte Trillionstel Sekunde dieses Universums eine nächste, die ein nächstes gebiert? Wir wissen es nicht. Wir müssen es nicht wissen.

Denn wir haben, so weit – so kurz – unsere Übersicht reicht, genug mit unserer Geschichte zu tun, obendrein mit den paar künftigen Jahren, in die unsere Prophezeiungen einigermaßen plausibel reichen mögen. Dazu erfanden wir die Chronologie: als wissenschaftliche Methode, Zeit und Zeitläufte festzustellen und festzuhalten. Mit ihr als Werkzeug ermitteln wir das Wesen der Zeit; und wir dokumentieren damit einen Prozess, aus dem als Ausschläge geschichtsträchtige Vorfälle heraustreten. Akteur jener Vorkommnisse, mithin der

Geschichte ist der Mensch in seiner Um- und Lebenswelt, durch seinen Willen, durch seine Möglichkeiten und seine Bereitschaft zur Tat, durch den Grad seiner Vernunft. Denn weil wir unsere Gegenwart als haarschmal erkennen, entwerfen wir unser Dasein über den Augenblick und also über die schiere Existenz hinaus. Wir wissen, dass unser Heute zeitlich und inhaltlich aus dem Gestern folgt; und dass es auf ein Morgen hinausläuft, für das wir Vorsorge treffen müssen. Unser Leben sehen wir umschlossen von einer wie auch immer weitreichenden Spanne Zeit, die endlich ist, in der wir uns aber bis ans Ende Mal um Mal ummodeln; und wir wissen uns installiert in einem Lebensraum, der aus deutlich mehr als einem Ort besteht, nämlich aus vielen Orten, die es bei steter Bewegung anzusteuern oder zu meiden gilt, was wiederum jeweils eine gewisse Zeit dauert.

In der „Dauer" identifizierte Henri Bergson eine mentale Erfahrung von Zeit, die sich nicht in das Regelmaß des Uhrpendels oder des Sekundenzeigers schicken mag: Mit dem „Fortschreiten in der Zeit schwillt mein Seelenzustand kontinuierlich um die dabei aufgelesene Dauer an; gleich einem Schneeball rollt er sich selbst, lawinenartig größer werdend, auf." So, körperhaft, beschreibt der französische Philosoph Dauer als Volumen der von uns wahrgenommenen Zeit: Ihrem zunächst linear, zwischen Zeitpunkten, gespürten Verlauf fügt er eine räumliche Dimension hinzu, verwandelt den Kreis des Kreislaufs geradezu in eine Kugel, vermittelt unseren Erfahrungen in und mit der Zeit sphärischen Charakter.

Solchen epistemologischen Kalkulationen mögen sich die Erkenntnistheoretiker und Metaphysiker unter den Philosophen hingeben. Beim Gang in die Zeiträume, die sich dem Historiker beim Studium seiner Quellen eröffnen, bewegt er sich weit weniger spekulativ dank der Chronologie, die ihn in mehrfacher Weise unterstützt: als Wissenschaft von der Zeitmessung und Zeitrechnung; als Methode der Datumsfindung und Jahreszählung; folglich als Grundlage für Historiografie, für die Aufschreibung und Überlieferung erzählbarer Geschichte. Historiografie ist das Gedächtnis der Welt.

Zeit und Zerebrum

Wie kommt die Zeit ins Hirn? Jedenfalls nicht wie Licht und Schall, nicht wie Geruchs- und Berührungsreize; für dies alles versorgte die Evolution uns mit empfindlichen Sinnesorganen. Die Zeit aber übt keine physikalische Wirkung auf uns auf, kein sinnliches Erlebnis kann aus ihr keimen. Zwar darf sie, wie die Philosophen sagen, als Entität gelten – als ein Etwas, das ‚da' ist –, jedoch nicht als Gegenstand. Aber unser Gehirn ist einer: Im Universum kam uns Menschen, wie Neurobiologen sowohl wie Informatiker staunend eingestehen, noch keine kompliziertere Konstruktion unter als dieses knapp drei Pfund schwere graue Zellgewebe. Ein Konstrukteur ist das Zerebrum seinerseits: die Instanz, die Zeit für uns erst eigentlich herstellt. Was die Sinnesorgane an Daten, Angaben und Fundstücken in unsere Köpfen einspeisen, das fügt die famose Informationsverarbeitungsanlage darin nach Kräften zu Sukzessionen zusammen: inhaltlich zu einer Serie, dynamisch zum Ablauf – zu Strukturen, mit denen das Bewusstsein umgehen kann. Der britische Physiker Julian Barbour bekräftigte, wir hätten uns die Vorstellung von Zeit verschafft, um uns ihrer als einer „künstlichen Hilfsmessgröße" zu bedienen, ohne die unser Verstand Realität nicht abbilden könnte. Denn der strebt stets danach, die Dinge seiner Umwelt zu ordnen, weil er sich nur so in ihr zu organisieren und zu orientieren vermag. Vor das Problem der Zeit, auch der Vergänglichkeit gestellt, betrachten wir unsere eigene Lebensspanne und die unserer Nächsten vorwiegend nach Jahren. Blicken wir dennoch weiter, ist uns als Kindern und Eltern das Vorher und Nachher der Generationen vertraut. Im Gegensatz dazu langt der Historiker weit großzügiger zu. Sein chronologisches Rüstzeug setzt ihn in die Lage, mit Jahrhunderten und Jahrtausenden, wenn nicht mit Erdzeitaltern zu jonglieren.

Unser zentrales Nervensystem, in seinen vielen, mannigfaltig beschäftigten Regionen von vielerlei biochemischen Prozessen regiert, stellt sich zuallererst auf die Feinmotorik der Zeit ein: Um Reize auseinanderzuhalten – und zu sequenzieren –, reichen ihm, wie Experimente zeigten, Zäsuren von zwei bis vier Hundertstel Sekunden zwischen ihnen aus; auf „dreißig Millisekunden" befristet der prominente Psychologe Ernst Pöppel denn auch „das Jetzt". In einem schon deutlich weiteren Zeitrahmen von zwei bis drei Sekunden erfassen wir, was wir als Gegenwart auf uns beziehen: So schnell entscheidet unser Gehirn, ob es einen Eindruck bewahren will oder ihn aus dem Kurzzeitgedächtnis löscht. Ein Raster gibt uns dies Intervall vor, nach dem wir in vielerlei Hinsicht denken und handeln. Beispielsweise prägt es sich in unserer Sympathie für tänzerisch-dreihebige Metren von Musikstücken aus, expliziter noch in den zeitlichen Intervallen der gesprochenen Sprache: Offenbar, so vermutet der Hirnforscher Marc Wittmann, bündeln wir deren „Inhalte zu Einheiten von zwei bis drei Sekunden, um optimale Kommunikation zu ermöglichen".

Nur weil es uns gelingt, Informationen gemäß ihrer Ankunft bei uns zeitlich zu sortieren, können wir Ursachen und Wirkungen aufspüren; eine Fähigkeit, die zwar darauf beruht, dass wir Erfahrungen aus der Vergangenheit verarbeiten, die uns aber auch gestattet, aufgrund gegenwärtiger Gegebenheiten Perspektiven für die Zukunft aufzuzeigen, Erwartungen und Aussichten, Hoffnung oder Sorge zu artikulieren. An unsere Subjektivität und ihre Augenblicksempfindung bleibt sie im einen wie im andern Fall untrennbar gekettet. Wenn, während wir warten müssen, Langeweile oder Ungeduld an unseren Nerven zerrt, quält uns, bis das Erwünsche oder Befürchtete eintritt, jede Minute durch ihr vermeintliches Dahinschleichen. Denn der Mangel an Ereignissen, ebenso Er- und Aufregung, gespannte Aufmerksamkeit und Angst scheinen die Zeit zu dehnen; so sehr, dass ungeübte Bungee-Jumper nach einem Sprung die Dauer ihres freien Falls auf doppelt so lang schätzen, wie er in Wirklichkeit währte. Eine einzige Schrecksekunde durchleben wir wie unter der Zeitlupe, als ob wir alle Einzelheiten unter einem Mikroskop umständlich durchgingen. Umgekehrt bilden wir uns ein, dass eine dichte Reihe von Erlebnissen, freudigen zumal, die Zeit raffe, stauche, rasen lasse. Beides ergibt ein Wechselspiel der Eindrücke, das Psychologen als „Zeitparadoxon" ernst nehmen; und das sich beim Rückblick als Gegenteil spiegelt: Ein leerer Zeitraum, weil wenig darin geschah, schrumpft in unserer Erinnerung, in der eine Spanne der Geschehnisfülle umso mehr Platz beansprucht.

Die Naturwissenschaft kategorisiert die Zeit oder Dauer als vierte Dimension neben den drei räumlichen der Länge, Breite und Höhe. Zugleich berücksichtigt die Psychologie sie als eine Dimension, die uns befähigt, Erlebtes zu gewahren, und dies subjektiv, ohne dass wir das Ticken eines Metronoms, das Hin-und-her eines Pendels, den zuckenden Gang eines Zeigers beachten müssten. Wenn wir in konzentriertem Wachzustand unseren Alltag der Gewohnheiten, familiären Prozeduren und beruflichen Termine durchqueren, läuft uns auf unserer ‚inneren Uhr' die subjektive Zeit so geschwind davon, dass wir keine Zeit zu haben meinen – so wenig, dass die Deutsche Gesellschaft für Zeitpolitik mahnte, es müsse endlich für „ein Recht auf Zeit zum Leben" gesorgt werden: Zeitnot zähle inzwischen zu den gravierendsten Problemen der Gegenwart, durchaus mit materieller Not vergleichbar. Aber doch bleibt uns die Zeit erhalten, trotz Knappheit und Drucks, ob zusammen- oder auseinandergeschoben. Unverlierbar erhält sie sich in den Resultaten unseres Daseins. Etwa als Sechsjährige lernten wir, zwischen Vergangenheit, Gegenwart und Zukunft zu differenzieren, gaben aber dem Hier und Jetzt und Heute, das uns täglich mit Neuem überraschte, fieberhaft den Vorzug. Später führte uns das Leben aus den Wunderkammern und -tüten der Kinder- und Jugendjahre mit ihren schönen und misslichen, sämtlich ungekannten und zum ersten Mal gemachten Erfahrungen mehr und mehr heraus – mehr und mehr hinein in die Gleichförmigkeiten der erwachsenen Rhythmen und Routinen. Weil dem so war und ist, veranschlagen wir älter werdend und zurückschauend, gerne auch verklärend, die Dauer der frühen Jahre meist als weitaus länger als die der späteren und späten.

Vorher – jetzt – nachher: Um der Zeit einigermaßen habhaft zu werden, können wir uns, zusammen mit dem genannten Augustinus, grundsätzlich mit der Gegenwart behelfen, gleichviel, ob sie philosophisch als unendlich kleiner Punkt verschwindet oder neurobiologisch sich als Drei-Sekunden-Fenster öffnet. Auch der alte Theologe blieb dabei, dass die Zeit als Triade auftrete; aber er fand ihre drei Gestalten im menschlichen Geist sämtlich gleichzeitig anwesend: als „Gegenwart von Gegenwärtigem, nämlich Augenschein; [als] Gegenwart von Künftigem, nämlich Erwartung; [als] Gegenwart von Vergangenem, nämlich Erinnerung".

Was jeder von uns an Erinnerungen festhält, stiftet sein bewusstes Selbst und macht ihn zum unaustauschbaren Individuum; nichts anderes stiftet die historische Erinnerung einer Gemeinschaft oder Gesellschaft: Identität. Indem der Historiker die Vergangenheit vergegenwärtigt, fasst er gliedernd und bewahrend das kollektive Gedächtnis in Worte. Fachleute wie Normalmenschen mögen gut daran tun, ihrem eigenen Gedächtnis nicht über den Weg zu trauen. Trotzdem kommen wir ohne nicht aus; im Gegenteil: Es ist eine unserer erstrangigen Gaben. Denn in ihm speichern wir, was unsere Sinne aufgezeichnet, was unser Bewusstsein wie unser Unbewusstes gelernt haben. Beide, Geist und Seele, sind Plattformen des Gedächtnisses, es diktiert sowohl unserem Denken wie unserem Verhalten. Als Gelenkstelle versöhnt es Philosophie und Psychologie, weswegen beide Disziplinen sich gleichermaßen dafür interessieren, und nicht weniger fällt es bei der naturwissenschaftlichen Erforschung unseres Nervensystems und seiner Leistungen ins Gewicht.

Innerhalb des Gehirns mit seinen ungefähr hundert Milliarden Neuronen und ihren zehn bis hundert Billionen synaptischen Verbindungen ermittelten Forscher mehrere Bereiche, in denen unser Gedächtnis agiert. Unsere Gedächtnisse: Das *sensorische* durchlaufen, für uns meist unbewusst, Myriaden von Außenreize in jagender, ununterbrochener Folge und gehen fast sämtlich binnen Sekundenbruchteilen wieder verloren. Das Wenigste verfängt sich als möglicherweise wesentlich für einige Sekunden im *Kurzzeitgedächtnis*. Nur Eindrücke, die das Gehirn bleibender Erhaltung für wert erachtet, hebt es zeitweilig, mitunter gar permanent im *Langzeitgedächtnis* auf; und nicht etwa in einem Stück. Vielmehr seziert es die Sache, bricht ihre formalen und funktionalen Wesenszüge auf und legt sie getrennt ab. Im Zug des Erinnerns dann fügen sich die Teile wieder zu einem Abbild des Urbilds zusammen. Obendrein erlauben sie uns Assoziationen und Vorstellungsverknüpfungen mit anderen, teils entlegenen Erlebnissen. So kann uns ein dralles Baby, das wir heute hätscheln, mit seinen runden, wohldurchbluteten Wangen an ein rotbackiges Äpfelchen zurückdenken lassen, in das wir vor Jahresfrist während des Urlaubs herzhaft bissen (und unser Reden vollführt die passende metaphorische Volte dazu: Wir haben, schmeicheln wir, das Kleine zum Fressen gern). Jenen Gedankenblitz holt unser Erinnern aus dem sogenannten *episodischen* Gedächtnis hervor, das, grob gesagt, unsere Autobiografie im Kopf mitschreibt. Dass wir aber den Apfel von einer Birne, sein Rot von ihrem Grün und die Frucht vom Baby unterscheiden, gewährleistet unser auf Fakten abonniertes *semantisches* Gedächtnis. Und dass wir, ohne erst lange nachzudenken, das Baby schonend fest und sein Köpfchen stabil hoch zu halten wissen, dass wir fast blind seine Windel zu wechseln verstehen, ohne erst das kinderpflegerische Rad neu erfinden zu müssen, das stellt schließlich das *prozedurale* Gedächtnis sicher.

Indes überkreuzen sich individuelles Erinnern und historisches Gedächtnis nicht bloß in den phänomenalen Leistungen des einen wie des andern, ebenso in einem notwendigen Mangel. Unausweichlich als begrenzt erweisen sich beider Erfahrungsschätze, weil das Gehirn das allermeiste, das uns begegnet, übergehen oder vergessen muss, um das vergleichsweise verschwindend Wenige aufzunehmen und zu behalten, das wichtig sein könnte. Als Mosaik aus oft gar nicht vielen Steinchen fügen sich unsere eigenen Erinnerungs- wie die Geschichtsbilder der Menschheit zusammen; die Fugen dazwischen füllen wir Durchschnittsmenschen, ganz so wie die Fachgelehrten beim Studieren und Deuten historischer Quellen, mit Mutmaßung und Verdacht, mit Gefühltem und Geahntem, auch schon mal mit Unterstellung und Fiktion.

Wirklich hilft der Wissenschaft bei der Verifikation ihrer Erkenntnisse stets auch die Falsifikation, die Widerlegung; wirklich bewahren uns Argwohn und Misstrauen vor leichtfertiger Gutgläubigkeit. Trotzdem dürfen wir daran glauben, dass weitgehend ‚stimmt‘, was die Geschichte uns davon erzählt, wies ‚damals‘ war. Wo Behauptung ist, ist Korrektur nie weit, aber im Großen und Ganzen passen die Konturen und Füllmengen in unserem Gedächtnis mit den entschwundenen Ereignissen zusammen.

Damit wir unser kollektives Gedächtnis, unsere kulturelle Erinnerung und erinnerte Kultur, mit strapazierfähigem Stoff füllen können, waren Paradigmenwechsel nötig, die teils Mirakeln gleichen. Vor etwa fünftausend Jahren schuf die Erfindung der Schrift die Möglichkeit, Gedachtes und Gedächtnis objektivierend und fixierend aus dem Kopf des Einzelmenschen hinaus zu verlagern. Vor etwa viertausend Jahren kam in Ägypten mit den ersten beschriebenen Papyri, aus denen ihre Verfertiger Rollen klebten, eine Vorform des Buchs auf, die der schriftlichen Darstellung umfänglicher und komplexer Gedankengänge und Tatbestände Tür und Tor öffnete. Vor etwa 1600 Jahren hatten sich Schreibkundige daran gewöhnt, ihre erarbeiteten Papyrus- oder Pergamentblätter zwischen Holzdeckeln zu einem Kodex zusammenzubinden. Vor etwa tausend Jahren vereinfachte und, vor allem, verbilligte Papier das Schreiben und die Buchbinderei. Vor knapp sechshundert Jahren revolutionierte Johannes Gutenberg, den Buchdruck mit beweglichen Lettern wahrscheinlich erfindend, gewiss perfektionierend, das Publikationswesen und bereitete einer neuen literarischen Öffentlichkeit von bis dato beispielloser Breite das Feld; gut hundert Jahre später hatte in Lateineuropa der Druck von Texten vollends die Abschrift von Hand abgelöst. Öffentliche Bibliotheken, die nach unseren heutigen Maßstäben so heißen dürfen, kannten schon die Griechen im antiken Athen und die Römer des Imperiums, die darin Buchrollen sammelten, systematisierten und Interessenten für Forschungen zugänglich machten; legendären Ruf besaß die bedeutendste derartige Einrichtung im nordägyptischen Alexandria mit ihrem wohl einzigartigen Bestand an literarischen und wissenschaftlichen Schriften. In den Bibliotheken des Mittelalters durchdrangen zwei Aufgaben äquivalent einander: Einerseits trugen sie Handschriften zusammen und bewahrten sie, andererseits vervielfältigten sie die Manuskripte und „illuminierten" sie, erleuchteten sie mit Zeichnungen und Bildern. In den Universitäten der frühen Neuzeit dienten Bibliotheken der Beschaffung, Konservierung und Verschmelzung akademischen Bildungsguts und, immer munterer und vielfältiger sprudelnd, als Lektürequelle für bewährte wie heranwachsende Gelehrte. Im Lauf der Jahrhunderte überwanden Bücherstube und -saal das Kleinformat und wuchsen sich gehörig aus zum Fürstenarchiv, zur Staatsbibliothek, architektonisch zu Gebäuden von mancherorts einschüchternder Mächtigkeit und bildungsprotzender Pracht. Weil Bibliotheken Wissen nicht allein aufbewahren und aufrechterhalten, weil in ihnen auch lebendig weitergedacht, neu und umgeschrieben wird, figurieren sie als aufgeklärte Hirnareale der Kulturnation, als Gedächtnis und Erkenntnisgenerator.

Rund um die Uhr

Am Rathaus in Prags jüdischem Viertel prangt eine Uhr, die dem unvorbereiteten Betrachter leicht ein Gefühl des Unheimlichen suggeriert: nicht etwa, weil sie, dem Standort entsprechend, hebräische Ziffern trägt; vielmehr treibt sie die Konsequenz soweit, dass ihre Zeiger gegen den gemeinhin verbreiteten Uhrzeigersinn laufen. Damit entspricht sie der hebräischen Schrift, die – nach okzidentalen Maßstäben – ja auch gewissermaßen andersherum, nämlich von rechts nach links geschrieben und gelesen wird. Auf Ähnliches triff der Besucher von Florenz: Dort montierte man im Innern des Doms Santa Maria del Fiore 1443 eine Uhr, auf deren riesigem Zifferblatt nicht zwölf, sondern der „italienischen" oder „julianischen Zeitrechnung" gemäß 24 Stunden verzeichnet stehen, von Sonnenuntergang bis Sonnenuntergang gezählt, und über die der einzige Zeiger gleichfalls im umgekehrten Uhrzeigersinn wandert. Läuft etwa da wie dort die Zeit rückwärts, und wir merken es nicht? Noch weiter auf die Spitze treibt derlei chronometrische Merkwürdigkeiten und Paradoxien jede ruinierte Zeigeruhr, ‚geht' sie doch von dem Moment an, da sie stehenblieb, noch viel genauer als jede gegenwärtige oder zukünftige Atomuhr, zumindest zwei Mal an jedem Tag: Dann zeigt sie die Zeit mit einer Exaktheit an, durch die sie das Wunderding des erwähnten Andrew Ludlow und seine trionstelsekundenkleine Abweichung um den Faktor unendlich unterbietet.

Solches Gedankenspiel können wir wohlwollend hinnehmen, in der Art, die geistreiche Engländer *sophisticated* nennen; oder wir tun sie ab als abstrakten Taschenspielertrick oder überspitzte Haarspalterei, die zu gar nichts führt. Und doch ist auch, was die Uhr uns sagt, nichts Besseres als ein Gedankenspiel. Die Minute in sechzig Sekunden und die Stunde in ebenso viele Minuten einzuteilen, den Tag in 24 Stunden, das bewährt sich seit Langem fast überall auf Erden, wie auch der Brauch, die 365 Tage des Jahrs in 52 Siebentagewochen und zwölf Monate zu bündeln; aber gezwungen hat uns niemand dazu. Zeit, so zergliedert, wie wir sie verinnerlicht haben, ist Setzung, nicht Naturnotwendigkeit. Zeit ist eine Uhr ohne Zeiger und ein Kalender ohne Zahlen.

In einer fragmentarisch aus der Antike überlieferten Komödie lässt der römische Dichter Plautus einen Vielfraß schimpfen: „Ach, dass die Götter doch den zugrunde richteten, der die gezählten Stunden erfand. [Durch all die Sonnenuhren in der Hauptstadt] hat er mir Armem den Tag in lauter Trümmer zerlegt." Als unentbehrliche Lebensgefährten dienen uns Uhr und Kalender, aber Freunde und Liebespartner erwachsen uns nicht recht aus ihnen. Denn sie unterminieren einen Gleichlauf des Lebens, wie er den meisten von uns gelegen kommt. Zwar gewannen wir beiden Erfindungen ein hohes Maß an Orientierung und Ordnung ab, ist doch Zeit, wie der US-Physiker John A. Wheeler lapidar definierte, das, „was verhindert, dass alles auf einmal passiert". Aber als Preis dafür verlangen sie, dass wir uns bei vielen Verrichtungen sklavisch an sie halten; und dass sie uns mit jedem Zeigersprung, jedem abgetrennten Kalenderblatt an das unweigerliche Vergehen unseres Erdendaseins gemahnen dürfen. Schon unser allererster Atemzug stellt unseren Körper auf das Gleis, das ins Altern führt und in der Zersetzung seine Endstation erreicht, und der erste Tag unseres Lebens ist der erste unseres Sterbens. Krampfhaft klammern wir uns am Leben fest, um jede Stunde zu nutzen und aus jedem Tag herauszuholen, was wir für ‚das Beste' halten. Jener Eile und unserem daraus erwachsenden Empfinden, ‚keine Zeit' zu haben, öffneten bereits fernste Vorfahren die Hintertür weit und weiter in dem Maß, wie sie lernten, die Zeit horologisch und kalendarisch zu messen. Immer weniger durfte das Dasein einfach seinen Gang gehen. Ins Leben kam, sich steigernd, Tempo. Ein Papiertaschentuch heißt so, denn etwas Triviales wie das Schnäuzen muss schnell gehen.

Gleichwohl nahmen sich die ersten Zeitforscher, die Sterngucker der Ur- und Frühgeschichte, reichlich Zeit: Engelsgeduldig und mit imponierendem Unterscheidungsvermögen, noch dazu unbewehrten Auges, folgten sie den Wegen der Gestirne und Planeten am Firmament. Indem die Erde sich um die eigene Achse dreht und die Sonne umwandert, und indem der Mond, seine Position zur Erde verändernd, verschiedene wiederkehrende „Phasen" zeigt, boten sich den frühen Astronomen Beobachtungen, die sie dabei lenkten, den Tag, den (Mond-) Monat, das Jahr zu definieren. Als Erste stellten wohl die Ägypter vor etwa sechstausend Jahren Kalender auf – wie es scheint, noch vor der Erfindung der Zeichenschrift –, wie überhaupt die Himmelskundler im alten Orient den Kurs der Himmelskörper immer eingehender durchschauten und sehr früh zu staunenswerten Erkenntnissen gelangten. Auf ein ägyptisches Vorläufer-Modell ging der Julianische Kalender zurück, den der Diktator Gaius Julius Caesar im Jahr vor seinem Tod, 45 vor Christus, der römischen Noch-Republik verordnete; er fügte, wie bald im ganzen lateinischen Europa üblich, alle vier Jahre einen Schalttag ein. Im Rom der Renaissance reformierte Papst Gregor XIII. 1582 die antike Zeitrechnung; der unter seinem Namen bis heute gebräuchliche Kalender mit seiner verbesserten Schaltjahres- und -tagesregelung bezieht sich wesentlich genauer auf die Dauer des Sonnenjahrs; dies und das Kalenderjahr driften erst nach 3333 Jahren um einen Tag auseinander. Die zumeist lateinische Wurzel fast aller deutscher Monatsbezeichnungen, nicht nur der bereits genannten, nahm durch den Wechsel nicht Schaden: Von den römischen Göttern Janus uns Mars rühren Januar und März her, Mai und Juni von Maia und

Juno; nach den Imperatoren Gaius Iulius Caesar und Augustus heißen Juli und August. Auf dem Verb *februare*, lateinisch für reinigen, fußt der Februar, der damit auf den Termin gewisser altrömischer Riten verweist. Allein die Bezeichnung April fällt durch Reste von Undurchsichtigkeit aus dem etymologisch gesicherten Rahmen; manche meinen, er könne, weil er das Tor zum Frühling „öffnet", auf dem lateinischen *aperire* beruhen. Dass der Gregorianische Kalender heute in fast allen Ländern auf Erden gilt, ist eine Wirkung des Kolonialismus, mit dem die europäischen Wirtschaftsnationen in der frühen Neuzeit begannen, und lässt sich unterm Siegel der Globalisierung gar nicht anders mehr denken.

Der Kalender ist eine Frucht des menschlichen Bestrebens, über den Tag hinaus zu blicken und ihn nicht einfach als Wiederholung des vorangegangenen zu unterschätzen. Als herausragende Kulturleistung muss er gelten, weil sich erst durch ihn die Kulte der Religionen und die gemeinschaftsstiftenden Festtage in Sippe und Stamm, eine ausgereifte Landwirtschaft und eine effiziente Verwaltung managen ließen. Unter den Forschungsgebieten der mittelalterlichen Wissenschaft rangierte die Computistik bei den angesehensten, weil sie das von Jahr zu Jahr veränderliche Datum des Osterfestes, des ersten und höchsten christlichen Feiertags, bestimmte: „Wie der Magier muss der Priester genau sein, soll sein Zauber Wirkung haben" (Bernd Roeck). Den angeblichen Zauber der Jahrhundertwenden, die Kunde von den teils hohen Erwartungen, teils schlimmen Befürchtungen des Massemenschen angesichts von Jahreszahlen mit der seltenen Doppel-Null, der noch zehnmal rareren Dreifach-Null am Ende, den hat Arndt Brendecke pünktlich noch 1999 als Mär entlarvt: Weil Hoffnung und Verunsicherung zu allen Zeiten miteinander ringen, so tun sies auch „in den 90er-Jahren eines Jahrhunderts". Schon vor dem

Jahr 1000 peinigten Endzeiterwartungen unsere Vorfahren, und das nicht weniger quälend; von der Kirche angeheizt, saß solche Furcht fest in ihrem Denken. Übrigens spricht Brendecke auch das Urteil in dem −dreihundert Jahre alten − Hin und Wider um die Frage: Wann beginnt ein Jahrhundert? Schon mit der Doppel-Null? Hob das 21. Jahrhundert, mithin das dritte Jahrtausend, im Jahr 2000 an oder doch erst am 1. Januar 2001? „Letzteres ist richtig: Ein Jahr null kennt die Ordinalzählung der Jahreszahlen nicht, so wie sich auch ein Neugeborenes von Geburt an in seinem ersten Lebensjahr befindet und dabei natürlich − streng genommen − null Jahre alt ist." Eine Dekade, etwa von Tagen, erkennen wir ja auch in einer Reihe vom ersten bis zum zehnten Tag und nicht vom ‚nullten' bis zum neunten. Wann auch immer: Vor der jüngsten Jahrtausendwende verbreiteten sich Endzeiterwartungen mittelalterlichen Ausmaßes pandemisch: Hätte der wie ein Teufel an die Wand gemalte, dann doch abgewendete *millennium bug* global Abermillionen Computer und elektronische Steuerungssystemen lahmgelegt, wäre die uns vertraute Welt tatsächlich bereits am 1. 1. 2000 untergegangen.

Das Zählen − und das Vertun dabei − ist in der Fauna uns Menschen vorbehalten. Den Tag aber einigermaßen zu taxieren, das leisten entwickelte Tierarten auch. Wie unsere steinzeitlichen Ahnen orientieren sie sich zeitlich zwischen Sonnenaufgang und -untergang am Stand des Zentralgestirns, an der Menge von Licht und Wärme, der Länge der Schatten. Für sie ist aber ein Tag wie der andere. Zu Siebener-Einheiten integrierte die Tage humane Intelligenz, und humane Kreativität taufte auch sie auf Namen. Leicht einsehbar richten sich im Deutschen Sonn- und Montag nach Sonne und Mond; beim Dienstag standen, so vermuten Sprachhistoriker, der germanische Kriegsgott Tiwaz und sein Beiname Thingsaz Pate; in der

Mitte der Woche, sofern wir sie nach traditioneller Zählung mit dem Sonntag beginnen lassen, steht triftig der Mittwoch. Als Namenspatron des Donnerstags firmiert Donar, der germanische Gott des Donners, als Patronin des Freitags seine Kollegin Freya. Wo der Sonnabend Samstag heißt, hält er Kontakt mit dem Sabbat der Juden. Erst recht flossen Erfindergeist, Versuche und Fehlversuche in reichem Maß zusammen, um dem Einzeltag ein – schon in der Antike bekanntes – Gerüst von zwei Mal zwölf Stunden unterzuschieben: zwölf Haltestellen, denn das etymologische Verwandtschaftsverhältnis der Stunde zu den Wörtern stehen und Stand lässt ahnen, dass es sich bei ihr ideell um eine Art angehaltenen, statischen Zeitpunkts handelt, um eine Verzögerung; jemandem etwas stunden heißt denn auch, ihm einen Aufschub zu gewähren, als hielte man die Zeit bis zur Fälligkeit an. Metaphorisch gesprochen: Mögen die *Stunden* auch rasen, so bietet uns die *Stunde* doch, solange sie dauert, einen Aufenthalt, um zu uns zu kommen und etwas zustande zu bringen.

Einen scheinbaren Aufenthalt. Denn natürlich basiert die Funktion neuzeitlicher Uhren auf Bewegung, auf Schwingungen nämlich, ob es nun molekulare sind wie bei der Quarz- und der Atomuhr oder die mechanischen des (im sechzehnten Jahrhundert erfundenen) Pendels oder der gut 340-jährigen Unruh. Anders und doch wahlverwandt das Prinzip der mancherlei vormodernen Uhrmodelle: In der Wasseruhr der Antike, der Sanduhr des späten Mittelalters nahm das Quantum der Flüssigkeit oder der Körner, durch eine Öffnung im Gefäß entschlüpfend, ablesbar ab, bei der Öluhr sank der Pegelstand des Brennstoffs, bei der Kerzenuhr die Höhe des Wachsstocks, je mehr davon zur Flamme wurde ... – je mehr Mangel am Brennmaterial herrschte, desto weniger Zeit ‚hatten' die Benutzer, bis sie nachrüsten mussten. Hinsichtlich der Energieversorgung bewahrt sich die vor etwa 3300 Jahren aufkommende Sonnenuhr naturgemäß die größte Unabhängigkeit, denn sie benötigt keine Triebkraft, nur Licht, das den wandernden Schatten wirft; und allerdings verliert sie bei bezogenem Himmel, erst recht im Dunkeln ihre Brauchbarkeit völlig. Indem die Europäer endlich die mechanische Uhr ersannen, liefen sie China und dem islamischen Orient den Rang als Vorreiter des Fortschritts in der Welt ab und machten sich selber dazu.

Rund um die Uhr schufen wir ein ausgedehntes Symbol- und Metaphernfeld. Dass die Zeit verrinnt, versinnbildlicht wohl kein Zeitmesser eindringlicher als die Sanduhr; tatsächlich gehört sie, in der Hand des Knochenmanns, ikonografisch zu den beliebtesten Attributen für Allegorien der Sterblichkeit. Anders der mechanische Räder-Chronometer – dessen Erfinder, wohl ein genialer norditalienischer Klosterbruder am Ende des dreizehnten Jahrhunderts, leider anonym blieb –: Einerseits zwar verhalfen uns erst jene Uhren recht eigentlich zur Urbarmachung der Zeit, zum 24-Stunden-Tag, durch den wir uns hetzen lassen, demgemäß wir unsere Arbeitszeit beschränkend definieren und dem wir, in der Folge, auch unsere Freizeit verdanken. Andererseits können sie in uns die Hoffnung nähren, wir müssten gar nicht obsiegen beim redensartlichen Wettlauf gegen die Uhr, weil die in uns selber steckt. Für unsere Altvorderen spiegelten sich im aufs Feinste gearbeiteten Werk der Uhr die Regulative, die uneingreifbar im Kosmos, unantastbar im Staat walten, und es verschaffte ihnen immerhin eine Ahnung von Regelkreisläufen, wie sie auch ihre Körper buchstäblich am Laufen hielten. Noch immer kann uns der Rundlauf der Zeiger auf einem Zifferblatt mit der wenig willkommenen Vorstellung einer Wiederkehr des Immergleichen schrecken. Aber auch geradezu belebt kommt uns die mechanische Uhr mit den ineinander verzahnten, aufeinander zugreifenden Teilen ihres Innenlebens vor, zumal wenn sie, was seit etwa 1330 zunächst von Türmen herab geschah, aus unsichtbaren Tiefen mittels eines Schlagwerks Laut gibt, als besäße sie eine Seele und Stimme. So mag sie gelegentlich den Verdacht in uns nähren, auch der Mensch sei nicht viel mehr als eine Maschine, zu gut geöltem Wandel fähig, vorausgesetzt, es ergeben sich Möglichkeiten, sie rechtzeitig aufzuziehen, bis sie irgendwann ein letztes Mal abläuft und stehenbleibt. Andererseits schreiben wir, angeregt von der um 1270 aufgekommenen Hemmung – die das Gehwerk der Uhr bremsend daran hindert, auf einmal abzuschnurren –, auch unserem eigenen Lebenslaufwerk ein festes Metrum der Gemächlichkeit zu. Dabei behagt uns der gleichmäßige Wechselschritt der Hemmung durch seine Vergleichbarkeit mit einem gesunden Herzen und seinem rhythmischen Puls.

Modelle der Geschichte

Wann beginnt die Zeitrechnung? Weithin haben sich die Geschichtswissenschaftler daran gewöhnt, den Anfang der Frühgeschichte etwa mit dem Jahr 2000 vor Christus anzusetzen, die Antike, je nach Weltregion und Stand der Hochkultur, von 1000 vor bis 500 nach Christus zu platzieren, dem Mittelalter (ungeachtet der schrägen Fälschungsvorwürfe der Herren Illig und Niemitz) einen Spielraum von 500 bis 1500 freizuhalten und für die Epoche danach und seither von Neuzeit zu sprechen. „Nach Christus": Wenigstens historisch bleibt der göttliche „Menschensohn" christlichen Glaubens auch für Atheisten ein Bezugspunkt. Fromme Juden hingegen beziehen sich auf jene Woche vor trickreich errechneten 5781 Jahren, in der

Gott die Welt erschaffen habe; und die Römer nahmen das sagenhafte Geburtsjahr ihrer Hauptstadt, 753 vor unserer Zeitrechnung, als Startpunkt für ihre Geschichte an.

Aus heutiger Perspektive betrachtet, lebte der Mönch Dionysius Exiguus am frühesten Beginn des Mittelalters, um das Jahr 500 in Rom, als er aus gottgefälligen Gründen auf das heute fast universal gebrauchte System mit Christi Geburt als Ursprung verfiel. Weit entfernte er sich von den paganen Resten des zerfallenen weströmischen Imperiums, um sich ausschließlich auf die Biografie des Heilands zu verlassen. Aufgrund seiner – später als fehlerhaft erkannten – Berechnungen siedelte Dionysius das Jahr 1 neuer Lesart im römischen Jahr 754 *ab urbe condita*, nach Gründung der Stadt, an. Darum stehen die gängigen säkularen Vorstellungen von Geschichte und einer durch Gott tätig ins Werk gesetzten Heilsgeschichte nach wie vor untergründig in Kontakt.

Über den Gang der Geschichte als Folge blinder Zufälle oder als invariables Kausalgefüge zerbrechen sich seit jeher weniger die Historiker als die Philosophen den Kopf, spätestens seit beide Zünfte getrennte Wege gehen. Besichtigen wir die Zeitalter aus dem Blickwinkel unserer persönlichen Erfahrungen, so erkennen wir – kosmische und Naturkatastrophen ausgeblendet – wohl nichts, das sich ‚ohne Not' zutrug: ohne Beweggründe und Absichten, die in den Menschen lagen. Nichtsdestotrotz muss unser Verstand an einem deterministischen Weltbild scheitern, das in allem eine vollständige Vorherbestimmung schalten sieht. Kaum jemand will die Welt für eine Megastruktur halten, von nichts als Gesetzmäßigkeiten konstituiert, in der alles was ist, gar nicht anders sein könnte, weil sonst alles, was zuvor war, hätte anders sein müssen. So manches unerklärliche Abenteuer – und selbst die Quantenphysik – belehrt uns, dass wir die Kategorien Ursache und

Wirkung nicht allzu unverrückbar benützen sollten. Zwar wissen wir alle von größten Verhängnissen, die verhältnismäßig kleinsten Auslösern entsprangen; schwerlich aber glauben wir an den schon sprichwörtlichen Flügelschlag eines Schmetterlings in Brasilien, der einen Wirbelsturm in New York entfesselt, mag der Mathematiker Edward Lorenz ihn in seiner Chaostheorie auch herbeigerechnet haben. Angenommen, vollständige Determination geböte über die Welt, so wären, bei ausreichend leistungsstarker, nämlich sämtliche Menschheitserfahrungen verarbeitender Informationstechnik restlos alle künftigen Ereignisse auf Erden vorausberechenbar, im besten Fall auf Jahrtausende hinaus. Ereignete sich aber auch nur der geringfügigste Fehler dabei, müsste er alle Prognosen als größtmöglichen Unsinn wertlos machen. Angewandt auf etliche Vertreter früherer Geschichtsschreibung besagt dies auch, dass sie notgedrungen jeweils dann falsch lagen, sobald sie von ihrem entfernten Standpunkt aus annahmen, die Menschen eines Zeitraums hätten ihre eingerichtete Welt nicht bloß als Produkt ihrer Vergangenheit verstanden, sondern ahnungsvoll zugleich schon als Fabrikationsort ihrer später so und nicht anders eingetroffenen Zukunft – ein logischer Trugschluss, denn schlauer werden sie stets erst ‚hinterher' geworden sein. Wir können, was kommt, nur in Glaskugel oder Kaffeesatz lesen; und natürlich können wirs nicht.

Eins aber prägt uns das Dasein täglich ein: „dass es ein Ende mit mir haben muss und mein Leben ein Ziel hat und ich davon muss", wie der alttestamentarische Psalmist sang und, in Johannes Brahms' Requiem, die Oratorienchöre singen. Sollte Geschichte „ein Ziel" haben, so müsste es ein Ende sein, das sich nicht programmgemäß und unpersönlich als *big crunch* oder *big rip* oder *big chill* durch kosmosumfassende Zerstörung vollzöge, sondern in dem sich – womöglich durch eine überirdische Macht – ein ersprießlicher Zweck für uns erfüllte. Vom Mythos der geschichtsmächtigen, wohlüberlegt geschichtswirkenden „großen Einzelnen" hat sich die Historiografie nach Jahrhunderten der Heldenverehrung zwar verabschiedet: Geschichte ereignet sich nicht, weil bedeutende Menschen, womöglich titanische Männer, die Dinge der Welt nach ihrem Gutdünken voran brächten. In der biblischen Geschichte taucht er aber noch auf – der ‚größte' Einzelne für die Gläubigen, Jesus von Nazareth. Seinen Anhängern offenbart sich an seiner Gottessohnschaft, zu welchem Ende, also wozu, und bis an welche Stelle Geschichte verläuft, also wo und wie sie aufhört. Gott, so die abendländische Heilslehre, folge einem weiträumigen und felsenfesten, für uns unausdenkbaren, aber erfahrbaren Plan; der laufe auf die „ewige Seligkeit" hinaus, die Erlösung eines jeden, der – statt darüber Bescheid wissen zu müssen – daran „glaubt und getauft wird". Wenn das kein „Ziel" ist! Nun aber ist solche Überzeugung Bekenntnis, nicht Erkenntnis, Gewissheit statt Wissen. Im säkularen Sinn wissenschaftlich wird nur der sie nennen, der die Theologie insgesamt als Wissenschaft rundweg akzeptiert.

Aber nach ähnlich zielgerichtet-zweckmäßigen, wenngleich diesseitigen Modellen suchte die Philosophie wiederholt, um sich Geschichte gedanklich anzueignen; nach Möglichkeiten, sie aus der Beliebigkeit des Zufalls wie aus den Zwangsläufigkeiten des Determinismus zu bergen; und allemal aus ihrer – vom überforderten Verstand kaum tolerierbaren – Anfangs- und Endlosigkeit. Als gliedernde Hilfskonstruktion errichteten die Sumerer und Babylonier, erst recht die Kulturen nach ihnen Schemata von unterschiedlichen Weltaltern und deren wechselvollem Nacheinander. Die in der Zahlenmystik aller Zeiten und Völker bedeutsame Vier trat auch hierbei in ihr Recht. Mit vier Metallen konnotierten antike Dichter und

Denker die Zeitalter: Auf das „goldene" des urzeitlichen Paradieses ließen sie, mit sinkendem Gehalt und Wert, ein „silbernes" und ein „bronzenes" folgen, bis sich in einem Zeitalter des Eisens – oder, um seine Schäbigkeit noch nachdrücklicher zu verdeutlichen, des Tons – das Menschengeschlecht liquidiert. Geradezu allegorisch eine nicht unähnliche Darstellung der jüdischen Bibel: Im Buch Daniel deutet die hebräische Titelgestalt dem babylonischen König Nebukadnezar einen Traum, in dem sich der Tyrann vor einem säulenartigen Menschenmonument stehend erblickt hat. „Das war schrecklich anzusehen": Aus Gold bestand der Kopf, während Silber die Arme und Erz den Bauch und die Schenkel bildeten; die Füße aber, aus Eisen und Ton, waren so verwittert, dass ein rollender Stein sie zerbrach und die ganze Bildsäule einstürzen ließ. Deutend identifiziert der Prophet den König als „goldenes Haupt"; die auf ihn folgenden Reiche, so kündigt er an, würden immer mehr an Macht verlieren, bis ein anderes Imperium, nämlich ein von Daniels Gott Jahwe aufgerichtetes, „alle diese Königreiche zermalmen und verstören wird. Aber es selbst wird ewiglich bleiben."

Um die Zeitenwende im römischen Reich mit dem Christentum konkurrierend, koppelten die sonnenverliebten Mithras-Mysterien die vorsokratischen Elemente Feuer und Luft, Wasser und Erde an eine Reihe von vier Perioden an, die einander durch Untergang ablösen. Ebenso von vier Großreichen sahen viele Chronisten des Mittelalters die Weltgeschichte getragen: von dem der Assyrer und dem der Perser, dann dem makedonischen Reich Alexanders des Großen und schließlich vom Imperium Romanum, das die Autoren in die Gegenwart des Heiligen Römischen Reiches weiterdachten. An der Zahl sechs hingegen, an den arbeitsreichen Schöpfungstagen und einer gleichfalls sechsstufigen Skala der Lebensalter, orientierte sich der Kirchenvater Augustinus, als er im frühen fünften Jahrhundert in seinem Hauptwerk DE CIVITATE DEI (Der Gottesstaat) ein Halbdutzend Weltalter postulierte: das Adams und das der Sintflut, das Abrahams und das Davids, das der Babylonischen Gefangenschaft des Hebräervolks, schließlich das Jesu Christi, das endend ins Jüngste Gericht mündet. Gleichfalls an den Geschehnisgang und die Prognosen der Heiligen Schrift angelehnt, wurden neben Schemata mit vier Etappen auch fünf-, gar achtstufige ersonnen.

Oder dreischrittige. Rom kann mancherlei sein, dreierlei: ein antikes Imperium; die vielbeschworene „ewige" Stadt; eine Idee. Einfach ein Punkt auf dem Planeten war diese eigen- und einzigartige Siedlung nie, sondern sie gibt, seit 2500 Jahren schon, ein Leitmotiv, einen Schauplatz, einen Inbegriff für Geschichte und Geist, Kultur und Spiritualität. Allerdings erwies sich mit dem Niedergang des antiken Westreichs im fünften Jahrhundert, dass Rom als Wille und Vorstellung keineswegs an die italienische Halbinsel fixiert war. Schon 324 hatte der „große" Kaiser Konstantin das östliche Byzanz zum Zentrum seiner Macht erkoren und ihm, als Konstantinopel, seinen Namen aufgedrückt: Dies „zweite Rom" formte später, nach dem „morgenländischen" Schisma von 1054, sein eigenes Kirchendogma endgültig aus. Erst nach über tausend Jahren, 1453, weihten die osmanischen Muslime die christliche Metropole dem Untergang und ihre gigantische Hauptkirche, die Hagia Sophia, als Moschee. Fortan beanspruchte die russische Christenheit den einzig wahren Glauben für sich und ernannte Moskau, als „drittes Rom", zum Mittelpunkt der Orthodoxie. Als Erster ließ sich der „schreckliche" Iwan IV. zum Cäsar krönen: zum Zaren. 1547 geschah das; da feierten im Westen, in Rom zumal, Geisteswelt, Menschenbild, Formensprachen der unvergessenen Antike machtvolle Urständ: als Renaissance. In Mussolinis Faschismus – der nach den *fasces*, den Rutenbündeln altrömischer Staatsbeamter, so hieß – sollte das erste weltbeherrschende Imperium neu erstehen, als viertes Rom. Es kam, zum Glück, nicht dazu. Sondern anders: Heute überwältigt Rom als moderne Weltstadt, erst recht als Simultantheater jahrtausendealter Kulturgeschichte, wie sie sich in ihrer Vielschichtig- und Gleichzeitigkeit nirgendwo atemberaubender erleben lässt. Rom, ob mit oder ohne Vatikan und Papst, lehrt uns glauben: an den *genius loci*, den übergeschichtlichen Ausnahmerang eines gesegneten Orts, an seinen Spezialcharakter, seinen Schutzgeist und an seine Schöpferkraft.

Im achtzehnten Jahrhundert führte Giambattista Vico, für manchen Kenner der Materie der bedeutendste, mit Descartes und Kant gleichrangige Philosoph Italiens, das Raster eines Wachstums in drei Schritten abstrakter und weitläufig aus. Zwischen 1725 und seinem Todesjahr 1744 publizierte der Neapolitaner eine Abhandlung, worin er sich nicht weniger vornahm als die Grundlegung einer „neuen Wissenschaft über die gemeinsame Natur der Völker": Eine sowohl theologisch als auch kulturwissenschaftlich ausgelegte SCIENZA NUOVA schwebte ihm vor. Wachsen und Welken, „Stirb und Werde" sah er in der von göttlicher Vorsehung verbürgten Geschichte (fast) aller Völker turnusmäßig wechseln. Interessant macht ihn in unserem Zusammenhang sein auf fast alle Zivilisationen angelegtes triadisches Modell der Zyklen; allein die jüdische und die aus ihr erwachsene christliche Kultur nimmt er davon aus, da beide unterm Schutz der Offenbarungen ständen, die ihnen der wahre, „ganz Geist seiende Gott" und seine Schöpfung, die Natur, hätten zuteilwerden lassen. In den übrigen, so Vicos Konstrukt, hat ein Zeitalter der Heroen ein früheres der Götter abgelöst und einem späteren der Menschen präludiert.

In der ersten Epoche reflexionslos-wilden, rigoros sinnlichen Heidentums verharren die Menschen schlicht und naiv, ihren Trieben gehorchend, in der Natur, die sie in all ihren Teilen animistisch als beseelt, wenn nicht göttlich, beängstigend auch als übermächtig, unberechenbar, wenn nicht feindlich erleben. Darum eignet dem Menschen ein Drang, sich gegen die Unbilden der Natur durch die Erfindung, besser: Findung eines Gottes oder von Göttern zu schützen, durch Religion.

Dass Vicos Modell von *corso* und *ricorso*, von Aufschwung und Rückschwung, zur Hälfte einen Prozess der Evolution schildert, zeigt er besonders im mittleren Zeitalter, dem der Heroen. Als jene bezeichnet er die wenigen durchsetzungsstärksten, tüchtigsten Menschen, die sich zu Anführern der vielen schwächeren aufwerfen, indem sie als deren Lenker und Leiter selbst schöpferische Fähigkeiten entfalten und sich wie allmächtig gerieren. Unter ihrer Führung bilden sich robuste Staaten, deren Gesellschaften freilich wohl oder übel in Klassen oder Kasten divergierenden Wohlstands und ungleicher sozialer Teilhabe zerfallen. Um dies Gefälle zu legitimieren, beruft sich die aristokratische Klasse der Privilegierten auf das Wollen und Wirken göttlicher und transzendenter Mächte, die aber nur Behauptungen eben dieser bevorrechtigten Schicht sind.

Im dritten Äon, der Herrschaft des Volkes, nehmen Abwägungsvermögen und Vernunft unter dem Gros der Menschen zu. Einigermaßen gleich und frei, schließlich aber hart dialektisch stehen sie an einem Scheideweg. Denn zum einen tragen alle Schichten des *mondo civile*, der politischen Sphäre, Moral in sich – wurzelnd in geheiligter Ehe, familiärem Zusammenhalt und ritueller Bestattung der Toten –; ferner genießen sie Rechtsstaatlichkeit und, durch Jurisdiktion und Kompromiss, vereinheitlichte Lösungswege aus Konfliktfällen heraus. Aber es lockert sich die Sittlichkeit des Einzelnen, die ihm seine Bindung an überweltliche Mächte spendete. Durch zunehmende Intellektualisierung, durch Skeptizismus, Positivismus und die Erosion verbindlicher Gemeinschaftswerte bleibt das Gemeinwohl hinter Eigennutz und unkontrollierten Leidenschaften auf der Strecke. Es kommt zum *ricorso*, nach der Evolution zur Dekadenz: inmitten kultureller Verfeinerung zum Verfall. Unterm Druck von Gewalt und Gewaltherrschaft, verschwenderischem Luxus und verfilzter Misswirtschaft verrotten die gesellschaftlichen Errungenschaften zur Barbarei.

Sollte niemand sich finden, der dem Unwesen und Untergang überlegen Einhalt gebietet, muss der mühsame Weg zu Licht, Mittag und Verdämmern von Neuem beginnen, sozusagen von einem Nullpunkt der Finsternis aus zum nächsten, Mal um Mal. Weil die Menschen den Aufstieg zu allseitiger Menschlichkeit mit Absicht auf sich nehmen, streitet Vico ab, es könne Zufälliges die Fahrtrichtung der Geschichte beeinflussen. Sofern Zufall etwas anderes ist als das vom französischen Dichter Théophile Gautier vermutete „Pseudonym Gottes, wenn er nicht unterschreiben will", so widerfährt Geschichte einer Menschheit, die einen freien Willen besitzt.

Einem späten Kollegen und Landsmann Vicos ist dessen Wiederentdeckung zu danken, dem 1952 gleichfalls in Neapel gestorbenen Benedetto Croce: Er rief die SCIENZA NOVA als erstes großes geschichtsphilosophisches System der Neuzeit aus. Zuvor blieb die universalgeschichtliche Rundsicht des frühaufklärerischen Denkers lange Zeit weitgehend unbeachtet. Andere, spätere Gedankengebäude der Gelehrsamkeit vermochten gleich nach ihrer Errichtung weitaus größere Aufmerksamkeit zu erwecken. Etliche basieren auf einer letztlich fortschrittsoptimistischen Beurteilung der Zeitläufte, in denen sich – so die Annahme – Verstand und Vernunft, Gleichheit und Rechtlichkeit, wissenschaftliche, technische und künstlerische Kreativität stetig vermehrt hätten und möglichst vielen zugutegekommen seien. So entsteht das Ideal einer Geschichte nach Plan, die irgendwann durchs höchste Ziel geht.

Dies Wunschbild zu malen, wirkten Georg Friedrich Wilhelm Hegel und Karl Marx nach Kräften und mit intensivster Breitenwirkung mit. Dem Denken Hegels liegt eine Dialektik zugrunde, der zufolge These und Antithese in der Synthese dreifach aufgehoben, nämlich suspendiert, bewahrt und erhöht sind, und das in einem Atemzug; diese Sicht durchdringt auch seine Geschichtsphilosophie. Als Agens tritt der Weltgeist auf, der sich aus allem Geschehen allmählich herausschält. Er tut dies im Zug einer unabsehbaren Serie von Dreischritten: Der Weg führt über Widersprüche, über deren Ausgleich und aufs Neue opponierende Antithesen, bis hin zur vollkommenen Freiheit, zu der die Menschen von vornherein berufen sind. Kein leichter Weg, im Gegenteil; durch vielerlei Furchtbares führt er hindurch. Aber auch das Unheil ist letzten Endes vernünftig, weil für Hegel alles, was ist, höherer Vernunft gehorcht.

Unter der hehren Devise „Ordnung und Fortschritt" entwickelte Auguste Comte in der ersten Hälfte des neunzehnten Jahrhunderts ein ebenbürtig optimistisches Modell: ein positives – im doppelten Sinn. Zum einen stellte er der Menschheit eine günstige Prognose; zum anderen wähnte er den Menschen dann am Ziel angelangt, wenn sein Geist gelernt habe, nur das „Positive" für wirklich und wahr zu nehmen, nur das, was er empirisch wahrnehmen und überprüfen könne; als metaphysisch habe er alles zu verwerfen, was angeblich jenseits, neben oder über der Faktizität stehe. So begründete

Comte, einer der Väter der Soziologie, von etwa 1830 an die Schule der Positivisten. Auch er bezeichnete drei Schritte zum Ziel hin, allerdings auf einem nur ein Mal zu bewältigenden Weg. In der ersten Phase hielten sich die Menschen an so etwas wie Theologie; um zu klären, woher sie kommen und warum sie existieren, dachten sie sich die Schöpfung insgesamt beseelt, später von etlichen Göttern, noch später von nur einem Gott beherrscht. Dann, in der metaphysischen Periode, setzte sich die Vernunft der Philosophen durch; sie entfernen sich von der Transzendenz, kommen aber nicht umhin, doch weiter zu spekulieren: Was ist der Mensch, wo kommt er her, wo geht er hin? Als drittes und letztes Stadium verspricht Comte eines des Verzichts und des Gewinns in einem: Endlich wendet sich das allgemeine Interesse vollends von den eh unlösbaren Sinnfragen nach ersten und letzten Dingen ab; es ist das „positive" Stadium einer reinen, allein von Tatsachen ausgehenden und auf sie bezogenen Wissenschaft, die dort taugt, wo die Gesellschaft sie zu ihrem Wohl anwenden kann. (Auf einem anderen Blatt steht, dass der sich mehr und mehr versteigende Philosoph sein Konzept am Ende zu einer diesseitigen „Religion der Menschheit" oder Menschlichkeit empormystifizierte, die in sakralen Aktionen in der Pariser Kathedrale Notre Dame gipfeln sollte.)

Ähnlich positivistisch projektierten Karl Marx und Friedrich Engels eine gesetzmäßige historische Entwicklung. In ihrem KOMMUNISTISCHEN MANIFEST von 1848 und weiteren Schriften interpretierten sie Hegels Konfrontation der miteinander hadernden Gegensätze zu einer dialektischen Aufeinanderfolge von Klassenkämpfen um. Eine genügsame, gerechte und herrschaftslose Urgesellschaft, so bekundeten die Begründer des Kommunismus, habe erleben müssen, wie das Aufkommen von Eigentum sie korrumpierte. So seien aus ihr die Unterdrückungs- und Ausbeutungssysteme der Sklavenhaltung, des Feudalismus und des bourgeoisen Kapitalismus mit seinen freibeuterischen Fabrikanten und geldschneidenden Banken gesprossen. Auf Kosten vieler, sich selbst entfremdeter Armer mache dies Wirtschaftssystem einige wenige reich, darum würden die Lohnsklaven der Neuzeit, die „Proletarier aller Länder", schließlich in einem globalen Gewaltakt revoltieren und so den Sturm auf den Gipfel der sozialen Umwälzung anführen; dort, auf wiederum paradiesischen Höhen, throne die finale Gesellschaftsform, eine klassenlose „Assoziation, worin die freie Entwicklung eines jeden die Bedingung für die freie Entwicklung aller ist" und deren Mitglieder vom Gemeineigentum nur so viel an sich nehmen, wie sie wirklich benötigen. Sie kenne keinen ruinösen Raubbau an der Arbeitskraft mehr, so die Vision, keine Abhängigkeit drangsalierter Knechte von bevormundenden Bonzen. Auf jenem langwierigen und blutigen Opfergang bewahrheite sich die Grundüberzeugung des „historischen Materialismus": dass nämlich nicht menschliches Bewusstsein den geschichtlichen Prozess, sondern *vice versa* die jeweiligen historischen Gegebenheiten das Bewusstsein prägten. Die Menschheit, damit sie aus ihrer Misere herausfinde, wird als belehr- und von Grund auf veränderbar gedacht: Das marxistische Utopia oder Dystopia verheißt ein Elysium ohne Staat. Der hat ausgedient.

Umso schwärzer sah Oswald Spengler. „Die Weltgeschichte ist das Weltgericht", und zwar ein in Permanenz tagendes, proklamierte er in seinem 1918 und 1922 veröffentlichten UNTERGANG DES ABENDLANDES. Seine Betrachtungsweise formt die Geschichte abermals zu Kreisen und scheint dabei sowohl der Anschauung des Augustinus als auch der Vicos verwandt. Spengler – der eurozentrischen Geschichtsschreibung abhold, zudem erbitterter Gegner von Liberalismus und Demokratie und glühender Gefolgsmann Nietzsches, des Propheten der „ewigen Wiederkehr des Gleichen" – machte als Triebkraft den „Willen zur Macht" ausfindig. Durch ihn behaupte das „stärkere, vollere, seiner selbst gewissere Leben" sich gegen das mindere. Acht Hochkulturen reihte er auf und sprach ihnen allen gleichen Wert zu: Babylon und das alte Ägypten, Indien und China, die europäischen Reiche des antiken Griechenlands und Roms, die „magische" Hochkultur, worunter Spengler frühes Christentum, Byzanz und frühislamisches Arabien zusammenfasste, sowie Mittelamerika. Als achtes Imperium erhöben nun Westeuropa und Amerika das Haupt am höchsten. Jede der Kulturen stehe für sich, keine beziehe sich in irgendeiner Weise auf eine der andern, es könne auch eine die anderen im Wesenskern gar nicht erfassen und ermessen.

Etwa tausend Jahre habe jede der bisherigen dauern dürfen; während dieser Frist hätten ihre ursprünglichen, florierenden Anlagen tief gründend als Gesellschaftsformen aufblühen können, aber als oberflächlich-platte Zivilisationen wieder verwelken müssen. Etwa mit dem zwanzigsten Jahrhundert endeten auch die tausend Jahre des Abendlands, das der Studie den Titel gab. Dem Optimismus des Marxismus setzte der „morphologische" Bestseller Spenglers, nach dem Ersten Weltkrieg Pflichtlektüre jedes reflektierenden Kopfes, einen Pessimismus entgegen, der jede Kultur auf Erden wie einen Menschen als lebendigen, mit einer „Seele" begabten und unbedingt endlichen Organismus ansieht. Folglich misst er ihm die Lebensalter jeder menschlichen Biografie bei: eine Kindheit der Magie und der Mythen, eine leistungskräftige Jugend und eine Reifezeit selbstbewussten Schöpfertums; den Schluss markiert eine Spätphase, die ihre spielerische Originalität durch die Vulgarität der Massen in ihren immer größeren und engeren Städten, durch das Kleinklein der Routinen, den

Stumpfsinn technischer und bürokratischer Gleichläufe, durch die Sperenzchen eines sich spreizenden, aber entleerenden Intellektualismus lähme und verschleiße. Aus diesem Sumpf könne allein ein neuer „Cäsar" helfen, den Spengler nicht in Adolf Hitler, dafür in Benito Mussolini sichtete. Dem Glauben an einen Fortschritt und kontinuierlichen Aufstieg des Menschengeschlechts, wie Christentum, Hegelianer und Marxisten ihn hegten, versagte sich Spengler. Dafür scheute er, weil er zwischen den einander so gleichartigen Werde- und Untergängen der Kulturen Analogien fand, vor Wahrsagerei nicht zurück: Auf den 1400 Seiten seines Hauptwerks, so renommierte er, wage erstmals jemand den Versuch, „Geschichte vorauszusagen" – Zukunft zu wissen.

Weder „große" Extremgestalten noch cäsarische Übermenschen bietet die Geschichte als Hauptverantwortliche für ihre Affären und Spektakel auf. Ebenso wenig kann sie explizit als Auskunftei oder als Regeln setzende, zu- oder abratende Lehrmeisterin für Gegenwart und Zukunft dienen, mag sie dafür auch von der Antike bis zu Oswald Spengler oftmals hergehalten haben. Heute herrscht allgemein die Auffassung, dass in ihrem Lauf zwar Ereignismuster wiederkehren; keinesfalls aber wiederholen sich ganze Perioden. Nicht einmal das Sinnbild der Spirale, auf der die Menschheit zwar nach oben strebe, aber von Runde zu Runde typische Reizpunkte immer wieder passieren müsse, taugt, schon gar nicht das Symbol des geschlossenen Kreises. Konsequent bis zur Monumentalität spann Spengler seine These aus; trotzdem infiziert sie die Geschichtswissenschaft kaum noch. Wenigstens mag sie als von Gescheitheit satte, ausufernd detailreiche, subtil krisenbewusste Phantasmagorie faszinieren. Durch den imposanten Wuchs ihrer Prämissen zeugt sie auffallend davon, dass die Geschichtsschreibung selbst ihre Geschichte hat. Denn „jedes

Zeitalter", so schrieb schon der Dichter und Karl-Marx-Freund Heinrich Heine, „wenn es neue Ideen bekömmt, bekömmt auch neue Augen".

Schluss machen

Die Geschichte des Lebens auf Erden, umgerechnet auf die 24 Stunden eines einzigen Tags, lässt dem modernen Menschen nicht viel Zeit: Gerade mal seit drei Sekunden ständen ihm zu. Warum auch immer, entwickelten sich vor etwa 3,8 Milliarden Jahren, gleichsam um null Uhr, Organismen, die aus nur einer Zelle, erst ohne, dann mit Kern, bestanden. Für weit mehr als die Hälfte des Tages blieb es dabei. Erst nachmittags um vier fanden sich Mehrzeller ein. Noch einmal fünf lange Stunden später, um 21 Uhr, löste eine bislang unenträtselte Zündung die „kambrische Explosion" aus: Mit ihr wuchs die Artenzahl von Schalen- und Weichtieren jäh und außerordentlich. Aus Vorformen der Wirbeltiere bildeten sich eine weitere Stunde danach Knochenfische, während auf dem nach und nach von Insekten und Skorpionen bevölkerten Festland erste Pflanzen sprossen. Dann zog das Tempo an: Um 22.15 Uhr tummelten sich Amphibien, bald auch Reptilien auf dem Trockenen, um 22.45 Uhr schufen sich die Dinosaurier Platz – aber nur für eine Viertelstunde. Vor etwa 66 Millionen Jahren – respektive um 23 Uhr – schlug ein fünfzehn Kilometer großer Gesteinsbrocken dort ein, wo heute die Halbinsel Yukatan auf dem Ozean liegt, verheerte das Klima und tilgte die Riesenechsen zusammen mit drei Vierteln aller anderen Arten vom Angesicht des Planeten. Als dessen Beherrscher traten für jetzt und fürderhin die Säugetiere auf den Plan. Zu guter Letzt blieb den Primaten ein schmales Minütchen vor Mitternacht, sich zu entwickeln und an mancherlei Seitenwegen vorbei schließlich unsere Spezies zu kreieren, den Homo sapiens.

Die Krone der Schöpfung – das mag wohl sein – ist nicht er, sondern die Zelle: der potenziell unsterbliche Einzeller; das Ei. Dem Ende der Dinosaurier als dem fünften Massensterben im Lauf der Erdgeschichte folgt gerade jetzt, mit der von uns angerichteten Vernichtung einer horrenden Zahl von Tier- und Pflanzenarten, das sechste; Biologen sprechen von der „größten Katastrophe der Menschheitsgeschichte". Wir Menschen brauchen die Natur; die Natur braucht uns nicht. Sie kann uns umso weniger brauchen, wie wir uns anmaßen, in die Uhrwerke ihres Gangs bedenkenlos hineinzugreifen, die ohne uns zu funktionieren begannen und ohne uns funktionieren würden und werden. In der Erzählung DER MENSCH ERSCHEINT IM HOLOZÄN aus der grandiosen Spätprosa des Schweizers Max Frisch sieht sich ein alternder Witwer, namens Herr Geiser, zu totaler Abgeschiedenheit verurteilt: Ein Bergrutsch und sintflutartige Regengüsse haben sein abgelegenes Haus von allen Zufahrts- und Fluchtwegen abgeschnitten, ein Stromausfall hindert Herrn Geiser daran, sich mit der gewohnten Alltagstechnik zu behelfen. Derart in eine vormoderne Monaden-Existenz zurückgestoßen, sammelt er aus allen ihm erreichbaren Quellen, was sich über die Geschichte von Welt und Menschen wissen lässt. Während sich die ihm vertraute Kulturlandschaft um ihn herum unbarmherzig zur Naturlandschaft zurück- und zum Schauplatz einer Apokalypse verwandelt, durchstreift der Einsame in Gedanken, lesend und schreibend seine Innenwelt, stellt sein Erinnern gegen das drohende Vergessen und Vergessenwerden. Schnipsel aus Lexika, Fach- und Sachbüchern fügt er zu einem Erkenntnisfragment zusammen, in dem Naturwissenschaft („Die Summe der Energie bleibt konstant") und Mythos („Verwandlung von Menschen in Tiere, Bäume, Steine etc. Siehe: Metamorphose") sich schneiden. Am Ende versucht Herr Geiser, der Vereinzelte, der Abtrennung von allem zu entkommen. Erwartungsgemäß scheitert er tödlich. Die Natur muss ihn, den Gleichgültigen, nicht erst verschmerzen. Sie nahm ihn gar nicht zur Kenntnis.

Kaum den Einzelnen, wohl aber die Menschheit nimmt die Natur zur Kenntnis. Heute sehen sich immer mehr Wissenschaftler vieler Fachbereiche mit schlechtem Gewissen, aber aus gutem Grund veranlasst, auf dem 4,5 Milliarden Jahre langen Zeitstrahl, den die Erde schon im All zurücklegte, das Holozän für abgeschlossen zu halten und unseren Einstieg ins Anthropozän festzustellen. Der Äon, in dem die Menschheit ihre natürlichen Bedingtheiten hinter sich lässt: Etwa mit dem Jahr 1950 setzen die Autoritäten seinen Beginn an, als die „Große Beschleunigung" Fahrt aufnahm, die erdgeschichtliche Phase, da der Mensch die Geo-, Bio- und Atmosphäre immer unverfrorener und folgenreicher manipuliert. Solche Einflussnahme bekommt uns nicht gut: Wie das Holozän das Zeitalter unseres Werdens, Wachsens und Wirkens auf dem Weg zur Vernunft war, ist das Anthropozän ein Zeitalter – vielleicht Endzeitalter – unserer Hybris, unseres Leichtsinns und unseres allfälligen Unvermögens, auch nur kleiner Weiterungen unseres selbstherrlichen Großprojekts Herr zu werden, das da heißt: „Wir sind wie Gott".

Immerhin, zu den Errungenschaften unserer Evolution gehört die Reflexion: Wir überlegen uns, worum es sich handelt bei der Zeit, wir wissen uns ganz und gar eingebunden in die dynamischen Prozesse der Welt und von vielen davon direkt oder mittelbar betroffen, und wir analysieren, wie uns dies widerfährt. „Der Mensch", notiert bei Max Frisch der am äußersten Rand des Holozäns angekommene Herr Geiser, „der Mensch gilt als das einzige Lebewesen mit einem gewissen

Geschichtsbewusstsein." Aber eben das verliert sich; auch dadurch – und vielleicht gerade dadurch – gibt das Anthropozän sich zu erkennen. Im Zeichen unserer schon jetzt schier unermesslichen Möglichkeiten erscheint es als Zeitalter überhaupt schrankenloser Machbarkeit: als Epoche einer „künstlichen Intelligenz", die wir willentlich in die Lage versetzen, durch maschinelles Lernen Wirkungsräume unserer eigenen Intelligenz weit zu überbieten und unseren Willen auszumanövrieren.

Im Denken vieler Zeitgenossinnen und Zeitgenossen dominieren die Gegenwart und Zukunft solcher und anderer wissenschaftlicher und technischer Innovationen; als entbehrlich entfallen Blicke ins Früher und Vorher. Zwar blüht in Fernsehprogrammen, Radiosendern und populärwissenschaftlichen Publikationen eine durchaus seriöse Darstellung historischer Themen, aber sie bleiben ein Angebot für spezialisierte Kreise. Der breiten Bevölkerung droht Geschichtslosigkeit, indem kollektive Erinnerungen verloren gehen durch das schwindende Interesse an ihnen. Wo aber das Wissen um geschichtliche Details und Bezüge schwindet, wo Vergangenheit die breite Öffentlichkeit nur mehr in Form reißerischer, unvermittelter Einzelheiten oder als zusammenspintisiertes Verschwörungsblendwerk reizt, da besteht Grund zur Sorge. Mit den Fakten geht auch die Einsicht verloren, dass ebenjene Fakten, um verstanden zu werden, erst interpretiert werden müssen. So drohen viele Menschen, gerade in Perioden der Krise und der Verunsicherung mehr denn je nach absoluten Wahrheiten gierend, anfällig zu werden für welterlösende Demagogien, vordergründigen Fundamentalismus. Aufklärung tut Not, Warnung vor selbstverschuldeter Unmündigkeit. Zwar steht Geschichte so leicht zugänglich wie noch nie auf dem Papier, findet aber in zu viele Köpfe keinen Zugang mehr. Müsste nicht auch dies ein „Ende der Geschichte" markieren?

Demgegenüber ergötzen die Simulationen der „Kontrafaktischen Geschichte" unseren Spieltrieb. Sie leiten uns in die Räume der Fiktion. Warum auch nicht: Wenn wir, wie der Herr Geiser des Herrn Frisch notiert, aus allen zoologischen Spezies durch unser Geschichtsbewusstsein herausragen, so noch mehr durch die allein unserer Spezies verliehenen Macht, frei andere Welten zu imaginieren als die Welt, die dem Diktum Ludwig Wittgensteins zufolge „der Fall ist". Hier wird, was sich Historikern gewöhnlich verbietet, nämlich das spekulative Planspiel, zur Methode erhoben und gewährt verwegenen Ableitungen und Induktionen, mutigen Vermutungen und schneidigen Schätzungen so viel Raum wie sonst nirgends. Natürlich darf auch hier Fantasie nur walten, solange sie sich auf ein gegebenes Fakten-Substrat einlässt. Zum Rang eines deutschen Sachbuch-Klassikers brachte es 1989 beispielhaft das Was-wäre-wenn-Szenario WENN HITLER DEN KRIEG GEWONNEN HÄTTE, worin Ralf Giordano dem Untertitel folgend „Die Pläne der Nazis nach dem Endsieg" zusammentrug und hochrechnete. In FATHERLAND von Robert Harris aus dem Jahr 1992 und der Amazon-Serie THE MAN IN THE HIGH CASTLE von 2015 (nach Philip K. Dicks bereits 1963 erschienenem Thriller) treten, bei gleicher Ausgangsfrage, die grauenhaften Konsequenzen mit den plastischen Konstrukten des Romans und des Films hervor.

Anders als im englischen und US-amerikanischen Raum weisen hierzulande viele Fachleute die „Kontrafaktische Geschichte" als halbseidene und zwecklose Spielerei zurück. Tatsächlich hilft sie dem Wunsch nicht weiter, gemäß dem Altkanzlers Kohl „die Gegenwart [zu] verstehen und die Zukunft [zu] gestalten". Wohl aber lässt sie, indem sie an sogenannten Divergenzpunkten oder *nexus stories* von Weichen stellender Relevanz festmacht, Fachleuten freie Hand, ansonsten vernachlässigte Variablen mit verändertem Gewicht zu beschweren und in ihrer Durchschlagskraft zu erproben; den Blick auf die Geschichte selbst entschleiert sie, befördert uns also auf eine Metaebene, auf der wir dann doch nochmals darüber nachdenken, wie der kraftlose Schlag eines Schmetterlingsflügels einen geschichtlichen Sturm herbeiführen mag. Nicht ganz grundlos machen Anhänger jener unbefangenen, dabei ernsthaften Umschrift von Historie geltend, dass alle Historiografie, indem sie Wirklichkeit niemals vollständig, immer nur in wenigen und geringen Ausschnitten erfasst, von vornherein „kontrafaktisch" tüftelt und deutet, buchstäblich „gegen die Fakten", nämlich gegen jene Mehrheit der einschlägigen Komponenten, auf die sie Zugriff nicht erlangt. Beim Umgang mit „ungeschriebener Geschichte" spricht „subjektive Vorliebe immer mit" (Alexander Demandt). Beim Schreiben von Geschichte auch. Wo sich das Kontrafaktische mit der Faktizität kreuzt, vermischen sich Geschichte und Geschichten, Erforschtes und Erzähltes besonders dicht.

Aber gibt es Geschichte, so wie es sie früher gab, überhaupt noch. Früher – das soll heißen: vor dem Fall der Berliner Mauer, dem Zerfall der Sowjetunion, vor dem Ende des alten Ost-West-Konflikts und Kalten Kriegs. DAS ENDE DER GESCHICHTE hat Francis Fukuyama ausgerufen. Einen längst für abgetan gehaltenen Glauben an die Unbezwingbarkeit des Fortschritts wiederbelebend und rekurrierend auf Hegels dialektisches Modell geschichtlicher Aufwärtsentwicklung, sah der US-amerikanische Politologe das Finale 1989 gekommen. Liberalismus und Kapitalismus westlicher, letztlich amerikanischer Provenienz hätten sich unwiderruflich durchgesetzt, argumentierte er; mit der künftig für unvermeidlich erachteten Ausbreitung der Demokratie seien „die endgültige Form menschlichen Regierens" und das Ende aller Ideologien erreicht. Daraus wurde nichts. Auch den islamistischen Massenmord durch den Terroranschlag vom 11. September 2001 in New York schätzte Fukuyama falsch ein: Zwar werde der Westen fortan ein anderer sein, nicht aber durch Repressionen, Intoleranz und Fremdenfeindlichkeit, auch nicht durch ein „noch stärker gespaltenes oder isolationistisches Amerika. Vielmehr gibt es Anzeichen dafür, dass die Tragödie das Land tatsächlich nach innen stärker und einiger machen wird und international zu konstruktiverer Beteiligung veranlassen könnte." Kontrafaktische Prognosen: Es kam ganz anders, zumal 2017 mit dem Amtsantritt Donald Trumps als US-Präsident. „Geschichte voraussagen", Zukunft wissen: Das lässt sich nicht machen.

Heute sieht wohl kein nüchterner Betrachter mehr die Geschichte am Ende. Aber mit gewissen unbequemen Debatten sollten es die Träger des öffentlichen Diskurses doch endlich gut sein lassen – zumindest meinten und meinen das nicht wenige. Am 6. Juni 1985 veröffentlichte der Berliner Geschichtswissenschaftler Ernst Nolte in der FRANKFURTER ALLGEMEINEN ZEITUNG eine Bewertung des Nationalsozialismus, wobei er seine Position so formulierte, dass ihm Gegner alsbald vorwarfen, er versuche den Genozid der Deutschen an den europäischen Juden herunterzuspielen und zu relativieren. Seither streiten führende und hellste Köpfe darüber, ob sich Hitler mit Stalin, das KZ-System und der nationalsozialistische Holocaust mit der Quälerei und dem Massenmord im „Archipel Gulag" der Sowjetunion vergleichen lassen oder ob die deutschen Verbrechen einzigartig in der Weltgeschichte dastehen. Trugen Hitler, seine Schergen und Gefolgsleute die Verantwortung allein, oder lag die Schuld beim deutschen

Volk insgesamt? Und dürfen wir Deutschen je aufhören, uns schuldig zu fühlen ...? Die Debatte blieb unentschieden. Dass sie überhaupt ausbrach und aufflackert, zeigt, wie dringlich sie war und ist. Auf die Gräuel der eigenen Vergangenheit muss niemand dauernd durch den Feldstecher blicken, der alles unangemessen in scheinbar unmittelbare, unentrinnbare Nähe zurückholt. Vor allem aber sollte man das Fernglas nicht verkehrt herum halten: Für so winzig und entrückt, wie die gestrigen, aber nicht verjährten Schrecken dann aussehen, dürfen wir sie beileibe nicht halten.

Was wäre, wenn Hitler den Krieg gewonnen hätte? Oder gar nicht erst geboren worden wäre? In einer grotesk-grausigen KÜSSCHEN KÜSSCHEN-Geschichte führt Roald Dahl als Meister des kunstreich inszenierten Sarkasmus zu den allerersten Anfängen des Diktators zurück. Unter der Überschrift GENESIS UND KATASTROPHE stellt er eine im Text bis fast zum Schluss namenlose, brave Frau vor, die im Jahr 1889 vor dem Geburtshelfer ihres Vertrauens ihre Befürchtungen ausbreitet: Vier Mal kam sie im Lauf von fünf Jahren in die Hoffnung; drei Mal blieben ihr Mutterfreuden versagt, denn keins der Kinder überlebte. Nun hat sie, in einem Braunauer Gasthof, zum vierten Mal entbunden, unter Qualen, selbst dem Tode nah. Geschwächt wendet sie sich an den Mediziner, sehnsüchtig lauscht sie den trostreichen Aussichten, die er dem Neugeborenen zuspricht: Gesund sei das Kind, Frau Hitler müsse sich nicht ängstigen, er werde leben, der kleine Adolf ... Die Frohbotschaft als Menetekel, Kindersegen als Menschheitsfluch: Untergründig und doch schamlos stößt der Schriftsteller kontrafaktische Fantastereien in unseren Köpfen darüber an, wie die Geschichte verlaufen wäre, wie die Welt heute aussähe, hätte einer der schrecklichsten Menschen seit Menschengedenken schon als kleiner Liebling im Säuglingsalter das Zeitliche gesegnet. Nie werden wir erfahren, wie es, ‚gesetzt den Fall', ‚unter Umständen', ‚vermutlich' gewesen wäre; es tritt ja nicht einmal jemand auf, der uns verbürgte, „wie es wirklich gewesen" *ist*.

Offenbar lässt unselige Geschichte sich ‚bewältigen', weil die Zeit, auch wo sie Wunden nicht heilt, zumindest Schmerz und Elend lindert. Im Januar 2020, mit Blick auf das 75 Jahre zuvor befreite Vernichtungslager Auschwitz, sprachen sich bei einer Erhebung sechzig Prozent der Befragten dagegen aus, mit dem Gedenken an die Entsetzlichkeiten des Nationalsozialismus ein Ende zu machen. „Schlussstriche" lassen sich nicht ziehen, nicht unter Hakenkreuz und Holocaust, auch nicht unter vierzig Jahre realsozialistische DDR: nicht unter die dauerhaften Debatten darüber; schon gar nicht unter das notwendige Erinnern.

Gern aber triumphiert unser Planet über all unsere Debatten, Zwänge und Erinnerungen, indem er uns die Gewaltigkeit der Zeiten und ihrer Dauer als Schock vergegenwärtigt. 1991 trat uns schlagartig ein Mann aus dem schwindenden Eis des Tisenjochs entgegen: ein Mann aus der Jungsteinzeit und doch ein Mann aus Haut und Knochen. So anschaulich mumifizierte der Südtiroler Dauerfrost den „Ötzi", dass wir ihm 5300 Jahre nach seiner Ermordung wie einem unlängst Verstorbenen ins Gesicht blicken und Paläobiologen in seinen Innereien lesen, woraus er sich seine letzte Mahlzeit bereitet hat. Sogar lebendige Überbleibsel aus noch weit ferneren Vergangenheiten beschert uns die Erde, als ob sie unserem handspannenlangen Dasein spöttisch eine Nase drehen wollte. „Unser Leben", wussten schon die biblischen Psalmisten, „währet siebzig Jahre, und wenns hoch kommt, so sinds achtzig Jahre"; in einem Wiener Labor hingegen gedeiht eine Lichtnelke der Gattung *Silene linnaeana*, die aus 32 000 Jahre alten Samenresten gezogen wurde und sich ohne viel Aufwand vermehren lässt: zart prangende Blüten aus der Eiszeit.

Schluss macht die Geschichte nie, mag es auch dreizehn schlagen, uns die Zeit lang werden und das Maß voll erscheinen. Anfang ist immer. Und das Ende ist da, nur lässt es noch auf sich warten.

Von vorgestern bis gestern

Das Phantom, Ruhm genannt

Zwischen Grazien und Grenadieren:
König Friedrich II. von Preußen

1

Viel lesen wollte er in Rheinsberg, schreiben wollte er und Flöte spielen. Für den Königssohn war die Jugend traumatisierend hart verlaufen. Dann, als Ehemann und designierter Herrscher, durfte der preußische Kronprinz Friedrich auf dem Schloss, zwanzig Kilometer nördlich des brandenburgischen Neuruppin gelegen, wirklich ein paar glücklichere Jahre verleben: ein Wartestand voller Lektüre, Musik ... und durchgeistigt vom regen Briefverkehr mit François Marie Arouet alias Voltaire, dem lichtvollen Franzosen. Jenem Philosophen (der später, im „sorgenfreien" Schloss Sanssouci bei Potsdam, langjährig Gast des royalen Freundes sein sollte) übersandte Friedrich seinen ANTIMACHIAVELL, ein Essay, das Voltaire redigierte und publizierte. Darin beschrieb der Prinz die Person des Regenten zwar als absoluten Herrscher, doch zugleich als Freund der Untertanen, als Förderer der Wissenschaft und Kunst, als Wahrer von Rechtsstaatlichkeit und Frieden. Als Friedrich selber 1740 König wurde, verfuhr er denn auch nach jenem Ideal. Ein paar Wochen lang.

Denn mit all dem wars vorbei, als in Wien Kaiser Karl VI. starb und seine Tochter Maria Theresia sich bereit machte, seinen Thron zu erben. Da kitzelte den Preußen dann doch die Streitlust, der Ehrgeiz des Eroberers. Ausersehen sah er sich, das bislang parvenühaft aufstrebende Preußen der Hohenzollern neben dem ein wenig müden, alt-blasierten Österreich der Habsburger als Spitzenkraft zu etablieren im Mächtekonzert des Heiligen Römischen Reichs.

2

Zum entscheidenden Feldzug wurde der Siebenjährige Krieg, der auch „dritter Schlesischer Krieg" heißt; was impliziert, dass zwei ähnliche ihm vorausgegangen waren. Kürzer fielen sie aus, weniger blutig, für den König bei weitem nicht so schicksalhaft. Zwei Mal hatte er Maria Theresia überrollt: Gleich 1740 marschierte Friedrich erstmals in ihrem Schlesien ein – das Heer des Vaters hatte er, noch als Pazifist, schon mal um 10 000 Mann verstärkt. Zum zweiten Mal kämpfte er 1744/45 um die Provinz, um den bedrohten Raub zu sichern. Dann schien er satt.

Andernorts indes eskalierte ein weltumspannender Streitfall: Als Kolonialherren standen England und Frankreich einander in Nordamerika und Indien gegenüber. In Österreich ernannte Maria Theresia den Diplomaten Wenzel Anton Graf Kaunitz zum Außenminister: Die beiden vereinte der Hass auf Preußen, die Begier, Schlesien wiederzugewinnen, die Überzeugung, dass der neu entstandene fatale Dualismus entschieden werden müsse, und zwar für Wien.

Bald kreiste und schnürte ein Bündnis die Preußen ein: Zur „Großen Koalition" hatten Österreich und Russland, Frankreich und Sachsen sich verbündet. Friedrich entschloss sich zum präventiven Erstschlag. Am 29. August 1756 fiel er ins Königreich Sachsen ein. Doch rasch wendete sich die Lage gegen ihn. Dem Anti-Preußen-Pakt trat Schweden bei, und das Reich beschloss den Reichskrieg gegen Friedrich. Zunehmend isoliert und defensiv, verbuchte er immer weniger Erfolge. Hatten seine Heere 1757 bei Leuthen in Schlesien den strahlendsten Sieg ihres Feldherrn erfochten, so markierte das Gemetzel bei Kunersdorf (nahe Frankfurt an der Oder) zwei Jahre später den Tiefpunkt – ein Totalzusammenbruch, der den längst maladen Monarchen hoffen ließ, ihn selber möge eine der „verwünschten Kugeln" treffen. „Er trug Gift bei sich", berichtet Thomas Mann, „für den äußersten Fall".

Doch aufs Debakel folgte das Mirakel: Wie ein Wunder half dem am Boden Zerstörten der Tod der russischen Zarin und Erzfeindin Elisabeth auf. Ihr nämlich folgte Peter III. nach, ein glühender Parteigänger des Preußen, der sich mit ihm sogleich auf einen Waffenstillstand einigte – Anlass für eine allgemeine Versöhnungsbereitschaft der samt und sonders ermatteten Kombattanten. Neben manch anderem legte der 1763 geschlossene Frieden von Hubertusburg fest, dass Schlesien bei Preußen blieb; zusätzlich heimste es 1772, bei der Ersten Polnischen Teilung, Westpreußen und weitere Territorien ein. Fortan firmierte das Königreich als Großmacht in Europa – und stand zu Österreich in unausgleichbarer Gegenposition. In Übersee und Indien erstarkte England zur Führungskraft und schickte sich an, Weltreich und -macht zu sein, auf Kosten Frankreichs: Das war ruiniert.

Und blieb es freilich nicht für immer. 1806 sollte der übermächtige Franzose Napoleon Bonaparte Preußen unter seine Stiefel treten. Doch bevor er die Hauptstadt betrat, hielt er in Potsdam. Denn nicht dem gegenwärtigen König Friedrich Wilhelm III. wünschte der Kaiser seine Aufwartung zu machen, sondern dessen totem Großonkel: Friedrich II., „der

Große", ruhte dort, übrigens gegen seinen Willen, in der Garnisonskirche. Zwanzig Jahre vor dem hohen Besuch war der „Alte Fritz" am 17. August 1786, 74-jährig, auf Schloss Sanssouci verblichen. Vor dem Sarkophag soll Napoleon andächtig geäußert haben, er selber stünde nicht hier, würde Friedrich noch leben.

Für einen Großen hielt jener Bezwinger Europas sich selbst, nicht anders als der Protagonist einer mindestens ebenso zwielichtigen, dabei weitaus pompöseren Visite. Am 21. März 1933 trat Adolf Hitler im selben Gotteshaus auf, um sich am „Tag von Potsdam" leibhaftig und mehr noch ideell neben dem verewigten Monarchen zu postieren. Hatte der sein Preußen zur europäischen Großmacht erhoben, so dachte der Diktator, die „Macht ergreifend", über die halbe Welt zu herrschen.

3

Friedrich der Große war ein kleiner Mann, höchstens 1,60 Meter hoch, von zähem, doch eher dürftigem Bau. Auserwählt fühlte er sich dennoch, „das Große zu erniedrigen", womit er das im Römisch-Deutschen Reich vorherrschende Habsburg meinte. Bevor er „groß" wurde, drohte er mehrfach von entschlossenen Feinden bezwungen zu werden – ein Draufgänger, bei dessen Triumph das Glück kräftig nachhelfen musste. Vielleicht darum blieb er, was ihn selber betraf, vergleichsweise bescheiden. „Als Philosoph", verfügte er, wolle er begraben werden, „ohne die geringsten Zeremonien, nachts, im kleinsten Gefolge, beim Schein einer Laterne."

Friedrich war ein weiches Kind. „Recht fett und frisch" kam er am 24. Januar 1712 im Berliner Stadtschloss zur Welt, als Sohn eines „Soldatenkönigs": Der, Friedrich Wilhelm I., führte zwar nur ein Mal und nur kurz Krieg, frönte aber allem Militärischen bis zur Besessenheit. Dem sachten Knaben suchte er jeden Sinn fürs zweckfrei Schöne, die Lust an Dicht- und Tonkunst, auch die enge Bindung an die Schwester Wilhelmine, die spätere Markgräfin von Bayreuth, gründlich auszutreiben. Aufs Grausamste kujonierte er ihn darum und unterließ es nicht einmal, den Thronfolger vor Zeugen prügelnd zu demütigen. Ein Fluchtversuch missriet dem 18-Jährigen – das kostete ihn selbst beinah das Leben und seinen Freund und Helfer Hans Hermann von Katte den Kopf. Bei der Exekution hatte Friedrich von einem Fenster aus genauestens zuzusehen.

Endlich zu Kreuze kriechend, ließ sich Friedrich vom unerbittlichen Über-Vater eine Gemahlin verordnen: Mit jener Elisabeth Christine von Braunschweig-Wolfenbüttel-Bevern, um drei Jahre jünger als er und von ihm 1733 ohne Zuneigung geehelicht, verband ihn sein Leben lang nicht das Mindeste; wahrscheinlich war er, mehr oder weniger aktiv, homosexuell. Weitaus intensiveren Umgang als mit der Gemahlin pflegte er mit seinen Hunden. Immerhin betrachtete er die paar Rheinsberger Musenjahre an der Seite Elisabeths als seine schönste Zeit: voll von Poesie und Philosophie, Musik und wacher Plauderei.

Schon den Kronprinzen umschwärmte eine Aristokratin als *„le grand Frédéric"*. Und Voltaire, lebendes Monument der französischen Aufklärung, erkannte in *„Frédéric le Grand"* einen „fürstlichen Philosophen", umrahmt von „Grazien und Grenadieren". Mit den Siegesfeiern nach dem zweiten der Schlesischen Kriege setzte sich sein Ehrentitel „der Große" vollends durch. In offiziellen Urkunden allerdings erscheint er nie.

4

Friedrich war ein harter Mann. Unerwartet stark prägte ihn, der sich zunächst als Pazifist bekannte, das Erbgut des brutalen Erzeugers. Eingestandenermaßen stachelte den Geltungssüchtigen die Begierde an, vor der Mit- und Nachwelt zu glänzen: Ihn packte „die Glut der Leidenschaft, der Ruhmesdurst". Im Blutbad scheute er kein Risiko. Als Hasardeur war er menschenverachtend bereit, auch auf eine schwache Karte alles zu setzen. „Racker, wollt ihr denn ewig leben?", soll er einmal seinen fliehenden Kriegern nachgeschrien haben. Nachweislich bis zu 400 000 Soldaten und Zivilisten opferte er dem „Phantom, Ruhm genannt".

„Gott ist immer mit den stärksten Bataillonen", glaubte Friedrich, der aufgeklärt absolutistisch, mithin von Gottes Gnaden regierte, wiewohl er sich um den Himmel und dessen Herrn sonst wenig scherte. Dennoch galt gerade für ihn die Weisheit des biblischen Predigers Salomo, wonach „ein jedes seine Zeit" habe: „Krieg hat seine Zeit, und Frieden hat seine Zeit." Bis zur Nüchternheit unfromm, verordnete er doch, dass in Preußen keine Religion „der anderen Abbruch tue, denn hier muss ein jeder nach seiner Façon selig werden". Neben solche geistliche Toleranz stellte er eine publizistische: „Gazetten dürfen, so sie delektieren [unterhalten] sollen, nicht genieret [unter Druck gesetzt] werden" - womit er die Pressezensur wenigstens zeitweilig lockerte. Schulwesen, Verwaltung und Justiz reformierte er gründlich und verbot die Folter, allerdings per Geheimbefehl: Paradoxerweise durfte sie den angstvollen Beschuldigten weiter angedroht werden.

Der Friedensbrecher als Friedensfürst – als „erster Diener des Staates": Mit jener Formel beschrieb er selbst seine Rolle. Indem er Sumpfgebiete an Oder und Warthe, Netze und Dosse trockenlegen ließ, eroberte Friedrich „im Frieden eine neue Provinz, ohne einen Mann zu verlieren". Für 60 000 Siedler entstanden neunhundert Dörfer. Um sie zu ernähren, förderte er den Anbau einer noch wenig verbreiteten, indes nahrhaften Knollenpflanze: Friedrich, der Kartoffelkönig.

Und: Friedrich, der Feingeist. Oder: Friedrich, der Banause? So lange seine Zähne hielten, pflegte er, neben dem Spiel mit den Hunden, das Spiel auf der Flöte. Letzteres hatte dem – auch in der Komposition – begabten Kronprinzen der als Bläser begnadete Johann Joachim Quantz beigebracht, den Friedrich 1741 mit der Stelle seines Hofkomponisten bestallte; als Einziger durfte er es sich erlauben, seinen Gebieter beim Musizieren zurechtzuweisen. Mit hellen Köpfen tauschte Friedrich sich aus, mit Voltaire zumal – bevor er ihn abschätzig wie den „Spaßmacher eines großen Herrn" verabschiedete; nicht ohne Grund: Zuträger hatten den König wissen lassen, der funkensprühende Denker habe erklärt, er wolle den Gönner wie eine Zitrone auspressen und die trockene Schale auf den Müll werfen; überdies wäre Friedrichs eigene literarische Produktion nicht mehr wert als schmutzige Wäsche, wenn er, Voltaire, sich nicht der Mühe unterzöge, sie reinzuwaschen. Geister, nicht Menschen sammelte der König um sich; Frauen, die ihm angetraute zuallererst, waren ihm egal. Auch galt ihm, der beharrlich französisch parlierte, alles Deutsche wenig: Einheimische Dichtung verhöhnte er, das Genie Johann Sebastian Bachs, der sich ihm vorstellte, übersah er ganz.

Dabei lässt sich ihm Geschmack nicht absprechen. Dem feinen Berlin schenkte er ein Opernhaus. Und im leichten, lebens- und liebenswerten Schloss Sanssouci zu Potsdam spiegelte er, unterstützt vom Baumeister Georg von Knobelsdorff und, nach dessen verärgertem Rückzug, von Johann Boumann, die angenehmen Seiten seines janusköpfigen Charakters. Bei allem Hochkomfort dachte er sich hier, über einer weinbergartigen Terrassenanlage, ein prunkloses Privatissimum im Rokokostil als Rückzugsort einzurichten. Die fünf Räume des Ostflügels mit Bibliothek und Musikzimmer bewohnte er selbst; der dazu symmetrische Westtrakt diente Besuchern zur feudalen Unterkunft. Die Königin übrigens weilte hier nur ein einziges Mal als Gast und war nicht einmal zur Einweihung 1747 geladen worden. In der Gruft, die Friedrich sich vorausschauend vor den Fenstern seines Arbeitszimmers graben ließ, wollte er dereinst, wie er sagte, *sans souci* ausruhen, ohne Sorge. Jenem Diktum verdankt das „Lusthaus auf dem Weinberg" seinen bis heute gültigen Namen.

Das Neue Palais hingegen, im selben Park protzend, hat mit Friedrichs Wesen nichts zu tun. In seiner stattlichen Kühle steht es resolut als Residenz da. Als „Fanfaronade", pure Angeberei, galt das dreiflügelige, überkuppelte Prestigebauwerk aus Back- und Sandstein dem König selbst. Er liebte es nicht; am ehesten als Symbol ließ er die – gleichfalls von Knobelsdorff unter seiner eigenen maßgeblichen Mitwirkung entworfene – Repräsentationsarchitektur mit ihren über 200 kostspielig ausgestatteten Räumen gelten: Nach dem verlustreichen und auszehrenden Siebenjährigen Krieg sollte es aufzeigen, dass mehr als eine Beinahekatastrophe nötig sei, um Preußen das Genick zu brechen.

5

Zum „alten Fritz" war Friedrich schon mit 51 Jahren ergraut: Eingeschrumpft, vertrocknet, krumm und schmuddelig hatten seine drei Schlesischen Kriege, erst recht der letzte, ihn zurückgelassen. Davon wollte die Nachwelt nicht viel wissen. Im 19. Jahrhundert setzten sich, besonders durch die eleganten Malereien und Grafiken Adolph von Menzels, gemütvoll-volkstümliche Erinnerungen durch; und mehr noch eine heroisierende Überhöhung. Fürs zweite deutsche Kaiserreich legten Militär- und Historienmaler wie Wilhelm Camphausen und Georg Schöbel die Friedrich-Ikonografie maßgeblich fest: Der König als Held, scharfe Weitsicht in den hellwachen Zügen – so entwarfen sie Andachtsbilder, denen sie trutzige Losungen beigaben: „Ich, vom Schiffbruch rings umdroht, / Trotzen muss ich dem Verderben, / Muss als König denken, leben, sterben."

Doch nicht erst jene nachgeborene Nationalprophetie, sondern schon er selbst hat begründet, was dem Namen Preußen heute seinen problematischen Klang verleiht: Vormachtstreben und Bereitschaft zu rücksichtsloser Besitzstandswahrung und -vermehrung; den Primat des Militärs und seiner Tugenden; die Feier der Ordnung als Unterordnung, des Dienstes als duldenden Gehorsam. Er selbst, der Frei- und Feingeist von einst, hielt sich während der zweiten, freudlosfleißigen Hälfte seiner Regentschaft daran. Indem er die Waffen ruhen ließ, schien der Ex-Kriegsherr verspätet das Friedensideal wahr machen zu wollen, das der Ex-Vertraute Voltaire vom guten König entwarf: „Ich nenne", bekundete der, „große Männer alle, die sich durch Nützliches oder Angenehmes ausgezeichnet haben. Die Verwüster von Provinzen sind nur Helden."

Die anspruchslose letzte Ruhestätte, die Friedrich sich ausgebeten hatte, wurde ihm 205 Jahre nach seinem Tod zuteil. Seinen Sarg, den es auf die hohenzollernsche Stammburg nach Hechingen verschlagen hatte, holte einer nach Sanssouci zurück, dem manche Beschreiber der jüngsten Geschichte gleichfalls „Größe" zusprechen wollen: Helmut Kohl, der „Kanzler der Einheit", veranlasste Friedrichs Umbettung immerhin halbwegs im Sinn des Königs. Zwar ließ das Staatsbegräbnis am 17. August 1991 mit seinem militärischen und medialen Aufwand nichts erkennen von „kleinstem Gefolge" und dem „Schein einer Laterne"; doch liegt der König seither unter einer denkbar schlichten Platte, die nur seinen Namen und den Ehrentitel, kein Kreuz und kein Dekor sonst trägt, ganz in der Nähe seiner toten Hunde, die ihm zeitlebens näher standen als die Menschen.

Zwei Wesen,
von Göttern beneidet

Wilhelm Heinrich Wackenroder, Ludwig Tieck
und ihre Pfingstreise im Jahr 1793

Der Text des Essays erscheint mit freundlicher Genehmigung des Berliner Auricula-Verlags, der ihn zusammen mit einer vollständigen Lesung der PFINGSTREISE durch den Rezitator Hans-Jürgen Schatz in seinem Hörbuchprogramm führt.
(www.auricula.de, 2 CDs, ISBN: 978-3-936196-16-0)

Müllers Lust

Die Müller taten es mit Vorliebe; das weiß jeder Freund romantischen Liedguts: „Das Wandern ist des Müllers Lust", heißt es ausdrücklich in Franz Schuberts Zyklus DIE SCHÖNE MÜLLERIN. Auch Stromer und Tagediebe waren nicht abgeneigt: Joseph von Eichendorff ließ den singenden und geigenden „Taugenichts", den Helden seiner berühmtesten Novelle, beim Wandern gern auf Pferd und Wagen zurückgreifen; durch solche Hilfsmittel befördert, gelangt der sympathische Nichtsnutz aus dem Weichbild der Heimat zügig gar über Ländergrenzen hinweg. Dem romantischen Bewegungstrieb schloss sich allerlei fahrendes Volk an, nicht zuletzt Scholaren, Studenten, deren freier Geist dem kurzweiligen Ortswechsel seit je den Vorzug vor der Sesshaftigkeit des Philisters gab.

Romantisch sein hieß: sich dem Alltag und der Gewöhnlichkeit entziehen, das Fremde und Besondere, Unfassbare und Ungreifbare aufsuchen, der Ahnung Vorrang vor der Gewissheit einräumen, den Traum höher schätzen als die Vernunft, das Rätsel höher als die Lösung. Aufklärerisch benahm sich die Romantik dabei durchaus. Zwar richtete sich das Interesse auf ein vielgesichtiges Jenseits: aufs Unbewusste sowohl wie aufs Göttliche; oder auf die Gegenden hinter der Grenze, die dem Blick vom Kirchturm herab gezogen war. Aber die Romantiker beschieden sich nicht damit, unter wohligem Gruseln mit Okkultem zu spielen; sondern ganz seriös erforschten sie die noch schleierhaften Bereiche der Lebenswelt weiter und vervollständigten so das Bild des Menschen von sich.

Am Freitag vor Pfingsten 1793 brachen Wilhelm Heinrich Wackenroder und Ludwig Tieck zu einer Rundreise auf durch die Fränkische Schweiz, den Frankenwald und das Fichtelgebirge. Da konnten sie noch nicht wissen, dass sie dadurch sozusagen die romantische Epoche einleiteten. Zwanzig Lenze zählten sie damals und standen also in einem Alter, da sich Erlebnisdrang und überschwängliche Auffassungsgabe erstmals die Waage zu halten suchen mit dem Willen zu tiefer schürfender Reflexion. Von der Universitätsstadt Erlangen aus zogen sie los. Dorthin, ins altväterlich Altfränkische, hatten sich die beiden aus ihrer quirligen Heimat, dem aufdringlich preußischen Berlin, zum Studieren abgesetzt. Doch schon nach den ersten Meilen, in Bayreuth, stießen die Wandervögel im Gasthof ZUM ANKER auf einen Haufen Offiziere, die dem lieben Gott die Zeit stahlen, indem sie „schimpfen, schlagen, dummen Witz machten". Abstoßend fanden die beiden das, weil „im höchsten Grade preußisch".

Genuss der Fremde

Dialektik des Reisens: Dass sie Auswärtige waren, wollten die Jungdichter nicht gleich zu erkennen geben, um sich keinesfalls mit missliebigen Landsleuten gemein zu machen; zugleich suchten sie nach dem Genuss der Fremde. So empfanden Romantiker nicht unbedingt. Derselbe Franz Schubert, der die Wanderlust so aufmunternd besang, beklagt zum Auftakt der WINTERREISE mit den Versen Wilhelm Müllers die tragische Verbindungslosigkeit des Einsamen: „Fremd bin ich eingezogen, / Fremd zieh ich wieder aus, / [...] Nun ist die Welt so trübe ..." Im Widerspruch dazu verstärkte sich in den Zeitgenossen ein Sinn für den Reiz des Andersartigen und Entfernten: Begierig kultivierten sie die Suche und Sehnsucht nach dem Ungekannten einer Anderwelt – nach dem Eindruck, der geeignet war, sie zu überwältigen und der rational erkaltenden Bürgersphäre zu entheben. Gerade in der Natur erwarteten sie darauf zu stoßen.

Gerne erkundete man die Fremde zu Fuß; war und ist doch das Wandern eine deutsche Konstante, vom Familienspaziergang bis hin zum Gruppen- und Vereinswandern. Im Zeitalter der Salons, des geistreichen Drinnen, suchten die Romantiker auch gern die Echtheit eines unumhegten Draußen auf: Zum Schwärmen schwärmten sie aus. Zwar waren die Bedingungen unterwegs – schlechte Pfade und Gefährte, zwielichtiges Gelichter, Schmutz auf den Wegen, Ungeziefer in den Herbergen – durchaus dazu angetan, die Begeisterung zu dämpfen. Dennoch verwirklichten die Romantiker, sofern sie sichs leisten konnten, unverdrossen die Idee der Lebensreise, ihre ruhelose Begierde nach Entgrenzung bei Ausflug und Exkursion wenn nicht gar bei einer *grand tour*; jene Art einer monate- oder jahrelangen Geschmacksbildungs-Reise führte meist von

Nord nach Süd und war vom siebzehnten bis zum neunzehnten Jahrhundert unter der wohlgeborenen Jugend, etwa für Felix Mendelssohn Bartholdy, verbindlich. In welcher Form auch immer: Solche gepflegte Landstreicherei wurde zur Möglichkeit, sich vom verabscheuten Pfahlbürgertum abzusetzen.

Zum Wanderziel taugte nicht nur ein bestimmter Ort – sondern die Natur überhaupt. Sie sei, schrieb Wilhelm Heinrich Wackenroder, eine der beiden „wunderbaren Sprachen", wodurch die „himmlischen Dinge mit ganzer Macht" sich kundtäten; die andere, gleichberechtigte, sei die Kunst. Nicht mehr als abweisend oder gar geisterhaft bedrohlich fassten die Empfindsamen freies Feld, Flur und Waldesdunkel auf, sondern hielten sich darin zur spirituellen Verzückung bereit: In wilden, unbegangenen, sich erst allmählich erschließenden ‚romantischen' Schauplätzen meinten sie, auf eine vorzivilisatorische Ursprünglichkeit des Daseins zu stoßen. Die nahmen sie wie eine künstlerische Inszenierung wahr, wie eine Bühnendekoration oder ein Landschaftsgemälde: nicht nur Topografie erkundeten sie, sondern sogen mehr noch Atmosphäre in sich auf. Als Ikone hierfür schuf Caspar David Friedrich um 1818 seinen bekannten WANDERER ÜBER DEM NEBELMEER: Der Tourengeher auf dem Gemälde hat souverän und zugleich demütig einen Gipfel des Elbsandsteingebirges erklommen, um „näher, mein Gott, zu dir" zu gelangen. FRANZ STERNBALDS WANDERUNGEN sollte fünf Jahre nach der Pfingstreise ein erstes Hauptwerk Ludwig Tiecks heißen.

Heute versiegeln Straßen, Eisenbahnen und Überlandleitungen, Siedlungs- und Gewerbegebiete die Natur. Auch im mancherorts noch heilen Franken hat sie es schwerer als damals. In den brieflichen Reiseberichten der Landfahrer Tieck und Wackenroder sieht sie noch unberührt reizvoll und teils bestürzend andersartig aus: unwegsam, unerschlossen, bevölkert von abgesonderten Menschen. Alles vergangen? Das eine oder andere lässt sich schon noch aufspüren. Mit der Unwegsamkeit eines „toten, stillen" Urwalds konfrontiert das Fichtelgebirge die unternehmungslustigen jungen Leute. Anheimelnd mit „duftenden Wiesen" breiten sich „links und rechts göttliche Täler" aus. An Marmorbrüchen und Eisenhämmern reiten sie vorüber, an Bergwerken, bei deren Besichtigung sie die bewohnbare Welt verlassen, als ob sie auf dem Mond landeten, und in denen sie, aller Aufgeklärtheit ungeachtet, Naturgeister und Verzauberung wittern.

Fortgerückt, gleichwohl wiedererkennbar muten in den Briefen des Freundespaares auch die entwickelteren Ortschaften an. Durchs „etwas abenteuerlich gebaute" Hollfeld kommen die beiden, durchs „kleine, niedliche" Wonsees. In Bayreuth besuchen die Abenteuertouristen nicht nur voll unguter Vorgefühle ein „Irrenhaus", auch bewundern sie die „wirklich große und prächtige" Oper der Markgräfin Wilhelmine. Sanspareil hingegen, den nahe gelegenen Felsengarten, findet Tieck ohne „Genuss der Schönheit", bizarr. Naila wiederum (ganz so wie Kulmbach) „göttlich": Vom „bezaubernden Klang eines Waldhorns" begleitet, schwärmt er sich auf einer „Marmorbrücke" in die Traumhaftigkeit einer „Mondnacht" hinein. Wackenroder nahm manches anders wahr: Sanspareil als einen „Hain von vorzüglicher Schönheit", Naila hingegen (wie auch Selb) als „kleines, schlechtes Städtchen". Hof, damals „der Fabriken wegen berühmt", gefiel ihm des „recht heiteren Aussehens" wegen, während er in Helmbrechts an der „Betrunkenheit am Feiertag" frommen Anstoß nahm. Beiden Briefschreibern galt Wunsiedel – mit der „Luchsenburg" (heute Luisenburg), wo Gymnasiasten Theater spielten – als ein Hauptziel. In „öder, sehr kalter Gegend", zwischen „Klippen und verwesten Bäumen" des Fichtelgebirges gruselte ihnen bekömmlich vor einer „Wildnis", unter deren Boden ihr inneres Auge wahre „Schätze von Gold und anderen Erzen" schimmern sah.

Wohlgemerkt: In Briefen legten die beiden ihre Impressionen nieder – Tieck plauderhaft ausführlich an den befreundeten Philologen August Ferdinand Bernhardi und an seine Schwester in Berlin, Wackenroder eher rapportierend an die „teuersten Eltern". Die Prosa, vorderhand privat und unterschiedlich elaboriert, strebt manchenteils bewusst nach Klangreiz und Rhythmus, wohl nach Gewandtheit, wenn auch noch nicht nach Kunstrang. Die deutsche Romantik, die recht eigentlich mit dem Aufbruch der beiden Korrespondenten zur Pfingstreise ihren Anfang nahm, sollte alsbald den Brief mit seinem betont subjektiven, zwischen Monolog und Zwiegespräch vermittelnden Gehalt zur literarischen Gattung erhöhen.

Herzensergießungen

Wilhelm Heinrich Wackenroder legte unbewusst den Grundstein zu der imaginären Kirche, die errichtet wurde, um in ihr die Kunst wie eine Religion zu zelebrieren. „Nur Schaffen bringt uns der Gottheit näher", schrieb er an Tieck ein paar Monate vor der gemeinsamen Reise, „und der Künstler, der Dichter, ist Schöpfer. Es lebe die Kunst! Sie allein erhebt uns über die Erde und macht uns unsers Himmels würdig." Sein für die Epoche wegweisendes Hauptwerk, die HERZENSERGIESSUNGEN EINES KUNSTLIEBENDEN KLOSTERBRUDERS, enthalten eine Meditation darüber, „auf welche Weise man die Werke der großen Künstler zum Wohl seiner Seele gebrauchen müsse". Wenn Wackenroder die Künste weit über alles übrige Menschenwerk stellte, ging es ihm nicht allein um Erkenntnis, mehr noch um Bekenntnis – um Glauben.

Zur Welt kam er in Berlin am 13. Juli 1773, um als einziges Kind die Familie eines hohen Justizbeamten zu vervollständigen. Für den Vater schien ausgemacht, dass der Filius in seine Fußstapfen treten solle; entsprechend zielstrebig und gebieterisch erzog er ihn seinen Absichten gemäß. Am angesehenen Friedrichswerderschen Gymnasium erwarb sich der Junge strukturierte Bildung – und lernte Ludwig Tieck kennen. Beiden erschloss sich ihre Seelenverwandtschaft rasch. Die väterlichen Vorgaben indes fruchteten nichts: Schon in Schülerjahren hatte der Sprössling wenig von der Sphäre des Profanen gehalten, darin Regeln und Rechte trocken allerorten gelten sollten; um weit Würdigeres war es ihm zu tun. Im seinerzeit preußischen Erlangen, das er mit Tieck für ein Semester aufsuchte, nahm er zwar ein Jurastudium auf, das er in Göttingen weiterführte. Viel intensiver aber wandte er sich der Dichtkunst, Bildkunst, Tonkunst zu. Den anderen frühen Protagonisten der romantischen Bewegung lebte er eine Leitidee vor: Keine der Künste sollte mehr gelten als die anderen.

Das ATHENÄUM – eine von den (1767 und 1772 geborenen) Brüdern August Wilhelm und Friedrich Schlegel herausgegebene Zeitschrift – reichte die Theorie dazu ab 1798 nach. Im 116. ihrer sogenannten FRAGMENTE verkündete Friedrich als Präambel eines ästhetischen Grundgesetzes Worte, die unter den Dichtern damals und unter den Germanisten seither geradezu Sprichwörtlichkeit erlangten: „Die romantische Poesie ist eine progressive Universalpoesie. Ihre Bestimmung ist nicht bloß, alle getrennten Gattungen der Poesie wieder zu vereinigen und die Poesie mit der Philosophie und Rhetorik in Berührung zu setzen. Sie will und soll auch Poesie und Prosa, Genialität und Kritik, Kunstpoesie und Naturpoesie bald mischen, bald verschmelzen, die Poesie lebendig und gesellig und das Leben und die Gesellschaft poetisch machen [...]." Und: „Die romantische Dichtart ist noch im Werden; ja, das ist ihr eigentliches Wesen, dass sie ewig nur werden, nie vollendet sein kann."

Sich derart umfassenden Ansprüchen willfährig öffnend, hatte sich Wackenroders Herz längst in ein Manuskript ergossen, das Tieck 1796 als besagte HERZENSERGIESSUNGEN edierte. Eine Fortsetzung fügte Tieck 1799 an: PHANTASIEN ÜBER DIE KUNST, FÜR FREUNDE DER KUNST. Sie stammten bereits aus dem Nachlass Wackenroders: Gerade mal 25-jährig war er am 13. Februar 1798 in seiner Geburtsstadt Berlin einem Fieber erlegen.

„Wehe" rief Wackenroders Klosterbruder über sein „Zeitalter, dass es die Kunst so bloß als ein leichtsinniges Spielwerk der Sinne übt, da sie doch wahrlich etwas sehr Ernsthaftes und Erhabenes ist." Künstler nannte er die „wenigen Auserwählten unter den Menschen, die Gott zu seinen Lieblingen gesalbt hat" – nachgerade messianische, für die platte Welt verlorene Gestalten. Der fragile, früh verstorbene, vielleicht früh vollendete Dichter hielt sich, wie Tieck später schrieb, „absichtlich diese Maske eines religiösen Geistlichen" vor, um „unsere Gedanken und seine innige Kunstliebe niederzulegen". So vermengen sich in dem Kranz aus Essays und Erzählfragmenten ein Wir und ein Ich. Aufgehoben werden zugleich herkömmliche Kategorien der Urheberschaft – hinsichtlich einzelner Passagen stritten die Experten lange, wer von den beiden, Wackenroder oder Tieck, jeweils als Verfasser zu Werke ging. Die Antike, in der die Gebildeten der Aufklärung und Klassik ihre Ideale verwirklicht sahen, verliert an Attraktivität. Dafür sieht Wackenroder das scheinbar finstere Mittelalter in einem nicht so sehr unheimlichen wie anheimelnden Licht flackern – im „ewigen Licht" des Katholizismus.

Nicht aber in trivialen Ritterromanen und -dramen suchte er sein Bild jener Periode; sondern er erschuf es sich mit Pathos, patriotischem Stolz und knappenhaftem Edelsinn vor seinem inneren Auge selbst, ganz unhistorisch, in nostalgischer Trauer angesichts der Ruinen einst trutziger Burgen, fern von teutonischem, „preußischem" Lärm. Empathisch, von gemütvoller Anschauung gedrängt, abseits herber Gelehrsamkeit, sachlicher Analyse, robuster Kritik wandte er sich verklärend den italienischen Genietaten eines Raffael oder Michelangelo zu und, gleichermaßen empfängnisbereit, der „altdeutschen Kunst" eines Albrecht Dürer im mediävalen Nürnberg. Denn „nicht bloß unter italienischem Himmel, unter majestätischen Kuppeln und korinthischen Säulen – auch unter Spitzgewölben, krausverzierten Gebäuden und gotischen Türmen wächst wahre Kunst hervor", findet sein sinnender Mönch und postuliert mit einiger Zuspitzung eine Freiheit der Kunst in erhabenstem Sinn. Gelöst sei sie von allen Zwecken, von Zielen, wie sie ihr oft genug durch Vernunft und Kalkül gesetzt werden. Nicht länger soll die Kunst „vornehmen Herren" dienen, „welche von [ihr] nicht gerührt und veredelt, sondern aufs Höchste geblendet und gekitzelt sein wollen". Erschließe doch gerade sie der Seele ansonsten verschlossene Bereiche. Wahre Kunst versöhne die Natur mit dem Geist und sich selbst mit dem Leben. Letztlich trete sie immer als irgendwie geistliche, sakrale Kunst auf: Mit der Ehrerbietung eines Kinderglaubens wage sich der Betrachter an sie heran wie ein Diener, um sich mit Inbrunst in sie zu versenken. Ihre Anwesenheit gilt nicht viel weniger als jene des heiligen Geistes, und die gemäße Art, sich zu ihr zu verhalten, ist Andacht. „Ich vergleiche den Genuss der edleren Kunstwerke dem Gebet", verrät der Autor. Den Irrweg solcher Kunstfrömmigkeit freilich zeigt er gleich mit: Im letzten Abschnitt lässt er den emphatischen Tonkünstler Joseph Berglinger im Rausch der abstraktesten, reinsten, darum ranghöchsten Kunst, der Musik, sich selber zerstören.

Poetische Malerei

Wackenroder „hat wohl mehr Genie als Tieck, aber dieser gewiss weit mehr Verstand." So verglich Friedrich Schlegel die jungen Dichterfreunde, die in der Zeit ihrer Gemeinsamkeit wie Zwillingsbrüder im Geiste auftraten. Um 55 Jahre überlebte Ludwig Tieck den Gefährten – und wuchs auf zu einer literarischen Institution. Mag sein, dass sich von den 28 Bänden seiner gesammelten Schriften im kollektiven Gedächtnis kaum mehr hält als das irritierende Kunstmärchen vom BLONDEN ECKBERT und, dank der Vertonung durch Johannes Brahms, die Romanzen aus der LIEBESGESCHICHTE DER SCHÖNEN MAGELONE. Den Zeitgenossen aber wies Tieck die Richtung – auch er nicht zuletzt den Malern. Wie Malerei betrieb er seinerseits die Poesie: Die Natur nahm er sich ebenso gedanklich wie veranschaulichend vor, Außenwelt erschuf er in seinen Arbeiten neu als Bildprojektion subjektiven Gefühls.

Ein paar Wochen vor Wackenroder, aber in anders gearteten Verhältnissen, wurde er geboren: Am 31. Mai 1773 schenkte ihm in Berlin die Frau eines Seilermeisters das Leben und vielleicht sein Talent; denn von der Mutter heißt es, sie habe sich trefflich darauf verstanden, Geschichten auszuspinnen. Schauspieler wollte er anfangs werden und blieb, darstellerisch stark begabt, im späteren Leben dem Theater verbunden; doch folgte er dem Wunsch der Eltern und studierte in Halle,

Göttingen, Erlangen, vor allem Theologie. In Wackenroders Todesjahr 1798 heiratete er als 25-Jähriger. Anders als der Freund fand Ludwig Tieck, ab 1799, Gelegenheit, sich mit dem um Theorie und Programm der Epoche ringenden Kreis der frühen, der „Jenaer Romantiker" auseinanderzusetzen: mit den Brüdern Schlegel und Novalis alias Friedrich von Hardenberg, Brentano und Schelling ... Auch Schiller und Goethe – um Jahrzehnte älter und grundlegend anders sozialisiert – lernte er kennen, desgleichen Jean Paul (der im Jahr der Pfingstreise, 1793, mit seinem ersten Roman DIE UNSICHTBARE LOGE herausgekommen war). Nach Italien, Frankreich, England reiste Tieck, hauptsächlich philologischer Studien wegen.

In Dresden, seiner Heimat ab 1819, brachte ers zum Hofrat und Hoftheater-Dramaturgen und entfaltete mächtige Anziehungskräfte mit seinen Vorlese-Abenden. Als Rezitator des Preußenkönigs kehrte er 1841 nach Berlin zurück. Dort starb er am 28. April 1853, knapp achtzigjährig, resigniert und vereinsamt zwar; und doch hatte er Achtung in einem Grad erfahren, der dem kollektiven Respekt für den dichterfürstlichen Goethe nahe kam. Auch wer Tiecks Dichtung da schon wieder ferner stand, ehrte in ihm den Übersetzer von Cervantes und Shakespeare, den unglaublich belesenen Herausgeber, Märchensammler und Konservator mittelalterlicher Literaturdenkmäler. Ganz für voll haben ihn seither nur wenige Germanisten genommen; und doch war er – der in seiner Frühzeit auch Trivialromane verfertigte – unter den Begründern der Literaturwissenschaft einer der ersten.

Die sich regende Seele machte er sich als Dichter zum Thema, die schwelgend suchende, die visionäre, die krankhaft erregte auch. Dabei fesselte ihn das Wunderbare mehr als das Wirkliche, dessen eindeutige Greifbarkeit ihm fragwürdig vorkam. Bezeichnend PHANTASUS heißt ein mehrbändiges

Sammelwerk, darin Tieck Prosastücke und Dramatisches einander zuordnete und durch eine essayistische Rahmenhandlung umschloss. „Das Wunderbarste verknüpfte sich mit dem Gewöhnlichsten": Das eigenwillige Spiel mit dem Schein und Sein der Realität trieb er nicht allein in Erzählungen bis zur Absurdität, auch in Komödien, deren satirischer Zug insofern modern anmutet, als er Illusionsabsichten, Logik, klassische Dramaturgie ironisch durchbricht.

Wie Wackenroder in den HERZENSERGIESSUNGEN verfügte sich Tieck in seinem romantischen Musterbuch in die Vergangenheit, ins Reich der Kunst, nach Italien: Den erwähnten Roman FRANZ STERNBALDS WANDERUNGEN wollten die beiden ursprünglich gemeinsam schreiben – die „mittelalterliche" Lebensfahrt eines fiktiven jungen Malers und Dürer-Schülers ums Jahr 1520 vom zuchtvollen Nürnberg in den sinnlichen Süden; und zu sich selbst. Verfasst ist das (vom Dichter nicht abgeschlossene) Buch für jene, die ihren „großen Geist von groß scheinenden Gegenständen zurückziehen und auch Kleinigkeiten mit Liebe betrachten" können. Bezaubert schrieb Friedrich Schlegel an den Bruder August Wilhelm: „Es ist ein göttliches Buch, [...] der erste Roman seit Cervantes, der romantisch ist, und darüber weit über [Goethes WILHELM] MEISTER." Johann Wolfgang von Goethe seinerseits teilte mit, er sähe den in vielen Passagen lyrischen, in klingender Sprache verfassten Roman FRANZ STERNBALDS WANDERUNGEN lieber mit „Musikalische Wanderungen" betitelt.

Auch dieser Roman besagt: Sich der Kunst aussetzen heißt, sich einer Religion hingeben. Das gilt nicht zuletzt für jene, die ihr „Vaterland lieben": Das neu erwachende Verständnis fürs deutsche Mittelalter – in das Tieck die Renaissance kurzerhand mit einschloss – galt bereits zu jener Zeit auch als Bekenntnis zu einem hochgemuten Nationalgefühl, nicht minder heilig gehalten als die Frömmigkeit im Anblick der Kunst.

Die Mauern fallen

Denn politisch, weltpolitisch wühlten sich die Zeiten auf: Krieg tobte. Wenn Wackenroder und Tieck ihre Pfingstreise 1793 auch neugierig als Privatvergnügen junger Leute unternahmen, so wusste die Zunft der Dichter bei aller Innerlichkeit doch durchaus um die Gefährdungen aus der Außenwelt.

Das Schlüsseldatum der Epoche ist die Französische Revolution. 1789 hatte sich in Paris der Dritte Stand zur Nationalversammlung erklärt. Die Bastille, Symbol für die Zwingherrschaft der Feudalherren, fiel; und deren Privilegien fielen auch. Von nun an schrieb die Deklaration der Menschenrechte fest, dass alle frei und gleich geboren seien. Wenige Monate vor dem Aufbruch der zwei preußischen Studenten zu ihrer Pfingstreise kollerte der einst königliche Kopf des abgesetzten sechzehnten Ludwig in den Korb unter der Guillotine; ein paar Monate später jener Marie Antoinettes. Der Befreiung von „24 Millionen Sklaven" in Frankreich applaudierte auch das Gros der deutschen Intellektuellen: „Wohl uns, dass wir diese große Weltbegebenheit erlebt haben", frohlockte der Dichter und Verleger Joachim Heinrich Campe schon 1790.

In Europa entfesselten die umstürzlerischen Ideen weitere republikanische Massenerhebungen. Neben manchem halbherzigen Aufruhr in deutschen Landen eskalierte die Empörung 1790 zu einem regelrechten Bauernkrieg in Sachsen, 1793 zum Schlesischen Aufstand. Hauptsächlich in den preußischen und protestantischen Kleinstaaten Deutschlands schaute die Intelligenz eine Weile fasziniert auf den freiheitlichen Umbruch in der großen Nachbarnation, brach solidarisch gar zu regelrechten „Wallfahrten" auf in ein neues Heiliges Land: Wie nach 1989 die Trümmer der Berliner Mauer, wanderten damals Brocken der Pariser Bastille als Devotionalien von Hand zu Hand.

Immer lauter freilich wurden in der Republik Frankreich die Stimmen, die zum Heiligen Römischen Kaiserreich Deutscher Nation hin eine „natürliche Grenze" forderten: „Rhein und Alpen". Hieß das nicht für die Deutschen, mit einem Feldzug rechnen zu müssen? Die Terrorakte der Jakobinerherrschaft sorgten unter den Sympathisanten für Katzenjammer, und das zunehmend aggressive militärische Verhalten löste, namentlich in vorwiegend katholischen Ländern und unter den geistlichen Fürsten, Panik aus. Vereint zogen Preußen und Habsburg Truppen zusammen. Am 20. April 1792 erklärte Frankreich dem Kaiser in Wien wirklich den Krieg und zog los „zur Befreiung der Völker".

Leichtherzig stellten die deutschen Feldherren sich auf einen „militärischen Spaziergang" ein. Franz II., am dritten Jahrestag des Bastille-Sturms zum Kaiser gekrönt, meinte, eine „Komödie" zu erleben, die „bald aus sein" werde. In langsamer Beharrlichkeit marschierten die Armeen der Preußen und Österreicher mit Fernziel Paris, nicht ahnend, dass sie damit das unrühmliche Ende des unglücklichen Louis XVI. noch beförderten. Bald freilich steckten sie fest; das sogenannte Kriegsglück wendete sich, bald sollte Mainz fallen – und im wackenroderseh-tieckschen Wanderjahr 1793 für kurze Zeit jakobinische Republik werden –, desgleichen Speyer, Worms, auch Frankfurt am Main. Der dort geborene Goethe, kein Anhänger des Umsturzes, verfolgte die für die Alliierten fatale Kanonade von Valmy mit eigenen Augen und deutete den dort empfangenen Schlag ganz richtig: „Von hier und heute geht eine neue Epoche der Weltgeschichte aus."

Und die Dichter, die Denker? Gerade an Universitäten zündete der Funke von Freiheit, Gleichheit und Brüderlichkeit und ließ Begeisterung laut werden. Friedrich Schiller, als Verfasser der RÄUBER während seiner Stuttgarter Karlsschülerzeit ein Rebell in Gesinnung und Dichtung, verhehlte zunächst seine Zustimmung nicht; 1792 kürten die Franzosen ihn darum zum Ehrenbürger. In jungen Jahren sympathisierte auch Ludwig Tieck, nicht nur in seinem Brief über die Pfingstreise, mit den Jakobinern: „Was ist ein Leben ohne Freiheit?" Intensiv nahmen Novalis und Friedrich Schlegel, beide 1772 und also ein Jahr vor Wackenroder und Tieck geboren, die Französische Revolution wahr, wenn auch weniger mit Blick auf deren gesellschaftliche Weiterungen denn als ideengeschichtliche Etappe: Dass sich mit dem politischen Leben auch das geistige werde umwälzen müssen, war für sie ausgemacht. Im viel zitierten 216. FRAGMENT des ATHENÄUMS dekretierte Schlegel: „Die Französische Revolution, Fichtes WISSENSCHAFTSLEHRE und Goethes MEISTER sind die größten Tendenzen des Zeitalters. Wer an dieser Zusammenstellung Anstoß nimmt, wem keine Revolution wichtig scheinen kann, die nicht laut und materiell ist, der hat sich noch nicht auf den hohen Standpunkt der Geschichte der Menschheit erhoben."

Wem solcher Griff nach dem, was historisch die Welt im Innersten zusammenhielt oder sprengte, zu hoch erschien, der besann sich doch auf die Vorzüge, die er in der Heimat vorfand – im eigenen „Volk". Nicht das Pack, den Mob, den Pöbel bezeichnete der vieldeutige Begriff, sondern die Angehörigen *eines* Wesens und Gemüts, *einer* Herkunft und Geschichte, Einwohner vieler deutscher Länder in *einer* deutschen Landschaft – eine Nation in imaginierter Einheit. Kein Zweifel herrschte daran, dass dies staatspolitische Ideal in einer nationalen Kunst seine allein angemessene Form finde. So gelangte man zu Identifikation, Individualität, Selbstvergewisserung in der eigenen Vergangenheit – angesichts des fremden Kriegsvolks, das gegenwärtig erobernd aufmarschierte, um das Vaterland sich zu entfremden.

Eine Volksseele hatte schon Johann Gottfried Herder, Sammler der STIMMEN DER VÖLKER IN IHREN LIEDERN, den Landsleuten zugesprochen und beobachtet, wie sie als Volkspoesie sich äußere; nicht allein der gelehrte Schriftsteller dichte, sondern die von keinen Formvorschriften angekränkelte Volksseele selbst tue desgleichen. Von ihr ließen sich nun die Freunde Achim von Arnim und Clemens Brentano die Feder führen, als sie die Lieder AUS DES KNABEN WUNDERHORN aufzeichneten; Joseph von Görres grub DIE TEUTSCHEN VOLKSBÜCHER aus; die Philologen-Brüder Jacob und Wilhelm Grimm bauten auf poetisches Ur-Vermögen bei der Erfassung und Bearbeitung ihrer KINDER- UND HAUSMÄRCHEN. Auch Tieck übrigens brachte 1797, unterm Aliasnamen Peter Leberecht, weitgehend selbstersonnene VOLKSMÄRCHEN unter die Leute. Im Lieder- und im Märchenton, ebenso in einem der Kriegsnot geschuldeten Stolz er- und bekannten sich viele Deutsche als Einheit und Allgemeinheit, als Volksgemeinschaft, ungeachtet aller territorialen Zersplitterung.

Vor den Schrecken der Gegenwart, vor der Trockenheit des grauen Rationalismus flohen die Dichter in den Schutz der Vergangenheit: in ein visionäres Bamberg oder Nürnberg, zu den Tugenden und der höfisch-höflichen Minne edlen Rittertums, in ein vermeintlich wohlbehaltenes Kaiserreich vor der spaltenden Reformation, zum Katholizismus mithin. So meint Wackenroders Klosterbruder: „Als Albrecht [Dürer] den Pinsel führte, da war der Deutsche auf dem Völkerschauplatz unsers

Weltteils noch ein eigentümlicher und ausgezeichneter Charakter von festem Verstand." Die Farbwelten Dürers und anderer „preiswürdiger Männer" seinesgleichen bezeugten beispielhaft „innige Teilnahme und freundlichen Ernst", „lebendige Einbildung". In Dürers Bildern sei „im inneren Geiste dieses ernsthafte, grade und kräftige Wesen des deutschen Charakters treu und deutlich eingeprägt". Tiefsinn und Nachdenklichkeit, höhere Heiterkeit an Stelle lauten Gelächters sollten als Alleinstellungsmerkmale den Nationalcharakter vornehm auszeichnen und über welschen Flattersinn erheben. Deutsch sein hieß, sich „altdeutsch" geben.

Die Noblesse der Vergangenheit, die Natur als Sakralraum vergegenwärtigten sich in den Bildern etwa von Karl Friedrich Schinkel oder Caspar David Friedrich. Letzterer inszenierte auf einem Gemälde von 1819 ZWEI MÄNNER IN BETRACHTUNG DES MONDES, Wanderer in altdeutscher Kluft (dunkler Umhang, schwarzes Barett) an einem magisch bestrahlten Berghang zwischen Fels und Baum – als wärs im Fichtelgebirge –, der eine mit der Hand auf der Schulter des andern, den Blick unverwandt auf die schimmernde Sichel, Chiffre christlicher Frömmigkeit, gerichtet. Das Bild zweier Andächtiger, das Bild einer Andacht.

Auch ein Freundschaftsbild.

Ich im Anderen

Mit ein wenig romantischer Fantasie mag man das in aller Stille ergriffene Paar für die Pfingstreisenden Ludwig Tieck und Wilhelm Heinrich Wackenroder halten. Letzterer hatte 1793 in Erlangen den Freund mit seiner Begeisterung für die „altdeutschen Dichter" angesteckt, für die deutschen Volksbücher vornehmlich. Mit ihrem Streifzug in jenem Jahr strebten sie freilich nicht danach, ein patriotisches Fanal aufzupflanzen. Ganz im Kleinen gaben sie sich beim Wandern dem Wunderbaren, auch dem Wunderlichen hin; vollkommen privat taten sies – aber unbedingt vereint. Eine Generation später differenzierte Wilhelm Heinrich Riehl, Publizist und bedeutender Pionier der Volkskunde, beim Thema Wandern vielsagend: „Nur der einsame Wanderer lebt mit den Leuten, nur wer allein kommt, wird überall angeredet und ins Gespräch gezogen. Kommen ihrer zwei, so lässt man sie viel mehr für sich gewähren, in der Meinung, dass sie sich selbst genug seien." Tatsächlich gelang den beiden jungen Romantikern die Tour allemal als Übung in Freundschaft: Sie bestärkten einander in der Gewissheit, unterwegs durch die Fremde einen Vertrauten bei sich zu haben, bei der Landfahrt einen Gefährten neben sich zu spüren, unbekanntes Terrain gemeinsam zu *erfahren*. Allerdings scheint Wackenroder, wenn er auch im Pietismus wurzelte, dessen Bereitschaft zur rückhaltlosen Offenbarung nicht geteilt zu haben. Seine wahrlich prosaische Briefprosa für die Eltern lässt von „Herzensergießung" nichts spüren; und Tieck, wiewohl ihm von Herzen zugetan, sieht ihn auch schon mal kritisch: „Wackenroder hat sehr etwas Verschlossenes, [...] sehr etwas Altes [...]; er ist kalt und gesetzt, ohne dass dieser Charakter aus einer inneren Notwendigkeit entstanden wäre."

Was also mögen die beiden, vielleicht nicht immer gleichmäßig zu blumigem Schwärmen, Träumen, Spintisieren aufgelegt, einander während der langen und wechselvollen Vagabunden-Tage und -Nächte eröffnet haben? Wie auch immer – den Romantikern galt Freundschaft kostbarer noch als die legitimierte Liebe zwischen Mann und Frau. Die Zuneigung zwischen den Geschlechtern, wenn sie unausweichlich irgendwann in die Ehe mündete, schien den Empfindsamen verdächtig mit den nüchternen Zwecken gesicherten Alltagslebens verknüpft.

Freundschaften zu pflegen war hingegen edelster Menschendienst in einem Gehege der Kreativität. Die Gabe, „eines Freundes Freund zu sein", legte von der eigenen Tugend ebenso Zeugnis ab wie von der Wertschätzung des Nächsten. Zahlreich brachte die Epoche exponierte Freundespaare hervor: Neben Tieck und Wackenroder blieben bis heute etwa die erwähnten Arnim und Brentano, unter den Damen Bettina von Arnim und Karoline von Günderode namhaft. Und im günstigen Fall dürfen zu den Freunden unfraglich die kooperierenden Brüder zählen: besagte Schlegels, erst recht die Grimms, deren einer, Jacob, dem anderen im Brief vorschlug und versicherte: „Lieber Wilhelm, wir wollen uns einmal nie trennen. Und gesetzt, man wollte einen anderswohin tun, so müsste der andere gleich [seinen Dienst] aufsagen. Wir sind nun diese Gemeinschaft so gewohnt, dass mich schon das Vereinzeln zum Tode betrüben könnte."

Duplizierte Einsamkeit: In der geradezu kultisch betriebenen Freundschaft setzten sich zwei Einzelne vereint von den Übrigen ab, Künstler zumal, zu deren Selbstbild vor der Folie der Gesellschaft ohnehin das Unangepasste und Ungefüge gehörte. Die Partner erreichten nicht allein Erfüllung in einem emotional-intellektuellen Zweierverhältnis, in dem sich, wie in einem Spiegel, die Isolation des je Einzelnen seitenverkehrt wiederfand; es blieb nicht beim Dualismus zweier Schöpferkräfte, die dialektisch ein Gemeinsames hervorbringen, das jeder für sich nicht so, allenfalls anders und jedenfalls einseitig erreicht hätte. Vielmehr stimmten sich romantische Freunde, die über schiere Harmonie hinaus sich „bald mischten, bald verschmolzen", auf Ein- und Gleichklang ein, suchten nicht eigentlich nach wechselseitiger Ergänzung – wie die klassischen Dioskuren Goethe und Schiller –, sondern strebten letztlich nach Kongruenz, Ununterscheidbarkeit auch ihrer künstlerischen Produktion. Eine Entsprechung findet sie im Motiv des Doppelgängers, für das etliche Autoren der Epoche, schwankend zwischen Grauen und Faszination, eine Vorliebe hegten. Eine Art zwischenmenschlicher Mystik zelebrierten die Freunde im Verlangen, ineinander aufzugehen – eine verzückte Religiosität, die sich in Tränen erleichterte und erlöste. Der je andere als verkörpertes Ideal des eigenen Ichs: zur Anbetung geboren.

Mochte Tieck auch Gründe haben, die Reserviertheit des Partners zu bemängeln – im Briefwechsel der Jahre 1792/93 beschrieb Wackenroder sich und den Kameraden durchaus zärtlich in einer Alter-Ego-Situation als „zwei Wesen, von dem traurigen Schwall und Wust der Welt isoliert, in einer Freiheit, die Götter beneiden könnten, in einer Sorglosigkeit, die man vergeblich an andern Orten der Erde und in andern Zeitpunkten des menschlichen Lebens sucht, – durch nichts an die Menschen, bloß aneinander mit den unauflöslichsten Banden gekettet". Zu zweit allein – eine derartige Paarung hatten die frühen Romantiker um die Schlegel-Brüder mit einem treffenden Terminus gekrönt: „Sympoesie". Eine Entgrenzung des Einen zum Anderen hin drückten sie damit aus, in der Vorstellung, „zwei Geister möchten eigentlich zusammengehören, wie getrennte Hälften, und nur verbunden alles sein, was sie könnten".

Sympoesie – fast wie Symbiose klingt das Wort und erinnert zufällig, trotzdem stimmig an die Lebensgemeinschaft zweier Geschöpfe, die einander biologisch bedingen. Auch klingt die Vokabel an die Sympathie an, die weit mehr bezeichnet als die bloße Anziehung zwischen einander willkommenen Nebenmenschen. In der wörtlichen Übersetzung der griechischen Ursprungssilben *syn* und *pathein* schwingt gemeinsames Empfinden mit: gemeinsames Erleiden. Das lässt einen Existenz- und Schaffenspakt auf Gedeih und Verderb erahnen: zwei Geister in einem Gedicht.

Von Sarajevo nach Versailles

Wilhelm II. und Franz Joseph:
Zwei Kaiser und der Große Krieg

1

Am Pfingstmontag des Jahres 1914 vertraten sich am Ufer des Starnberger Sees bei Tutzing zwei berühmte Schriftsteller die Beine. Dabei erzählte der eine, der Österreicher Arthur Schnitzler, seinem deutschen Kollegen Heinrich Mann von einem makabren Traum, der ihn während der vergangenen Nacht verwirrt habe: Ein „gelber Page", so berichtete Schnitzler – und schrieb es auch in seinem Tagebuch auf –, habe ihm einen Brief ausgehändigt; als Absender habe er zunächst Franz Ferdinand von Österreich-Este, den Aspiranten auf den österreichisch-ungarischen Thron, vermutet, „der über meine Werke mit mir zu reden hat (polemisch). Aber nein; es ist eine Aufforderung der Jesuiten, ich solle F F tödten; – ich lehne wortlos ab", schloss der Autor. Vier Wochen später, am 28. Juni, klingelte Schnitzlers Telefon; er erfuhr: In der bosnischen Hauptstadt hatte sich ein Anschlag ereignet, dessen furchtbare Folgen Europa und die Welt überfluten sollten. In Sarajevo hatte Gavrilo Princip, ein knapp zwanzigjähriger Revolutionär, eben jenen Franz Ferdinand und seine Frau Sophie Chotek, die Herzogin von Hohenberg, erschossen. Noch einmal vier Wochen später, und die Welt begann, für mehr als vier Jahre in Flammen zu stehen. Der US-amerikanische Historiker George Frost Kennan erkannte, mittlerweile viel zitiert, den Ersten Weltkrieg als „Urkatastrophe des 20. Jahrhunderts".

Genau eine Woche zuvor, am 21. Juni, war Bertha von Suttner gestorben, die alles versucht hatte, das Armageddon abzuwenden. Als Friedensaktivistin genoss sie international Achtung. An der Gründung pazifistischer Gesellschaften in ganz Europa hatte sie sich beteiligt, hatte mit dem weltweit verbreiteten Roman DIE WAFFEN NIEDER! ein Fanal gegen den Wahnwitz des Kriegs aufgerichtet und den Schweden Alfred Nobel bewegt, einen Preis für Verdienste um den Frieden zu stiften, den sie, 1905 als erste Frau, selber erhielt. Doch zu sehr, zu teuer, zu verlockend auch hatten sich die europäischen Länder hochgerüstet, hatten einander zu sehr aufgereizt in mancherlei Konflikten und unentrinnbar in ein Netz von Allianzen verflochten.

2

Sarajevo: Völkerrechtswidrig hatte Franz-Joseph, Kaiser in Wien, die Balkanprovinz Bosnien 1908 annektiert. Allerdings trachtete sein Neffe Franz Ferdinand, den Slawen im Südosten der von Grund auf verwitterten k.u.k. Monarchie weitgehende Autonomie einzuräumen. Damit aber drohte er weitaus radikalere Pläne der serbischen Nationalisten zu durchkreuzen, die von Belgrad aus nach einem großserbischen Reich strebten.

Am 28. Juni fuhren der Erzherzog und seine Frau per Bahn zum offiziellen Besuch in Sarajevo ein. Für einen Empfang waren sie ins Rathaus geladen. Auf dem Weg dorthin detonierte an der Straße ein Sprengsatz – elf Menschen erlitten Verletzungen, der hohe Besuch in seiner Limousine blieb indes unversehrt. Nach dem Festakt machte sich das Paar im Auto auf den Weg ins Hospital, um dort die soeben Verwundeten aufzusuchen – da sprang der Gymnasiast Princip aus der Menge und feuerte zwei Mal aus einer Pistole. In den Kopf getroffen, starb der Thronfolger sofort, seine Frau, im Unterleib verwundet, auf dem Weg ins Krankenhaus.

Einem nationalserbischen Geheimbund namens „Schwarze Hand" gehörte der junge Schütze an. Bang erkannte eine Londoner Zeitung, seine Bluttat falle „wie ein Donnerschlag auf Europa". Nun war der Donaumonarchie ein greifbarer Anlass gegeben, massiv gegen Serbien vorzugehen. Das freilich wusste den Zaren in Russland auf seiner Seite. Mithin hatten das politische Berlin und der Kaiser dort allen Grund zu der Sorge, der Bundesgenosse Österreich-Ungarn werde einen Konflikt auf dem Balkan nicht verkraften. „Mit den Serben muss aufgeräumt werden", dekretierte Wilhelm II., der sich schon längst paranoid von Feinden „umzingelt" fühlte: „Jetzt oder nie." Säbelrasselnd stellte er, in alter „Nibelungentreue", einen „Blankoscheck" aus: Wies auch komme (stand darauf), der Partner könne sich auf Beistand verlassen.

Was folgte, war ein eifriger Notenwechsel zwischen den Hauptstädten, eine Serie von Ultimaten und Einwendungen, Friedensappellen und Zurückweisungen, Mobilmachungen schließlich. Am 28. Juli erklärte Österreich den Serben den Krieg, am 1. August ging eine entsprechende Urkunde von Deutschland nach Russland. Und immer so fort. Arthur Schnitzler am 5. August in seinem Tagebuch: „Der Weltkrieg. Der Weltruin. In wenigen Tagen hat sich das Bild der Welt völlig verändert."

Ein neuartiger Krieg: einer der Technokraten. „Der Krieg ist zur Maschine geworden", erkennt in Edlef Köppens grausam-großem, halbdokumentarischem Antikriegsroman HEERESBERICHT der schlichte deutsche Soldat Adolf Reisiger. Der Mensch im Feld, so ließe sich fortfahren, war dazu da, um sich als Futter für Kanonen zerhacken zu lassen, was Köppen ebenso brachial anschaulich schildert wie Erich Maria Remarque in seinem berühmteren, wenngleich nicht bedeutenderen Bericht mit dem sprichwörtlichen Titel IM WESTEN NICHTS NEUES. Unter Einsatz von Panzern, Flugzeugen, U-Booten, Maschinengewehren führten die Armeen ihre Bewegungs- und vor allem Stellungskämpfe. Der „Ausflug" der jubelnden deutschen Soldaten nach Paris blieb etwa fünfzig Kilometer vor der Hauptstadt stecken. Bald füllten sich die Schützengräben, Granat- und Bombentrichter mit Gas und Schlamm, Blut, verstümmelten Leibern, Leichenteilen. Auf Bildkarten ließ sich der Kaiser abbilden, wie er die Toten ehrte: „Ich habe das nicht gewollt." Dabei stand die Niederlage schon nach wenigen Wochen fest. Am 9. September, nach der mörderischen Marneschlacht, ließ der militärische Oberbefehlshaber Helmuth von Moltke die Majestät unmissverständlich wissen: „Der Krieg ist verloren!" Über vier Jahre lang, allein unter den Soldaten gut zehn Millionen Menschenleben fordernd, dauerte er dennoch fort.

Anfang 1917 befahl die Oberste Heeresleitung den „uneingeschränkten U-Boot-Krieg" und gab den Beschuss auch von Schiffen neutraler Nationen frei. Daraufhin traten die Vereinigten Staaten gegen Deutschland in den Krieg ein, der so vollends zum Weltkrieg eskalierte. Die im Deutschen Reich nun faktisch regierenden Generäle Paul von Hindenburg und Erich Ludendorff wiesen mehrere Friedensinitiativen zurück. Nach der Revolution in Russland schlossen die neuen Moskauer Machthaber mit dem Reich 1918 den Frieden von Brest-

Litowsk. Als die Matrosen der deutschen Hochseeflotte meuterten, löste der Aufstand die „Novemberrevolution" und die Ausrufung der Deutschen Republik aus. Am 11. November schwiegen offiziell die Waffen. In einem Eisenbahnwaggon im Wald bei Compiègne in der nordfranzösischen Picardie wurde der Waffenstillstand unterzeichnet. Schließlich, am 28. Juni 1919 und also auf den Tag fünf Jahre nach dem Attentat von Sarajevo, setzte eine deutsche Delegation im Spiegelsaal von Versailles ihre Namen unter einen bis zur Unerträglichkeit harten Friedensvertrag – just an jenem Ort, an dem 48 Jahre zuvor, zu Frankreichs Demütigung, die weiland siegreichen Deutschen ihr zweites Kaiserreich ausgerufen hatten. Unter Ausschluss Deutschlands und Österreichs hatten die Siegermächte das Dokument ausgehandelt; mit neuen Militäraktionen drohend, brachen sie die wiederholte Weigerung der Unterlegenen, es zu unterschreiben.

Im Osten wie im Westen musste Deutschland weite Gebiete abtreten und verlor seine Kolonien und Auslandsvermögen. Zu lebensgefährlichen Rohstoff- und Getreide-Abgaben und horrenden Reparationszahlungen sah es sich verurteilt. Noch dazu sprach der Artikel 231 ihm und seinen Verbündeten allein die Schuld am Krieg und seinen Folgen zu; die jüngste Geschichtswissenschaft, namentlich der in Cambridge lehrende Australier Christopher Clark in seiner Aufsehen erregenden Darstellung DIE SCHLAFWANDLER, zeigt allerdings auf, dass die Großmächte Frankreich und England, Russland und Österreich-Ungarn ebenso viel und gleichermaßen unbedenklich dazu beitrugen, den politischen und militärischen Zündstoff zu entfesseln, der sich über Jahre und Jahrzehnte angesammelt und verdichtet hatte. Immerhin warnten nun überall in der Welt besonnenere Politiker, ein Friede, so unversöhnlich rachsüchtig wie dieser, müsse Revanchismus und neuen Zwist gebären, die Demokratie ersticken, zwangsläufig extremistische Kräfte stärken, alten Hass auffrischen. Nicht ungehört, doch wirkungslos verhallten solche Stimmen.

Besiegelt war damit der „Untergang des Abendlandes" in seiner alten, aus dem verlängerten neunzehnten Jahrhundert übernommenen Gestalt. Oswald Spengler, Verfasser der berühmten kulturhistorischen Studie mit jenem schlagwortartigen Titel, deklarierte um 1920 den Termin des Kriegsausbruchs zum „größten Tag der Weltgeschichte". Etwa zehn Jahre später veröffentlichte der traumatisierte Journalist Remarque jenes „Kriegsbuch", das zur Inkunabel eines ganzen Genres wurde. Als sein Bestseller IM WESTEN NICHTS NEUES als US-Verfilmung 1930 in die Kino kam, hielt Joseph Goebbels völkische Schlägertrupps zu Krawallaktionen an. 1933 brannte der Roman auf den Scheiterhaufen. Schon vor der Machtübergabe an die Nationalsozialisten hatte ein anderer brauner Scharfmacher, Hermann Göring, dem einstigen Kaiser Wilhelm in dessen holländischem Exil untertänig seine Aufwartung gemacht.

3

Als der spätere Kaiser am 27. Januar 1859 geboren wurde, war es, als wehrte sich das Kind, ans Licht der Welt zu kommen. Schwer und langwierig verlief die Geburt. Steißlage: damals fast ein Todesurteil für das Baby. Beim Drehen und Wenden im Geburtskanal der Kaiserin Victoria erlitt Wilhelms kleiner Körper schwere Schäden, den schlimmsten am linken Arm: Später blieb er kürzer als der rechte, verkrüppelt, nutzlos.

Und doch: Ein Thronfolger war dem Haus Hohenzollern geboren, Garant männlicher Erbfolge für spätere Zeiten. Berlin jubelte: Durch die Winterluft der Preußenmetropole dröhnte 101-facher Salut. Fünfeinhalb Jahrzehnte später sollte die Erinnerung an jene Freudenschüsse in zigmillionen Salven aus Gewehren und Geschützen untergehen – zusammen mit der Monarchie, der alten Lebens- und Gesellschaftsform des angegrauten Kontinents. Wilhelm, zweiter Träger dieses Namens, führte sein Volk und die Nachbarn blind und borniert in die Apokalypse des Weltkriegs. Fast vierzig Jahre lagen die bis dato letzten Feldzüge gegen Frankreich, hundert jene gegen Napoleon zurück und sahen aus der Ferne nicht mehr gar so schrecklich aus. So unterließen es die Staatschefs, zielstrebig ein Gemetzel abzuwenden, das keiner wirklich wollte.

Allerdings hatten Wilhelms politische Anfänge Hoffnungen geweckt. Zwar durchlief er eine trostlose Kindheit, von der kalten Mutter, vom schwachen Vater Friedrich III. der bis zur Misshandlung unsinnigen Strenge eines drakonischen Erziehers unterstellt; überdies von Therapie-Torturen am schadhaften Bewegungsapparat gefoltert. Als Befreiung aber erlebte Wilhelm seine Thronbesteigung am 15. Juni 1888. Auch vom „eisernen" Reichskanzler Otto von Bismarck befreite er sich, den sein Großvater Wilhelm I., als Preußenkönig Gründungskaiser des neuen Reichs von 1871, 27 Jahre lang hatte regieren lassen. 1890 hieß der Enkel den greisen „Lotsen" von Bord gehen: Den zwielichtigen Charakter, Großmeister internationaler Bündnispolitik, schickte er in die Wüste, um ein unbedingt „persönliches Regiment" anzutreten; hielt er sich doch, gemäß gut mittelalterlicher und absolutistischer Tradition, für einen Herrscher ganz „von Gottes Gnaden".

Den Deutschen schien es gut zu gehen. Das Reich florierte wirtschaftlich; bald sollte die hitzig angekurbelte Produktion von „Schutz- und Trutzwaffen" dem Industrieboom via Hochrüstung heftigste Impulse verleihen. Kultur und Gesellschaft gefielen sich in immer kostbarerer Pracht. Kurz nach der Thronbesteigung entsorgte Wilhelm das bismarcksche Sozialistengesetz, behielt freilich die Sozialdemokratie insgeheim als einen Todfeind im Auge. „Notfalls per Blutbad" wollte er aufräumen mit ihr.

Auf internationalem Parkett genehmigte er sich, durchschnittlich intelligent und schlichtweg ohne diplomatisches Gespür, rhetorische Amokläufe von verbohrter Angriffslust. Schneidig schnarrend proklamierte er seine Außenpolitik als „Weltpolitik". Englands Misstrauen fütterte er durch den Ausbau einer Achtung gebietenden Kriegsflotte (der „Matrosenanzug" wurde zur kraftdeutschen Leitmode); den westlichen „Erzfeind" forderte er mit dem „Panthersprung" eines Kanonenboots nach Agadir in Marokko heraus, das Frankreich sich verschrieben hatte. Als Kolonialmacht gab Wilhelm Deutschland aus. Er, der so zögerlich das Licht der Welt erblickt hatte, verlangte „einen Platz an der Sonne" für sein Reich. Vor „scheelen Blicken" sollte der „deutsche Aar" allüberall so sicher sein „wie vor tausend Jahren die Hunnen unter König Etzel".

Für derart ungehemmtes Schwadronieren verehrten ihn zahllose Untertanen, die preußischen zumal, gut zwanzig Jahre lang mit nationalistischer Glut und lachhaft hohlem Pathos; in Heinrich Manns satirischem Roman DER UNTERTAN ist nachzulesen, bis wohin sich exaltierte Patrioten dabei verstiegen. Sogar Wilhelms „deutsche Barttracht" – mit den himmelstürmenden Spitzen – kopierten sie eifrig. Dann brach die DAILY TELEGRAPH-Affäre von 1908 ihm fast den Hals: Die Londoner Zeitung veröffentlichte ein Interview, darin der Regent in großmäuliger Realitätsvergessenheit die Briten demütigte.

Schleichend erst, später unübersehbar leitete jener Eklat die Entmachtung des unberechenbaren Kaisers ein. Endlich brachten die Kriegsjahre sein schneidendes Organ zum Schweigen. Nach dem fatalen Versailler Friedensschluss wartete der Entthronte, zahllose Bäume fällend, im niederländischen Exil den Tod ab, der 1941 kam.

„Der greise Kaiser, der weise Kaiser, der Scheiße-Kaiser": So lästerlich resümierte Berliner Schnauze schon recht früh den Abstieg der deutschen Monarchie vom umstrahlten Großpapa über den mild-liberalen Vater zum unbrauchbaren Sohn. Die Gedächtniskirche in der Hauptstadt wurde zur Erinnerung an den anderen, den ersten Wilhelm aufgerichtet; und erinnert heute, als Ruine, an den Fluch des Zweiten Weltkriegs, an die schier unausweichliche Folge des Ersten, an ein Blutbad, das gründlicher aufräumte als jedes bisher.

4

Noch einmal: Orts-, Zeit- und Szenenwechsel. Wien im Kriegsjahr 1916. Im regentriefenden Garten um das Schloss Schönbrunn versammeln sich „Förster, Kutscher, niedere Beamte, Portiers und Invaliden", zum Fenster jenes Zimmers aufblickend, darin Kaiser Franz Joseph dem Tod entgegendämmert, ein fiebernder Greis, der zwei Menschenalter lang regierte. Er gleicht „einem Kinde, das jeden Widerstand gegen den Schlaf aufgibt" und seine Schuld überschlägt: „Hoffärtig war ich halt." Und: „Der Krieg ist auch eine Sünde!" Und: „Schluss machen!" Drunten, im spätherbstlichen Park, erkundigt sich ein Gärtner vorübergehend: „Was macht er jetzt?" Und die Umstehenden antworten: „Nichts Neus! Er stirbt!" Denn dieser Kaiser kann Österreich nicht überleben.

So beschreibt Joseph Roth, noch so ein großer, grandioser Erzähler, das monarchische Ende in RADETZKYMARSCH, seinem grandiosen Hauptwerk, das er nach jener forschen Musik benannte, die zum Totengesang wird, zum Requiem auf ein baufälliges Reich und seinen altersschwachen, fast schüchtern abgehenden Regenten. Mit achtzehn hatte man ihm, der 1830 im Haus seines Todes, in Schönbrunn, auch geboren worden war, die österreichische Kaiserkrone aufgesetzt. 68 Jahre währte seine Regierung. Irgendwann waren er und das Reich ein und dasselbe. Der Weltkrieg überdauerte ihn um zwei Jahre. Doch war allen einigermaßen Hellsichtigen schon lange vor seinem Tod klar, dass nur noch seine Person und Persönlichkeit die vielen zerstrittenen Völker der österreichisch-ungarischen Doppelmonarchie zusammenreimten.

Auch Franz Joseph fühlte sich dem Militär verbunden, nicht weniger tief als der herausfordernd rabiate Wilhelm, dennoch anders, ergebener. Generalsuniform trug er, der Defensive, am liebsten, auf einem schlichten Soldatenbett schlief er auch im Schloss. Anders, überlegter, aber nicht weniger eigen übte er ein „persönliches Regiment" aus: Vom Gottesgnadentum seiner Herrscherwürde zutiefst durchdrungen, entschloss er sich zu hart autoritärer Herrschaft, was ihm nicht eben die Achtung seiner Untertanen eintrug. Später zwangen ihn die Zeitläufte, liberal-bürgerliche Machtteilhabe und Kultur zu dulden. Fortan erlaubte er sich mehr Milde und Toleranz. Doch sah er in Armee, Beamtenschaft, katholischer Kirche seine Stützen bis zuletzt.

Beharrlich bearbeitete er Akten. Noch im düsteren, nasskalten Spätherbst seines Lebens kümmerte er sich, wo es anging, sogar um Nebensächlichkeiten höchstpersönlich. Dennoch scheiterte er an der Uneinlösbarkeit all seiner Bestimmungen. So wie beim deutschen Wilhelm die Fauxpas und Skandale, reihten sich bei Franz Joseph die außenpolitischen und militärischen Debakel aneinander. Die italienischen Besitzungen musste er dreingeben, nachdem er, in Wilhelms Geburtsjahr 1859, die Schlacht bei Solferino gegen Sardinien und Frankreich verloren hatte; und 1866, nach der Niederlage bei Königgrätz, hatte er Preußens Vormachtstellung und Österreichs Ausscheiden aus Deutschland hinzunehmen. Ebenso wenig vermochte er der immer tiefer sich einschneidenden Kluft zwischen Österreich und Ungarn entgegenzusetzen. Der „Ausgleich" von 1867 stellte, statt Einheit im Reich zu stiften, zwei weitgehend selbstständige Staaten her. Gleichzeitig machten die slawischen Völker, wohlgemerkt die Hälfte der Gesamtbevölkerung, immer entschiedener Rechte geltend. Der Boden schwankte, die Brücken brachen.

68 Jahre lang Kaiser: Am Ende war er Gewohnheitssache. Die längste und vertraulichste Freundschaft verband ihn mit einer „Bürgerlichen", der Schauspielerin Katharina Schratt; darüber hinaus wurde ihm private Zuneigung nur spärlich zuteil. Neben die nationalen Katastrophen auf seinem Weg traten familiäre Unglücksfälle in Mitleid erregender Vielzahl. Nach der Liebesheirat mit „Sisi", der bayerischen Prinzessin Elisabeth, wandelte sich die Verbindung alsbald zum Desaster, und als die Feile eines italienischen Anarchisten, im September 1898 in Genf, dem zerfahrenen Dasein der depressiven Magersüchtigen fast gnädig den Rest gab, soll der Kaiser, haltlos schluchzend, geklagt haben: „Mir bleibt doch nichts erspart."

Erspart blieb ihm auch nicht das Leiden an seinen Kindern. Eine zweijährige Tochter verlor er schon 1857, und Rudolf, der wegen seiner Schwachheit ungeliebte Sohn und Kronprinz, ging 1889 lebensüberdrüssig freiwillig in den Tod. Den neuen Thronfolger, den moderner denkenden Franz Ferdinand, achtete Franz Joseph gering. Auch ihn überlebte der Kaiser.

„Ist der Krieg eine Notwendigkeit?", fragte sich Arthur Schnitzler in seinem Tagebuch rhetorisch. Und postulierte: „Die sogenannte politische Notwendigkeit ist aktenmäßig systemisierte Habsucht und Betrug. Am allermeisten wird das eigene Volk betrogen – um sein Blut, seine Söhne, sein Glück." Nicht erst 1914 schrieb er das. Die Zeilen stammen von 1880. Ein paar Wochen später fügte er eine weitere, schicksalshafte Frage an: „Darf man eine Zeit erhoffen, in der kein Krieg mehr sein wird?"

5

Dem letzten Herrscher in Wien, Karl, blieb nicht viel mehr, als die k.u.k. Doppelmonarchie abzuwickeln. „Volkskaiser" wollte er sein, Frieden schließen, die Nationalitäten versöhnen. Doch unverrichteter Dinge musste er im November 1918 abdanken. Nach drei Jahren versuchte er, sich zumindest auf den ungarischen Thron zurückzuputschen. Vergebens: Verhaftet und nach Madeira verbannt, starb er nur sechs Monate später, 35 Jahre alt.

So unvorsichtig, noch einmal das Äußerste zu wagen, war der deutsche Ex-Monarch in Holland nicht; wiewohl es scheint, als hätte auch Wilhelm lange der Illusion nachgehangen, dereinst den angestammten Thron abermals einzunehmen. Wunderlich geworden, vertrieb sich der grauausgediente Hohenzoller in Doorn die Zeit mit Holzhacken und hoffte, Adolf Hitler könne in der Heimat aufs Neue die Monarchie errichten. Ein vornehmes Haus führte er in Holland, wurde Witwer und zum zweiten Mal Ehemann. Nichts an seiner Selbstüberhebung, seinen Fehlurteilen, seiner infantilen Starrsinnigkeit habe sich verändert, wurde berichtet. Über die Grenzen hinweg schaute er zu: voller Abscheu der Revolution und dem republikanischen Experiment von Weimar, mit Interesse den Nationalsozialisten. Als die Wehrmacht 1940 Frankreich überrannte und das im Ersten Weltkrieg unerreichte Paris einnahm, gratulierte der Hartkopf dem „Führer" in einem Telegramm. Die Waffen nieder? Im Gegenteil. Endlich schien der „Erzfeind" überwunden, die „Schmach von Versailles getilgt", das erniedrigte Deutschland zu gebührender Macht neu erwacht. Mit dem antisemitischen Pogrom der „Reichskristallnacht" vom November 1938 allerdings hatten es die neuen Gewalthaber auch in seinen Augen viel zu weit getrieben: „Eine Schande" nannte Wilhelm, dem Rassismus keineswegs fremd war, die massenhafte Ermordung und Verschleppung der Juden, und er schämte sich dafür.

Die Deutschen haben Grund, sich ihrerseits seiner zu schämen, noch über hundert Jahren nach den Schüssen von Sarajevo und dem nibelungentreu unterfertigten „Blankoscheck" für Wien; mag auch der Blick auf die Frühzeit des zwanzigsten Jahrhunderts schon ziemlich in die Ferne schweifen müssen: ein Jahrhundert, an Schande und Untergängen reicher als alle zuvor.

„ ... und Streben nach Glück"

**Massen in Bewegung:
Über Revolutionen und Widerstand**

So ungeheuerlich klingt manche große Idee, dass, wer auf sie verfällt, damit lieber hinterm Berg hält. Dabei war die Idee des Nikolaus Kopernikus so frisch nicht und stand der Berufstätigkeit des Juristen und Arztes eher fern. Genau genommen war sie nicht seine eigene. Bis unmittelbar vor seinen Tod wartete Kopernikus, bis er dann doch, 1543, mit ihr herauskam. Wir dürfen sicher sein, dass er ahnte: Mit der Veröffentlichung stand dem Abendland ein Paradigmenwechsel bevor, also die Auflösung eines bestehenden Welt-Bilds und seine Ablösung durch ein neues.

Etwa 1800 Jahre zuvor hatte der Grieche Aristarchos von Samos ein Gedankenexperiment angestellt, das Kopernikus aufgriff und entscheidend weiterführte. Knapp gesagt, war Aristarchos zum Schluss gelangt, dass wir die sichtbaren Bewegungen der Himmelskörper um die Erde nicht schlüssig beschreiben und berechnen können, solange wir als Beobachter unseren Planeten als starre Mitte des Kosmos annehmen. Besser passt die Sonne ortsfest dorthin, und unser Heimatplanet ists, was sich dreht; doppelt sogar: ums Zentralgestirn; und um die eigene Achse. Den Überzeugungen der frühneuzeitlichen Kirche stand dies Modell freilich entgegen: Die hielt im göttlichen Heilsplan allein eine Schöpfung für denkbar, als deren Mitte die Erde Adams und Evas, Moses und Davids, Marias und Jesu unverrückbar stand, als Dreh- und Sammelpunkt alles kosmischen Geschehens. Wer der christlichen Theologie hierin widersprach, riskierte, als Ketzer Freiheit, Gesundheit und Leben zu verlieren.

Kopernikus durfte trotzdem eines natürlichen Todes sterben. Gleichwohl hatte der Domherr aus Frauenburg zwischen Frischem Haff und Masuren, *„in hoc remotissimo angulo terræ"*, im hintersten Winkel der Welt, die Welt aus den Angeln gehoben. Der althergebrachte Geozentrismus des Claudius Ptolemäus konnte nicht länger gelten, nachdem Kopernikus ihn mit seinen „Sechs Büchern über die Umlaufbahnen der Himmelskörper" widerlegt hatte. In Nürnberg erschien das Schlüsselwerk als eine Inkunabel der anbrechenden Neuzeit und leitete die bis heute nach dem genialen Gelehrten benannte „Kopernikanische Wende" in der Astronomie ein. Sein mittellateinischer Originaltitel: DE REVOLUTIONIBUS ORBIUM COELESTIUM.

1

Da haben wir ihn: den Begriff Revolution – als könnten wir ihn vom unendlichen Firmament ablesen. Wörtlich übersetzt, bezeichnet er ein Hin- und Zurückrollen. Wie in den Himmelskörpern des Kopernikus steckt auch in der Vokabel, als Vorstellung, eine Kreisbewegung, vor allem aber, nach heutiger Deutung, die Kraft einer vollständigen Umwälzung, so wie sie dem Gelehrten mit der wissenschaftlichen Revolution gelang, die sein Grundlagenwerk auslöste.

Das Prinzip der Revolution heißt: Veränderung. Im fünfzehnten Jahrhundert, als Astronomie und Astrologie, Naturwissenschaft und Magie einander noch sehr nahestanden, trachteten die Gelehrten, nicht allein Konstellationen und Bahnen von Sonnen und Planeten auszumessen, sondern auch deren Wirkung auf Mensch und Welt zu bestimmen. Bereits im Italien des dreizehnten Jahrhunderts gab es *rivoluzione,* allerdings auch als politischen Begriff für Aufruhr und Staatsstreich. Ihn entlehnten sich die Engländer und Franzosen noch vor den Deutschen. Unter ihnen wurde er etwa im siebzehnten Jahrhundert heimisch.

Revolution im engeren, politischen und gesellschaftlichen Sinn ist Umsturz: der Versuch, mit Nachdruck einen Status quo abzuschaffen, den die Zeitgenossen als historisch überholt und sozial unhaltbar wahrnehmen. Keineswegs immer gelingt er. Immer aber ist Revolution fundamental mit Erschütterung verbunden und entfesselt in den meisten Fällen Wellen von Gewalt. Ihren Anführern geht es darum, herrschenden Verhältnissen abzuhelfen, indem sie die bestehende Herrschaft insgesamt beseitigen. Nach dem unausweichlichen Chaos des Umbruchs wollen sie eine grundlegend andere, in ihrem Sinn bessere Ordnung aufrichten, durchsetzen und fortan gegen jede Reaktion und Konterrevolution verteidigen.

Unterm Gesichtspunkt von Strategie und Taktik berühren sich Methoden und Zwecke der Revolution mit jenen des Kriegs: Erfolg krönt sie nur, wenn es ihr gelingt, Massen in Bewegung zu setzen, sie mit Lebensmitteln, Kampfgerät und anderweitigem Material ausreichend zu versorgen. Zu ihren ersten Bestrebungen gehört, dass sie sich die Kommunikationsmittel möglichst exklusiv sichert – also die bekämpfte Ordnungsmacht von den Massenmedien, heute namentlich von Fernsehen, Rundfunk und nicht zuletzt dem Internet, ausschließt. Innerhalb der revolutionären Kräfte formiert sich ein Kader von Anführern, die sich wiederum auf untergeordnete Funktionäre stützen. Im Idealfall mündet Revolution zielgerichtet in eine Umgestaltung aller öffentlichen Kräfte von Grund auf und in der breiten Zustimmung der von alten Zöpfen befreiten Bevölkerung. Im Idealfall.

Im Idealfall ist die Revolution das in die Tat umgesetzte Recht auf Widerstand. So gesehen, legt sie es darauf an, allgemein geltende Grund- und Menschenrechte durchzusetzen gegen die Willkürherrschaft privilegierter Schichten, etwa gegen Monarchie, Adel und einen sich weltliche Macht anmaßenden Klerus. Dafür gibt es große Vorbilder etwa in der frühen Neuzeit, erst recht in und nach der Epoche der Aufklärung. Massen in Bewegung setzte um 1525 der süd- und mitteldeutsche Bauernkrieg, und zwar mit so viel Zulauf und Schlagkraft wie kein anderes Ereignis in der deutschen Geschichte zuvor. „Als Adam grub und Eva spann, wo war denn da der Edelmann?": In den Dörfern, erst danach in den Städten zündeten die Deutschen ihr revolutionäres Potenzial. Aufs Engste steht der Aufstand mit einer Reform in Verbindung, die seit 1517 zu einer theologischen Revolution führte, mit der Reformation Martin Luthers: Den altgläubigen Katholizismus suchte sie durch einen in vielen Belangen radikal umgestalteten Kirchenglauben zu ersetzen. Gemeinsam gehören die beiden Aufbruchsbewegungen zum Signalement eines Epochenumschwungs: Sie bezeichnen den Eingang aus der spätmittelalterlichen Welt in die Frühmoderne.

Dem Aufstand verlieh die Reformation nicht allein geistliche Impulse. Mindestens ebenso heftig stachelte sie die Bereitschaft des Bauernstandes auf, vereint unter einem irdischen, politischen Ziel gegen die Grundherrschaften zu rebellieren, die ihn schon allzu lang malträtierten. Am weitesten verbreiteten sich seine Forderungen durch die in Memmingen formulierten ZWÖLF ARTIKEL. Die gründeten ausdrücklich auf den zwischenmenschlichen Normen, wie die Bibel sie setzte, und also beanspruchten sie, göttliches Recht zu sein. So gehörte denn auch die Forderung nach freier Absetzung der bisherigen missliebigen Priester und nach der Wahl neuer, womöglich evangelischer Pfarrer dazu. Noch mehr interessieren in unserem Zusammenhang Passagen des Dokuments, die etwa Besitzverhältnisse und Abgaben betrafen. Die Empörer verlangten nach Aufhebung der Leibeigenschaft, nach einem einschneidend verbesserten Recht auf Jagd und Nutzung der Wälder; von beidem waren die Unfreien bisher weitgehend ausgeschlossen. Und nicht zuletzt drängten sie auf eine Verminderung der Frondienste, die sie vielfach unzumutbar bedrückten.

2

Vergeltungsgierig wurde der Aufstand der Bauern niedergeschlagen. So gab denn gleich diese erste große Massenbewegung in Deutschland die Premiere ab für das Scheitern so mancher späterer Revolutionen im Lande – 1848, 1918/19, wir kommen noch darauf. Nicht billigerweise, aber nachvollziehbar bestreiten Regenten, die an den Thronen kleben, ihren Untertanen die Befugnis zur Revolution. Hingegen fragt die Philosophie, und nicht erst die moderne, nach dem Recht auf die Revolte; sogar nach der Pflicht dazu fragt sie; und sie forscht konsequent weiter nach der Legitimität, nach der Rechtfertigung des Systems, das sich durch den Umsturz einrichtet.

Für den existenzialistischen, aber nicht pessimistischen Franzosen Albert Camus eröffnete die Revolte den einzigen Weg, der absurden Sinnlosigkeit der Welt abzuhelfen durch

Wertsetzungen und Grenzziehungen, die dem Menschen und der Menschengemeinschaft gemäß sind. Anders Platon, 2500 Jahre zuvor: In dem von ihm entworfenen Idealstaat bestimmt ein ausgewiesener Philosoph als König; über das Richtig und Falsch seiner Entscheidungen, über Wohl oder Wehe der Zustände vermag der einfache Bürger, laut Platon, nicht zu urteilen – dafür fehle es ihm an ausgebildeter Gelehrsamkeit. Hinwiederum müssten aufgeklärte Bewohner freiheitlich-demokratisch verfasster Staatswesen wie des unseren es als Zumutung ablehnen, sich durch solch ein Generalverbot von der politischen Teilhabe ausgeschlossen zu sehen. Nach den 56-jährigen Erfahrungen der Deutschen mit zwei Diktaturen ist Widerstand unumgänglich gegen jede ernstliche Bemühung, unsere im Grundgesetz umrissene Basisordnung niederzureißen; denn die ist die gerechteste, die es auf deutschem Boden je gab.

Auf den Grund- und Menschenrechten beruht unsere Verfassung – wie zahlreiche andere auch –, auf einem Wertekanon mithin, der seine Maximen wohlgemerkt zwei Revolutionen verdankt. Als Frankreichs König Ludwig XVI. in der Nacht des 14. Juli 1789 von François, dem XII. Herzog de la Rochefoucault-Liancourt Bericht über den Sturm auf die Bastille erhielt, soll er empört aufgeheult haben: „Das ist eine Revolte!" Weitsichtiger schätzte der Informant die Vorkommnisse ein, als er entgegnete: „Nein, Sire, das ist eine Revolution" – weil nämlich etwas Grunderschütterndes, Zerstörerisches, Umwälzendes vorging. Seither umrahmen arg allgemein, gleichwohl wertbeständig drei Hauptforderungen die mancherlei Rechte, die uns Menschen von Geburt an unveräußerlich zustehen: Freiheit, Gleichheit und Brüderlichkeit. Sie gebühren uns unabhängig von unserer Staatsangehörigkeit, von der politischen und gesellschaftlichen Stellung, von Beruf und Religion, unserem Eingebundensein in eine Kultur.

Im Voraus festgelegt hatte jene Menschrechte Thomas Jefferson drei Jahre vor dem Bastillesturm, als er die epochenwendende Erklärung abfasste, mit der die sich formierenden Vereinigten Staaten ihre Unabhängigkeit erklärten. So mustergültig gelang Jefferson dies, dass es sich lohnt, immer wieder mal dem Auftakt der Denkschrift in seiner Ausführlichkeit zuzuhören:

„Wir halten diese Wahrheiten für in sich einleuchtend:
dass alle Menschen gleich geschaffen sind;
dass sie von ihrem Schöpfer mit gewissen unveräußerlichen Rechten ausgestattet sind, darunter Leben, Freiheit und Streben nach Glück;
dass zur Sicherung dieser Rechte Regierungen unter den Menschen eingesetzt sind, die ihre gerechten Vollmachten von der Einwilligung der Regierten herleiten;
dass, wenn immer eine Regierungsform diesen Zielen zum Schaden gereicht, es das Recht des Volkes ist, sie zu ändern oder abzuschaffen und eine neue Regierung einzusetzen, die sich auf solchen Grundsätzen aufbaut [...]."

Inspiriert, ja angefacht hiervon klingen die Menschen- und Bürgerrechte, die am 26. August 1789 die französische Nationalversammlung deklarierte. In den siebzehn Artikeln finden sich prinzipielle Festlegungen wie die freie und gleiche Geburt eines jeden, die Verabschiedung von Gesetzen, die „Ausdruck des allgemeinen Willens" sind, und der Anspruch auf „Freiheit, Sicherheit und Widerstand gegen jede Unterdrückung". Freiheit, so definiert die Urkunde, bestehe „darin, alles tun zu können, was dem anderen nicht schadet". Explizit findet sich die Gewaltenteilung in den Kanon eingeschrieben; ebenso die juristische Unschuldsvermutung für jeden Verhafteten, solange „er nicht für schuldig befunden ist"; desgleichen die Freiheit der Religionsausübung; die der Meinungsäußerung in Rede, Schrift und Druck; der Unterhalt einer „Streitmacht, die zum Vorteil aller eingesetzt wird"; das bürgerliche Recht auf Kontrolle der Behörden; das „heilige Recht" auf Eigentum. Zwar beseitigten weder die US-Amerikaner mit ihrer Proklamation die Sklaverei, noch ersparte hehrer Wortlaut den Franzosen die blutrünstigen Entartungen ihrer Revolution unter dem Tugendterroristen Maximilien de Robespierre. Aber von Stund an galten jene einmal aufgerichteten Ideale als das Maß, durch das sich Gemeinwesen in Rechts- und Unrechtsstaaten scheiden lassen.

3

„Wer eine friedliche Revolution verhindert, macht eine gewaltsame Revolution unausweichlich." Nicht etwa Michail Gorbatschow hat das 1989 gesagt, sondern fast dreißig Jahre vor ihm der US-Präsident John F. Kennedy. Bevor uns Deutschen der Sieg eines friedlichen Umsturzes gegönnt war, misslang uns Aufruhr mit dem Mittel der Gewalt wiederholt.

Das Deutschland, will heißen: die deutschen Länder des 19. Jahrhunderts waren nur anfangs von seelenvoller Romantik und biedermeierlicher Beschaulichkeit durchdrungen. Ein Jahrhundert war dies, das die Europäer recht rabiat mit den Errungenschaften der Industriellen Revolution erstaunte – und mit deren sozialen Verwerfungen einschüchterte. Keine behagliche, eine gewaltsame Zeit: 1830 stießen die kämpferischen Franzosen ihren König Karl X. vom Thron – Initialzündung für eine sich erneuernde Freiheits- und Einheitsbewegung auch auf unserer Seite des Rheins. Im HESSISCHEN LANDBOTEN rief der aufsässige Jungdichter Georg Büchner 1834 zum Krieg gegen die „Paläste" auf, um den „Hütten" Frieden und Fairness zu bescheren. Zehn Jahre später ballte sich der Leidensdruck der verhungernden schlesischen Leinenweber zum ohnmächtigen Aufschrei eines Maschinensturms zusammen. 1848 riefen Karl Marx und Friedrich Engels in ihrem KOMMUNISTISCHEN MANIFEST die „Proletarier aller Länder" auf, sich zu „vereinigen", um gemeinsam „alle bisherige Gesellschaftsordnung" gewaltsam umzustürzen; das Fanal einer „Weltrevolution" schien sich anzukündigen. Freilich war von 1917 an in Russland, später der Sowjetunion, schließlich in ihren Trabantenstaaten des Warschauer Pakts zu sehen, dass auch eine „Diktatur des Proletariats" so wenig Menschenrecht wie Gleichheit, so wenig Volkswohlfahrt wie Weltfrieden garantiert.

Vergleichsweise maßvolle Ziele verfolgte da die deutsche bürgerliche Revolution des Jahres 1848, die sich abermals von Geschehnissen in Frankreich befeuern ließ, von einem weiteren Königssturz dort und der Ausrufung einer Republik. Das erzreaktionäre „System", das von Wien aus der Staatskanzler Klemens Wenzel von Metternich eingeführt und mit allen Mitteln skandalöser Repression am Leben erhalten hatte, es stürzte und sein verabscheuter Protagonist mit ihm. In Berlin zwang wenig später eine zum Bürgerkrieg bereite Menge den Preußenkönig Friedrich Wilhelm IV., sich öffentlich und barhäuptig vor den 254 Aufrührern zu verneigen, die sein Militär bei Straßen- und Barrikadenkämpfen getötet hatte. In bislang ungewagte Höhen wuchsen die Erwartungen: In der Morgenluft wittern ließ sich die Möglichkeit liberaler Regierungen, von Verfassungen, die unterm Dach konstitutioneller Monarchien Grund- und Bürgerrechte festschrieben, von einschneidenden, zeitbeständigen Reformen. Immerhin zur Hälfte hätten ernsthaft kompromissbereite Fürsten die Revolution ‚von unten' für sich in eine ‚von oben' ummünzen können.

Am 18. Mai 1848 kamen in der Frankfurter Paulskirche gewählte Abgeordnete zum ersten im Ansatz demokratischen Parlament der Deutschen zusammen. Auf ihrer Tagesordnung ganz oben stand die Zusammenführung der 41 Mitgliedsstaaten des Deutschen Bundes zum Einheitsstaat. Die Lösung sah „kleindeutsch" aus: Österreich sollte aus dem Verband ausscheiden, Preußen unter den Verbleibenden zum *primus inter pares* werden; seinem König blühte die Erhebung zum Kaiser der Deutschen, der seinerseits die Reichsregierung ernennen würde. Doch dachte Friedrich Wilhelm nicht daran, die Demütigung aus dem Vorjahr hinunterzuschlucken: Die ihm angetragene Kaiserwürde wies er zurück – von der offerierten „Schweinekrone" stieg der „Ludergeruch der Revolution" in die allerhöchste Nase. Preußische Soldaten besorgten, wo fortan Aufruhr keimte, den Rest.

Von Soldaten dann allerdings, von Matrosen nämlich ging die Novemberrevolution 1918 aus. Als die Reste der deutschen Flotte im Herbst zu einem sinn-, überdies aussichtslosen Angriff auf die englische Seekriegsmacht auslaufen sollte, meuterten in Kiel und Wilhelmshaven die Schiffsbesatzungen; für ein längst entschwundenes Ziel, einen verlorenen Krieg in den sicheren Tod zu gehen, dazu waren sie nicht länger aufgelegt. Entgeistert und gelähmt sahen die Vertreter der in Trümmer liegenden alten Ordnung zu, wie die Rebellen dem russischen Vorbild aus dem Vorjahr folgten und Arbeiter- und Soldatenräte installierten. Längst unsichtbar geworden, entwich der unglückselige Kaiser Wilhelm II. nach Holland ins Exil. Gleich zweifach wurde die Republik ausgerufen: schlicht als „deutsche" durch Philipp Scheidemann, gleich darauf durch Karl Liebknecht als „freie sozialistische Republik Deutschland". Letztere schien den geängstigten Deutschen aber nicht geheuer. Zum ersten Mal im Lande wurden neben den Männern auch die Frauen zur Wahl aufgerufen, bei der mehr als drei Viertel der Abstimmenden für Sozialdemokraten, Zentrums- und linksliberale Kandidaten votierten. An die Stelle der sozialistischen Revolution sollten Reformen treten. Auf Evolution setzte die Weimarer Nationalversammlung und gab der bürgerlichen Demokratie den Vorzug vor einer „Diktatur des Proletariats". Zurückschauend dürfen wir beklagen, dass wir den guten Willen für die Tat zu nehmen haben, die letztlich misslang: Durch Dauerattacken von radikal linker und extrem rechter Seite aufgebraucht, hatte nach fünfzehn Jahren die Republik der Machtgier der Nationalsozialisten nichts mehr entgegenzusetzen.

4

Evolution – „Wandel durch Annäherung": Jene vom SPD-Bundeskanzler und Friedensnobelpreisträger Willy Brandt gemeinsam mit seinem Adjutanten Egon Bahr geprägte Formel steht als Überschrift über der Bonner Entspannungs- und „Ostpolitik" der frühen Siebzigerjahre. Mit ihr öffnete die sozialliberale Regierung den Weg zur gesamtdeutschen Vereinigung 1989, zu einer neuen europäischen Friedensordnung, einer neuen Epoche der Weltpolitik.

Die Achtzigerjahre des zwanzigsten Jahrhunderts hatten mit Revolutionen vielfältig zu tun. Den lauten Stimmen, mit denen die polnische Gewerkschaft „Solidarnosc" bei ihrem Freiheitskampf auf Umbruch drängte, fiel die Staatsmacht drakonisch ins Wort, indem sie das wankende Land Ende 1981 unter Kriegsrecht zwang, zum Wohl der von noch schlimmeren Folgen verschonten Welt, wie es im Nachhinein scheint. In China – dem Mao Zedong 1966 eine mörderische „Kulturrevolution" verordnet hatte – walzten am 4. Juni 1989 die Panzereinheiten einer unbelehrbaren Reaktion den friedlichen Protest Tausender Studenten und Bürger nieder; der Pekinger Platz, auf dem das geschah, heißt zynischerweise nach dem „Himmlischen Frieden". Bereits 1985 hatte sich eine noch umfassendere, indes unblutige Umwandlung angekündigt: Da ging Michail Gorbatschow, mit 54 Jahren als neuer Generalsekretär im Zentralkomitee der KPdSU vergleichsweise jung, daran, die Sowjetunion unter den demokratischen Zeichen von *Glasnost* und *Perestroika* zu reformieren. Transparente Öffentlichkeit und schrittweiser Umbau – Grundwesenszüge der politischen Evolution. Zu den fast durchweg friedlichen Revolutionen des Jahres 1989 führte sie, zur Auflösung des sowjetischen Riesenreiches und des Paktes seiner entmündigten Satelliten; auch zu Blutvergießen, wie in Rumänien.

Und zum Ende der angeblich demokratischen deutschen Republik jenseits des Eisernen Vorhangs. Dort hatten sowjetische Panzer 1953 einen Volksaufstand unter ihren Ketten zermahlen. Nun fusionierte das Staatsgebiet, oberflächlich sanft, mit dem bundesrepublikanischen Westen. Bis heute sieht, nach allen Erfahrungen aus der Weltgeschichte, dieser Vorgang durch und durch unglaublich aus, umso mehr, als Panzer, Polizisten und Soldaten bereitstanden, den Aufruhr ganz so zu ersticken, wie es im selben Jahr dem chinesischen ergangen war. So begann der Anfang vom Ende des hoffentlich letzten Kalten Kriegs: Geradezu lachhaft markierte ihn am 9. November 1989 um 18.57 Uhr Günter Schabowski aus dem SED-Politbüro, indem er der Weltpresse von einem Zettel die

Mitteilung vorlas, den bislang internierten DDR-Bürgern seien „Reisen ins Ausland" ohne jede Beschränkung gestattet, „nach meiner Kenntnis – sofort, unverzüglich ...". Nur Stunden später tanzten die Menschen auf der Berliner Mauer und in den Straßen der Städte, durch die sie zuvor wochenlang marschiert waren, mit dem trutzigen Bekenntnis: „Wir sind das Volk."

Gegenwärtig marschieren selbst ernannte Ur-, Erz- und Kerndeutsche wieder durch die Straßen deutscher, nicht nur ostdeutscher Metropolen: „Wir sind das Volk", skandieren auch die islamfeindlichen Fremdenhasser der „Pegida"-Umzüge und beleidigen so die 25-jährige Freiheitsparole, indem sie deren Sinn bedenkenlos ins Gegenteil verkehren. Friedliche Vorboten einer neuen deutschen Revolte? Müssen wir, John F. Kennedys Diktum gemäß, eine gewaltsame Revolution für „unausweichlich" halten? Immerhin „verweigern" wir als Mehrheit standhafter Demokraten, belehrt durch die allgemeinen Menschenrechte und das christlich-abendländische Gebot gutnachbarlicher Toleranz, der „Das wird man ja wohl noch sagen dürfen"-Fraktion unser Verständnis. Indes, auch ohne viel Kompromissbereitschaft in dieser Sache wird unser System die Proteste verkraften.

Bei allem Kopfschütteln reicht unser Verständnis so weit, dass wir einen fernen Ursprung des engstirnigen Fremdenhasses erkennen: in der „Islamischen Revolution", die 1979 mit der Übernahme der Macht im Iran durch den Ayatollah Ruhollah Khomeini begann. Zwar haben wir uns daran gewöhnen müssen, Gewalt als revolutionäre Konstante resigniert hinzunehmen; aber ihre beispiellose Entartung durch fundamentalistische Selbstmordattentäter und die Armeen selbst ernannter „Gotteskrieger" erschreckt einen dann doch bis ins Mark. Dem Islam als Religion stülpen sie die Horrormaske des Islamismus über. Zu den größten Menschheitsverbrechen seit

1945 gehören die albtraumhafte Vernichtung des New Yorker World Trade Centers 2001, die schrankenlosen Massaker der nordnigerianischen „Boko Haram", die Blutspur dschihadistischer Salafisten, deren „Islamischer Staat" Syrien und den Irak durchwuchert wie ein Krebsgeschwür einen therapieresistenten Sterbenden.

Als eine Art Vereinigte Staaten von Europa stellt unser von Krisen gebeutelter, an der Außenhaut entzündeter, dennoch bislang leidlich solider Kontinent ein Gegenmodell auf. Reformen sind nötig, wahrlich allenthalben; aber wir haben gelernt, mit unserer Politik auf sanfteren Druck zu reagieren – auf jenen der Evolution. Seit 1955 veranschaulicht die Europaflagge eine Revolution beinah im Sinn des Nikolaus Kopernikus: auf blauem Grund, wie auf einem Firmament, ein Umlauf von Sternen.

Ernstfall Europa

**Bemerkungen zu Geschichte
und Gegenwart der Staatsräson**

Am 17. April 1355 wurde die Scala Foscara im Dogenpalast zu Venedig Schauplatz eines Blutgerichts. Etwa ein halbes Jahr zuvor war ebendort dem achtzigjährigen Marino Faliero der *corno ducale*, die „gehörnte" Krone des Dogen, aufs Haupt gesetzt worden. Fortan stand er der Serenissima – der „allerdurchlauchtigsten" Republik – als höchster weltlicher Würdenträger vor, für den Rest seines Lebens. Der allerdings erwies sich als gering: An besagtem Mittwoch im Frühjahr 1355 trennte der Henker dem Greis das Haupt vom Hals. Die Anklage hatte ihn, wenn auch wenig glaubwürdig, bezichtigt, er habe seines methusalemischen Alters ungeachtet einen Staatsstreich ins Werk setzen wollen. Nach der Exekution wurde im Innern des Palastes, wo sich Porträts der Dogen zu einer stattlichen Gemäldegalerie aufreihen, das Bildnis Falieros übermalt. Auf der schwarzen Fläche steht seither in lateinischer Sprache geschrieben, der Delinquent sei *decapitatus pro criminibus,* „seiner Verbrechen wegen geköpft" worden. *Damnatio memoriae,* „Verdammung des Andenkens", nennt man jene seit der Antike geübte Praxis, einen Geächteten aus dem kollektiven Gedächtnis zu löschen; als ob Geschichte sich so einfach verschweigen ließe. Zugezogen hatte sich Marino Faliero die Schmach, weil man ihm ein Wagnis vorwarf, das die

Serenissima unter keinen Umständen zu dulden bereit war: Er habe sich im – nicht demokratisch, aber republikanisch verfassten – venezianischen Staat zum absoluten Herrscher aufwerfen wollen.

Den britischen Romantiker Lord Byron inspirierte die – wie er fand – „merkwürdige Geschichte" zu einem Theaterstück. Und „merkwürdig", nämlich so eigenartig wie bedenkenswert, ist dies Kapitel der Weltgeschichte in der Tat. Über den dramatischen Einzelfall hinaus verweist es grundsätzlich auf die Bemühung eines jeden Staates, sich Ziele zu setzen und das Erreichte für die Zukunft zu sichern. Das hat einen Namen: Wir nennen es Staatsräson. Nur: Welche Mittel wird oder darf der Staat anwenden, um an jene Ziele zu gelangen? Was kann er sich gegen seine Bürger und gegenüber anderen Staaten erlauben? Hat die Idee einer verbindlichen Staatsräson eine vernünftige Zukunft?

1

Angela Merkel, wahrlich weniger prachtvoll als Venedigs Dogen, hätte den Dichter Byron immerhin insofern inspirieren können, als auch sie ein Quäntchen von der Rätselhaftigkeit des geköpften Kurzzeitherrschers besitzt. Verschleiert die Langzeit-Kanzlerin doch bisweilen gern vor uns, welche Zukunftswege sie mit ihrer Mannschaft und überhaupt der Republik einschlagen möchte. Über ein Prinzip ihrer Regierung jedoch ließ sie sich unmissverständlich aus: Im Jahr 2008 bekannte sie sich vor dem Parlament Israels zur „historischen Verantwortung", die Deutschland mit der Verfolgung und Vernichtung der Juden während der zwölfjährigen Tyrannei Adolf Hitlers auf sich geladen hat. Ausdrücklich versicherte sie der Knesset, dieses ihr Bekenntnis sei „Teil der Staatsräson meines Landes. Das heißt: Die Sicherheit Israels ist für mich als deutsche Bundeskanzlerin niemals verhandelbar. [...] Jede Bundesregierung und jeder Bundeskanzler vor mir waren der besonderen historischen Verantwortung Deutschlands für die Sicherheit Israels verpflichtet."

Wie weit aber soll Deutschland gehen, um jener Beteuerung im – militärischen – Ernstfall Taten folgen zu lassen? Das ist in der Bevölkerung wie unter Politikern im Lande umstritten. Beispielsweise umging Joachim Gauck, bis 2017 Bundespräsident, den Begriff „Staatsräson"; einschränkend spach er lieber davon, dass Sicherheit und Existenzrecht des jüdischen Staats „bestimmend" für unsere Politik seien. „Ich will nicht an Kriegsszenarien denken", konkretisierte Gauck, wohl wissend, wie skeptisch weite Teile der Öffentlichkeit über Bundeswehreinsätze in Afghanistan, Mali, Syrien denken. Sichtbar stehen hier die Zielsetzungen eines Staates und der Wille der Einzelnen in einem Spannungsverhältnis. Jedem vernünftigen Zeitgenossen leuchtet ein, dass es die Absicht eines demokratisch verfassten Rechtsstaats eben nicht sein darf, es jedem recht zu machen. Staatsziel wird stets das größtmögliche Wohl aller sein müssen. Wobei auch hier eine Grenze zu ziehen ist: „Alle" bedeutet nicht alle, sondern nur die Mehrheit.

Oder verhält es sich doch anders? „Menschenleben geht vor Staatsräson", befand 1970 der damalige Bundesinnenminister Werner Maihofer. Damals hatten Linksextremisten den CDU-Politiker Peter Lorenz entführt, und die Bundesregierung unter Helmut Schmidt tauschte ihn gegen inhaftierte Terroristen der Rote-Armee-Fraktion aus. In einem bis dato einmaligen Ernstfall hatte die Regierung eine „Wertentscheidung" getroffen, die besagter Minister Maihofer vom „Grundgesetz vorgezeichnet" sah. Hätte es sich beim Opfer der Verschleppung nicht um eine prominente Figur des öffentlichen Lebens gehandelt, sondern um einen Meier oder Müller von nur durchschnittlichem „Wert" – wäre die Entscheidung dann anders ausgefallen?

Das – militärische – Wort vom „Ernstfall" taucht in der öffentlichen Diskussion tatsächlich auf. Der angesehene Erlanger Historiker und Publizist Michael Stürmer brachte es ein. Ihn erinnert der Begriff der Staatsräson „an den Ernstfall des Staates und der Gesellschaft. Jenseits davon gelten kein Recht und kein Gesetz, sondern die Macht und ihre Durchsetzung." Das klingt nicht gerade danach, also sollten im „Ernstfall" rechtsstaatliche Verhältnisse gewahrt werden. Interessant erscheint darum, dass ein Kollege Stürmers zwei Generationen vor ihm, der berühmte Ideengeschichtler Friedrich Meinecke, eine weitaus allgemeinere, eingängigere, weniger gravierende Definition fand. In seinem Standardwerk über DIE IDEE DER STAATSRÄSON IN DER NEUEREN GESCHICHTE führte er sie aus: Meinecke sprach von der „Maxime staatlichen Handelns, dem Bewegungsgesetz des Staates. [Die Staatsräson] sagt dem Staatsmann, was er tun muss, um den Staat in Gesundheit und Kraft zu erhalten. [...] Die Vernunft des Staates besteht also darin, sich selbst und seine Umwelt zu erkennen und aus dieser Erkenntnis die Maximen des Handelns zu schöpfen." Auffallend umschrieb der Gelehrte mit diesen Worten unbewusst das, was wir heute Nachhaltigkeit nennen. Allerdings umschrieb er damit auch ein letztlich utopisches Ideal, das die Wirklichkeit der „merkwürdigen" Weltgeschichte zu keiner Zeit erreicht. Die Unzahl der ‚Ernstfälle' im Verlauf unzähliger Jahrhunderte erweist: Viele Mächtige trachten danach, ihren „Staat in Gesundheit und Kraft zu erhalten", aber trotzdem sind sie nur zu gern bereit, dafür die Rechte Einzelner oder deren Interessen und Absichten hintanzustellen, wie es die Serenissima Venedig mit dem Dogen Faliero tat. Gerade das zwanzigste Jahrhundert zeigte auf, wie Staaten alle Rechtsstaatlichkeit dreingaben in der Absicht, sich um jeden Preis zu behaupten, zu stärken und auszudehnen.

Wie hingegen Rechtsstaatlichkeit zustande kommt, schreibt uns Deutschen seit 1949 das Grundgesetz vor. Sein Artikel 20 legt fest: „Alle Staatsgewalt geht vom Volke aus"; Ursprünge und Institutionen jener Staatsgewalt sind „Wahlen und Abstimmungen" sowie „besondere Organe der Gesetzgebung, der vollziehenden Gewalt und der Rechtsprechung".

2

Indes: „Staatsgewalt"? Müssten wirs nicht eigentlich unerträglich finden, dass der Staat Gewalt über uns hat? Wir nehmen es hin, weil er, wie man so sagt, für Recht und Ordnung sorgt. Das ist nicht im spießbürgerlichen Sinn gemeint, sondern in einem höheren. Zum einen soll der Staat unsere Privatheit und persönliche Freiheit schützen und achten; zum andern hat er die großen gemeinschaftlichen Obliegenheiten zu erledigen, als da sind: eine funktionstüchtige Volkswirtschaft; der angemessene und kontrollierbare Fluss der öffentlichen Finanzen; Sicherheit nach innen und nach außen. Nichts davon kann entbehren, wer hierzulande gut und geborgen leben will, und nur ein Zentralinstitut des Mehrheits-Willens vermag beides zu leisten. Freilich muss der Staat, um dem überwiegenden Gros seiner Bürger nützen zu können, sich verschiedene Monopole vorbehalten: etwa den Gebrauch von Waffen gegen Menschen; die Verfolgung von Rechtsbrechern; Verhandlungen mit auswärtigen Mächten. Das Staatsvolk firmiert im demokratisch-parlamentarisch verfassten Rechtsstaat als Souverän; zugleich aber gibt es freiwillig einen Teil seiner Rechte an den Staat ab. Demokratie gründet stets auf Kompromiss: Durch ihn genießt die Gesellschaft eine ‚nachhaltige' allgemeine Ordnung; der Staat wiederum gründet seine hoheitlichen Rechte auf ihn und legitimiert so die Zwangsmittel, die ihm von Fall zu Fall gegen Gruppen oder Individuen zu Gebote stehen.

Wie weit nun darf er mit jenen Mitteln gehen? Wieviel Macht oder gar Gewalt über den Einzelnen ist rechtens? Das versuchen Politiker und Politikwissenschaftler, Staatsrechtler und Philosophen seit jeher zu ergründen. Dabei stoßen sie auf Grundfragen der Anthropologie, Philosophie, Theologie: Ist der Mensch von Natur aus böse? Lebt er am besten, wenn er ein Einzelgänger bleibt? Oder verlangt er nicht eher nach Gemeinschaft mit seinesgleichen, nach „Volksgemeinschaft" womöglich? Vollendet er seine Existenz als das *zoon politicon*, das Aristoteles beschrieb? Unterliegt die Schöpfung einer jenseitigen höchsten Vernunft? Haben wirs also mit der „besten aller möglichen Welten" zu tun, an die Gottfried Wilhelm Leibniz optimistisch glaubte? Und sollte dem so sein: Was ist dann ‚gut'? Was nützt wem und wie vielen? Kann ein Zweck so edel sein, dass er schlimme Mittel heiligt – will heißen: Gelangt unsere Gemeinschaft ans richtige Ziel auch auf einem falschen Weg?

3

Eine rüde Stellenbeschreibung für den „besten aller möglichen" Herrscher formulierte Niccolò Machiavelli in seiner berühmten Schrift DER FÜRST *(Il principe)*. 1532 erschien das

Buch des Florentiners im Rom der Renaissance. Das Buch „mit dem vielleicht schlechtesten Ruf in der gesamten Philosophiegeschichte" nennt es der Publizist Robert Zimmer. Natürlich sollte man, wie jedes Stück Literatur, auch dieses mit den Augen seiner Zeitgenossen ansehen.

Zu Beginn des sechzehnten Jahrhunderts mussten Machiavelli und seine Mitwelt erleben, wie die italienischen Territorien im kriegerischen Kräftegerangel zwischen Heiligem Römischen Reich, Frankreich und Spanien fast zerrieben wurden. So sah sich Machiavelli gründlich motiviert zu dem entschiedenen Patriotismus, dem sich seine Abhandlung verdankt. Dem verbreiteten Pessimismus seiner Zeit hing auch er an; so mochte er dem landläufigen Individualmenschen nicht viel Vernunft zutrauen. Machiavelli schätzt den Normalmenschen gering: Er hält ihn für ein Triebwesen, von Affekten und Begehrlichkeiten, Er- und Aufregungen weitgehend unkontrolliert gesteuert. „Heuchlerisch", meint er, schwanke es zwischen der „Angst vor Gefahr und [der] Gier nach Gewinn".

Einen solch zweifelhaften Grundcharakter vor Augen, lehnt Machiavelli es ab, zwischen Moral und Macht ausgleichend zu vermitteln. Vom christlichen Himmel und aller Metaphysik, von den moralischen Zehn Geboten der alten Bibel wie von der Bergpredigt des Neuen Testaments hat er sich losgesagt; er konzentriert sich auf die rare Spezies des im Ursinn des Worts selbst–herrlichen Übermenschen und auf dessen unumschränkte Möglichkeiten. Für ihn, gleichsam einen Serenissimus, einen „Allerdurchlauchtigsten", will er ein Regelwerk zielgenauen politischen Handelns aufstellen; sofern dies vernünftigen Grundsätzen folgt, so sein Ansatz, wirkt es sich zumindest über Umwege günstig auch auf die Masse der tumben Untertanen aus, auf ihr Leben und Treiben, ihr Hab und Gut. Aus zwei pragmatischen Wurzeln nährt sich die übergeordnete Vernunft des Fürsten: aus *virtú* und *fortuna*. Das eine benennt seinen nüchternen Tatwillen, das andere die zufälligerweise „glücklichen" Gegebenheiten eines entscheidenden Augenblicks. Kraft der *virtú* gilt es die *fortuna* zu erkennen, zu ergreifen, zweckmäßig zu nutzen.

Den Menschen schreibt Machiavelli Freiheiten zu; aber den Bestand des Staates, als den höchsten Wert, infrage stellen dürfen sie nicht. Umgekehrt mögen sich der Staat und sein Lenker ruhig alle Freiheiten herausnehmen, um den Bestand des Gemeinwesens und „Einigkeit und Treue der Untertanen" zu erhalten. Das schließt ein, dass der Fürst die Freiheit des Individuums gemäß seiner Pläne unterdrückt oder gar grausam außer Kraft setzt: Oberstes Ziel ist ein geordneter, befriedet blühender Staat, und der beste Weg, dies Ziel zu erreichen, ist nicht Gerechtigkeit, sondern Staats-Gewalt. „Wer politisch handelt", schreibt Machiavelli, „muss auch Böses tun": muss also auch schon mal täuschen, töten, Getreue verraten. Aufs Ganze gesehen aber balanciert sein Fürst auf der dünnen Scheidelinie zwischen Anbiederung ans Volk und Despotie. Der schon zitierte Robert Zimmer nennt einen solchen Regenten einen logisch denkenden „Strategen" und „Mann des nüchternen Kalküls". Er muss nicht geliebt, jedoch gefürchtet werden.

Zu einem Fürsten dieses Schlages wollte Preußenkönig Friedrich II. nicht werden, zumindest nicht, als er noch nicht der „Alte Fritz" war, sondern als junger Kronprinz in seinen späten Zwanzigerjahren stand. An seinen französischen Philosophen-Freund Voltaire schrieb er, es tue sich eine mächtige Kluft auf zwischen Machiavellis Auffassungen hier „und der Tugend sowie den wirklichen Interessen der Fürsten" dort. Darum griff Friedrich selbst zur Feder und verfasste eine Gegendarstellung zur provozierenden Schrift des Florentiners, den 1740 veröffentlichten ANTIMACHIAVELL. Darin bestreitet er die absolute Weisungsbefugnis eines Herrschers. Schleierhaft war für Friedrich, wie ein Fürst überhaupt bereit sein könne, „seine Macht über dem Unglück und der Vernichtung anderer Menschen zu errichten", unbegreiflich schien ihm ein Souverän, der „zu glauben vermag, er erlange Ruhm, wenn er doch nur Unglück hervorruft". Vielmehr habe der Regent gehorsam als „erster Diener seines Staats" zu fungieren. „Neue Eroberungen eines Herrschers", schrieb Friedrich, „fördern weder Wohlstand noch Reichtum, dem Volk nützen sie gar nichts, und er irrt, wenn er meint, selber dadurch glücklich zu werden." Da stimmten ihm wohl viele Untertanen so innig zu, wie wir es heute tun. Schade nur, dass Friedrich in der ersten Hälfte seiner Regierungszeit dann als Eroberungspolitiker selbst halsbrecherisch alles auf eine Karte setzte.

Bis heute darf Niccolò Machiavelli als der wohl populärste Theoretiker der Staatsräson gelten, auch wenn er übrigens den Begriff selbst gar nicht gebrauchte. Fast anderthalb Jahrhunderte nach ihm fügte ein Engländer der Doktrin des Florentiners einen maßgeblichen Gedanken hinzu; und auch er, Thomas Hobbes, stand unter dem Eindruck furchtbaren Kriegsgeschehens. 1651 rechtfertigte er den allmächtigen Staat als LEVIATHAN – so der Titel seines Hauptwerks –, als einschüchterndes Ungeheuer also. Und wie Machiavelli stieß auch Hobbes auf breite Skepsis, auf geteilte. „Den Reformern", schreibt Robert Zimmer, war das heftige Buch „eine Rechtfertigung der absoluten Monarchie, den Konservativen fehlte der Bezug zu Gott als Legitimationsquelle politischer Herrschaft." Denn Hobbes führte Herrschaft nicht auf die Einzelfigur eines Fürsten von Gottes oder eigenen Gnaden zurück; sondern er sah sie streng rationalistisch gegründet auf dem Willen eines Staatsvolks freier und gleichberechtigter Menschen. Sie schließen durch ihren Zusammenschluss eine Art Gesellschaftsvertrag. Vom *zoon politicon* des Aristoteles wollte Hobbes nichts wissen; vielmehr meinte er, jeder Mensch begegne seinem Nächsten als ein „Wolf" und kämpfe ganz für sich in einem „Krieg aller gegen alle". Oder genauer: Er müsste beständig darin kämpfen, wäre er nicht doch auf Frieden angewiesen, um seine allererste Lebensaufgabe zu bewältigen, nämlich sich selbst zu erhalten. Frieden aber kann es nicht geben, wo die Selbstermächtigung eines jeden gegen jeden herrscht. Folglich (so Hobbes) einigen sich die Mitglieder der Gesellschaft auf Gesetze, um eine allgemeine Anarchie abzuwehren; und sie bestimmen einen Regenten oder ein Führungsgremium, das sie als eine allen und allem vorangestellte Instanz anerkennen und dem sie die Pflicht und die Macht auferlegen, die Geltung der Gesetze zu erzwingen; einen „sterblichen Gott" nennt Hobbes jene Machtinstanz. Die moralische Grundfrage, was gut sei und was böse, beantwortet für alle unwidersprechlich der Staat. Um alle Einzelmeinungen zu einhelliger Befürwortung des Systems zu nivellieren, bedient er sich der Zensur und der Gedankengängelung. Den Befehlen von oben folgt der Einzelne in – tatsächlicher oder scheinbarer – Freiwilligkeit.

Auch dieses Buch stieß und stößt keineswegs auf allseitigen Zuspruch. Arg eigentümlich schwankt Hobbes' Haltung zwischen einem Führerkult, wie ihn später Adolf Hitler der gleichgeschalteten deutschen „Volksgemeinschaft" abverlangte, und den Leitbildern westlicher Demokratien in unseren Tagen.

4

Die US-amerikanische Unabhängigkeitserklärung räumt jedem Bürger explizit „das Streben nach Glück" ein. Ihrem Vorbild folgen seither alle liberalen Demokratien, gleichgültig, wie sie das Thema ausformulieren. Anders im siebzehnten, im achtzehnten Jahrhundert: Da stand die „Glückseligkeit" der Menschheit unter den Idealen der europäischen Aufklärung zwar auch ganz oben; aber weder in der verbreitetsten Herrschaftsform der Epoche, dem Absolutismus, noch grundsätzlich unter den Aufklärern selbst „wurde viel danach gefragt, wie der Einzelne sein Leben gestalten wollte"; vielmehr „wurde dekretiert, wie [der Einzelne] zu leben hatte, um in den Kreis aufgeklärter Menschen aufgenommen zu werden" (Karl Otmar von Aretin).

„*L'état c'est moi*", der Staat bin ich, habe Frankreichs „Sonnenkönig" Ludwig XIV. 1655 dem Parlament verkündet, berichtet die Überlieferung. So zwar sagte ers in Wahrheit nicht; doch welche Worte er auch gebrauchte – während seines 72 Jahre währenden Rekord-Regiments folgte er autokratisch der schnittigen Devise. Sich selbst ernannte der schillernd-prunkende Potentat zur Lichtgestalt und ließ es zu, als „Gottheit" tituliert zu werden. Stände, Gremien, Untertanen blieben ohne Einfluss auf seine Befehlsgewalt: Ludwig höchstselbst erließ oder kassierte die Gesetze. Die Verwaltung führte er an und besetzte ihre Posten, er und nur er erhob Steuern, erklärte Krieg, schloss Frieden, verlieh Privilegien oder zog sie ein. *Gloire*, den Ruhm Frankreichs und also den eigenen, gab er als erstes Staatsziel aus. Ludwig war das In- und Urbild eines Herrschers im Zeitalter des Absolutismus, und doch brachte gerade seine Zeit mit Charles de Montesquieu jenen Staatstheoretiker hervor, der solch unumschränktes Gebaren mit einem Gegenentwurf durchkreuzte. Im Rechtsstaat, wie er ihn skizzierte, ruht die Gewalt auf drei voneinander unabhängigen Säulen: auf einem Organ der Gesetzgebung; auf Kräften, die jene Gesetze vollziehen; und auf den Instanzen der Rechtsprechung. Diese längst sprichwörtliche Teilung der Gewalten, vor 270 Jahren postuliert, gilt in freiheitlichen Staaten bis heute. Der schon erwähnte Artikel 20 unseres Grundgesetzes zitiert Montesquieu beinah wortwörtlich.

Nebenbei: Was ist das eigentlich – ein Staat? Auch der lässt sich durch drei Säulen beschreiben, auf denen er ruht. Der bedeutende österreichische, 1911 gestorbene Staatsrechtler Georg Jellinek deutete ihn als gesellschaftliches Gefüge, in dem ein Staatsvolk auf einem Staatsgebiet zusammenwohnt und von einer Staatsgewalt gelenkt wird. Nicht eben leicht lässt sich solch ein Gebilde durch die Gewitter und Wandlungen der Zeiten steuern. Jellineks deutscher, genau hundert Jahre nach ihm verewigter Kollege Helmut Quaritsch sah das „Handeln nach Staatsräson" denn auch an einen „Konfliktfall" gebunden: Wenns Spitze auf Knopf gehe, müssten die „Staatsinteressen allen anderen Rechtsgütern und Interessen vorangestellt und für ihre Durchsetzung notfalls die Rechtsordnung und die allgemeinen Moralitätsregeln durchbrochen" werden. Hört man da, auch wenn Quaritsch Einschränkungen macht, nicht neuerlich Machiavellis rigorose Stimme heraus? Staatsräson aus solchem Blickwinkel zu definieren, könnte dazu verführen, den besagten „Konfliktfall" voreilig oder bedenkenlos auszurufen. Als sich Europas Nationalstaaten im neunzehnten Jahrhundert zunehmend voneinander abkehrten, waren sie mit derlei Proklamationen zunehmend rasch bei der Hand. Mit dem Triumph über Frankreich 1871 sah sich Deutschland als Nation vollendet: Otto von Bismarck rief – hämisch in Ludwigs XIV. Riesenschloss Versailles – das Kaiserreich unter Wilhelm I. aus. Später arbeitete dessen Enkel Wilhelm II. klirrend der wachsenden Rivalität unter Europas Nationen zu, indem er plärrend nach „Weltmacht" für seinen blühenden Staat verlangte: ein Staatsziel des Irrsinns. Unbedacht konfliktbereit, stolperten die Nationen wie „Schlafwandler" (Christopher Clark) in den Ersten Weltkrieg, der als vielberufene „Urkatastrophe des 20. Jahrhunderts" (George F. Kennan) den Anlass des Zweiten Weltkriegs gleich mit in sich trug – den Keim für die Mutter aller Kriege, den Konflikt an sich.

Unverhohlen bildete Krieg das Kernstück der nationalsozialistischen Staatsräson. Von jüdischen und slawischen, zumal bolschewistischen „Untermenschen" sah Adolf Hitler die Existenz und Entfaltung seines Wunschvolks arischer Herrengeschöpfe angefochten. Das konnte er nicht zulassen. Die millionenfach tödliche Vernichtungsdoktrin des kläffenden „Führers" ging Hand in Hand mit dem unbedingten Anspruch auf „neuen Lebensraum im Osten und dessen rücksichtsloser Germanisierung". Noch im politischen Testament vom Tag vor dem Selbstmord schwor der Tyrann seine „Gefolgschaft ein zur peinlichen Einhaltung der Rassegesetze und zum unbarmherzigen Widerstand gegen den Weltvergifter aller Völker, das internationale Judentum". Ein Extrembeispiel der Staatsräson von abstoßender Ununterbietbarkeit; dennoch: Keinesfalls dürfen wir es uns erlauben, Hitler und Himmler, Goebbels und Göring mitsamt der übrigen braunen Brut durch eine *damnatio memoriae* aus der kollektiven Erinnerung verschweigend auszuradieren; dies Mittel, das schon bei den Venezianern des Jahres 1355 im Umgang mit ihrem missliebigen Dogen nicht verfing, steht uns erst recht nicht zu Gebote. Der Schoß ist fruchtbar noch ...; und wieder. Dies Bewusstsein hat bleibend unsere Staatsräson zu bestimmen: Einen grassierenden Rechtspopulismus gebar der Schoß bereits.

5

„Nicht der Krieg, sondern der Frieden ist der Ernstfall, in dem wir alle uns zu bewähren haben": Das hat auch der in Kaisers Zeiten aufgewachsene Gustav Heinemann, der dritte Bundespräsident unserer Republik, von dem die Bemerkung stammt, erst lernen müssen. Versuchen wir also, die Staatsräson in menschlichere Begriffe zu fassen – etwa so, wie es der Bonner Jurist und Rechtshistoriker Mathias Schmoeckel tat.

Ausgehend von der Abschaffung der Folter in Europa argumentierte er strikt, die Humanität verbiete es der Staatsräson, „den Menschen zum Mittel staatlichen Handelns zu machen". Eine gemeinverträglich-fürsorgliche „Vernunft" habe idealerweise über Staatenlenker und ihre Realpolitik zu regieren. Letzteres sahen freilich schon Niccolò Machiavelli, seine Befürworter und Gegner in Renaissance und Aufklärung so. Anders als sie aber kommt Schmoeckel nicht umhin, in seinem Konzept die fatalen Erfahrungen des zwanzigsten Jahrhunderts mit all dem bis dato ungekannten Massenleid durch Krieg und Verfolgung zu beherzigen. Aus ihnen sind zumindest die Europäer einigermaßen klug geworden: In die Staatsräson der meisten Länder auf dem Kontinent hat sich inzwischen ein Bekenntnis zum Internationalismus zwingend implementiert. Aus Gräbern und Ruinen stieg in ihnen die Einsicht in die Notwendigkeit vereinten Handelns auf, um als freiheitlich-demokratische Rechts- und Wohlfahrtsstaaten zu bestehen – und zwar in einem Verbund.

Anachronistisch gewinnt zurzeit in den USA wie in Russland, in Polen und Ungarn, in der Türkei und im Großbritannien nach dem „Brexit" neuer Nationalismus an Boden. Aber zur Serenissima, wie das alte Venedig, taugt heute kein Einzelstaat mehr. Für „allerdurchlauchtigst" sollten wir bestenfalls das Haus Europa halten. Eine Dauerbaustelle, womöglich sogar ein ewiger Rohbau; und doch imponiert es als epochale Konstruktion. Folglich weichen souveräne Staaten ihre veralteten Auslegungen der Staatsräson auf und treten je einen Teil ihrer Souveränität dem gemeinsamen Ganzen ab. Ausgerechnet Deutschland und Frankreich gingen hierbei voran: Sie begruben ihre fast tausendjährige Erz- und Erbfeindschaft und legten mit der Montanunion von 1951 den Grund für unsere Europäische Union – ein Vorgang von glattweg singulärer „Nachhaltigkeit". Indes muss die Krise der EU in unseren Tagen jedes Mitgliedsland mahnen, beharrlich mit den kollektiven Pfunden weiter zu wuchern, statt sie der wuchernden Eigennützigkeit zum Opfer zu bringen.

Berufen wir uns darum auf das „Bewegungsgesetz", das der eingangs zitierte Friedrich Meinecke für den Staat und sein Handeln formulierte. Der Historiker erließ das Gebot, politisch für „Gesundheit und Kraft" des dynamischen Gemeinwesens zu sorgen. Längst betrifft die Direktive nicht mehr nur den je eigenen, den einzelnen Staat; im Zeichen von Kontinentalisierung und Globalisierung betrifft sie stets die Staaten- und Völkergemeinschaft mit. Entsprechend zeitgemäß legte Theo Sommer, langjähriger Herausgeber der Wochenzeitung DIE ZEIT, Meineckes 1924 ersonnene Definition aus: In der Staatsräson, schrieb er 1996, „verschmelzen das Nützliche und das Sittliche, das Zweckmäßige und das Erstrebenswerte, das Tunliche und das Ideale: In ihr vollzieht sich der Ausgleich zwischen den Wünschen und den Möglichkeiten der Politik, zwischen nationalen Zielvorstellungen und internationalen Konstellationen." Und Sommer stellte unserer „Berliner Republik" simple, gleichwohl richtungsweisende Grundfragen für eine gegenwarts- und welttaugliche Auffassung von Staatsräson: „Wofür und wogegen stehen wir? Was sollen wir tun? Was müssen wir lassen", um „zwischen Wünschenswertem und Möglichem, [zwischen] Interessen und Risiken, Zwecken und Mitteln einen neuen Pegel deutscher Normalität" festzulegen? Darauf muss jeder Tag neue Antworten finden.

„Nachhaltige" Antworten fordert die Zukunft, solche, wie sie 2007 die damals 27 Mitgliedstaaten der EU im Vertrag von Lissabon gegeben haben. Die Zukunft verlangt nach einer europäischen Räson, nach verbindlichen Regeln, durch die sich Nationen und Völker verbinden über äußere Grenzen und innere Widersprüche hinweg. Im Artikel 2 nennt der Vertrag die Werte „Menschenwürde, Freiheit, Demokratie" beim Namen, sodann „Gleichheit, Rechtsstaatlichkeit und die Wahrung der Menschenrechte einschließlich der Rechte der Personen, die Minderheiten angehören". Die Gebote der Stunde heißen „Pluralismus, Verzicht auf Diskriminierung, Toleranz"; dadurch habe sich – so der Vertrag – die europäische Gesellschaft auszuzeichnen, und ebenso durch „Gerechtigkeit, Solidarität und die Gleichheit von Frauen und Männern".

Nicht mehr nach Niccolò Machiavellis Plan einer Autorität jenseits von Gewissen und Moral, sondern nach einer praktikablen realpolitischen Vernunft sieht solche Liste aus. Wenn wir uns bei der Erfüllung jener Pflichtaufgaben nicht verheben wollen, bietet sich als territorialer Spielraum zuallererst Europa an. Angela Merkels Staatsziel, auch den Nahen und Mittleren Osten im Blick zu halten und an der Seite Israels treu auszuharren, müssen wir Deutschen darum nicht verwerfen.

Aber wir brauchen nicht dem Irrtum aufzusitzen, es sei unser geeintes Europa, was wir „am Hindukusch verteidigen".

Völkerschlacht oder Völkerbund

Europa als Mythos und Idee

1

Wenn der Krieg der Vater aller Dinge ist, dann gehört der Frieden zu seiner illustren Kinderschar.

Im Jahr 2020 jährte sich zum 75. Mal der Augenblick, da letztmalig Länder Europas Waffenstillstand schlossen, die zuvor um jeden Preis gegeneinander ins Feld gezogen waren. Tief genug kann gerade unter uns Deutschen die Demut, groß genug unsere Dankbarkeit nicht ausfallen angesichts einer Periode der Verständigung, die bereits mehr als zwei Generationen umfasst. In der Geschichte unseres Landes und in jener Europas sucht sie ihresgleichen. In der Welt gab es so etwas kaum je.

Vor gut 200 Jahren prallten Länder Europas in der größten Schlacht aufeinander, in der sich Menschen bis dato zerfetzten: in einer „Völkerschlacht". Erst der Erste Weltkrieg sollte den grausigen Rekord übertreffen. Leipzig, 16. bis 19. Oktober 1813: Ein Höhepunkt (und wie sich herausstellen sollte: nur ein erster) war dies Gemetzel. Zuvor hatten die Intellektuellen der deutschen Länder die Frage erörtert, ob der unaufhaltsame französische Kriegsherr Napoleon Bonaparte mit seiner Armee ein Besatzer oder nur ein Oberaufseher über autarke Territorien sei. Und sie waren zum Schluss gekommen. In geharnischten REDEN AN DIE DEUTSCHE NATION rief der Philosoph Johann Gottlieb Fichte seinen Landsleuten zu, sie möchten nicht zulassen, dass der Usurpator neben dem Körper auch den Geist des Deutschen „niederbeugt, unterwirft, in die Gefangenschaft bringt". Liebe zu Deutschland legte sich negativ fest: als „Franzosenhass". Die Vernichtung der *grande armee* 1812 in Russland durch die Verschleppungstaktik der Verteidiger und durch ihren Winter gab endlich das Aufbruchssignal. Im März 1813 wandte sich der preußische König Friedrich Wilhelm III. „An mein Volk" und rief „Preußen und Deutsche" zu den Waffen: Damit erscholl die Fanfare für die „Befreiungskriege". Ein gutes halbes Jahr danach prallten in Sachsen 205 000 Soldaten der Heere Preußens, Russlands, Englands, Schwedens und Österreichs auf 190 000 Krieger Frankreichs und seiner Verbündeten. Napoleon konnte, wie aus Russland zuvor, entkommen. Doch im Frühling 1814 marschierten die Alliierten in seinem Paris ein; die deutschen Staaten des von ihm gegängelten Rheinbunds sagten sich los; nur noch die Abdankung blieb ihm. Seine Herrschaft über Europa war zu Ende, fortan sollte ihm das Eiland Elba genügen. Dass er dort nicht bleiben mochte, dass er wiederkam und 1815 sein Waterloo erlebte, bezeichnet nur den – freilich noch einmal mit Leichenbergen bezahlten – Epilog seiner Epoche.

Im Frieden haben es siegreiche Staaten schwerer als im Krieg, „Größe" zu zeigen. Das kollektive Gedächtnis hielt das gigantische Treffen von Leipzig als Ereignis von europäischem Rang fest, zugleich als Auskunft über die Gräben, die Europa durchzogen. 1913, als – gerade noch! – Ruhe in Mitteleuropa herrschte, wurde in Leipzig das Völkerschlachtdenkmal geweiht, unter den allerhöchsten Augen des säbelrasselnden Kaisers Wilhelm II. Ein 300 000 Tonnen schweres Monstrum: im Lande das größte seiner Art, 91 Meter oder 364 Stufen hoch, „ein kolossaler Tempel für Tod und Freiheit in Europa". So fasst heute das Stadtgeschichtliche Museum in Leipzig die Intention des Mammut-Monuments treffend zusammen. Denn damals stand es für den Appell, dass es „süß und ehrenvoll" sei, „fürs Vaterland zu sterben", und dass jeder Ehrenmann gefälligst lieber den Tod zu erleiden als die Freiheit preiszugeben habe. Heute dient es dem Gedenken an die Toten der Kriege und steht, in besagter 75-jähriger Friedensphase, etwas arg trutzig dafür, dass Freiheit nur dort blühen kann, wo kein Krieg herrscht. Längst dient das Denkmal nicht mehr als Schandmal für die weiland übertrumpften Franzosen, sondern als eins für alle Völker des Kontinents, als Mahnmal für Franzosen und Deutsche, Briten und Italiener, Schweden, Spanier oder Griechen gleichermaßen. Heute, wo das gemeinsame Gedeihen vom gemeinschaftlichen Wirtschaften abzuhängen scheint, lohnt es, Europas als eines alten und modernen Mythos zu gedenken, als einer Idee, die es verdient, statt durch millionenfachen Tod mit Freiheit erfüllt zu werden.

2

Blickte einer aus dem Weltall unvoreingenommen auf Europa herab, er könnte leicht den Eindruck gewinnen: Viel ist es nicht damit. Gerade mal acht Prozent der globalen Landmassen umfasst es; nur Australien fällt unter den Kontinenten als Festland noch weniger ins Gewicht. Einen Kontinent – vom lateinischen *continens*, zusammenhängend – darf man Europa, ruhigen Gewissens, im Grunde nur darum nennen, weil es mit dem Koloss Asien zusammenhängt. Als dessen Halbinsel läuft es, überreich zerklüftet und von Inseln begleitet, im Westen aus. Dort, an den Küsten Portugals, Frankreichs, Irlands, begrenzt der Atlantik den Erdteil. Im Süden rückt, bei der Meerenge von Gibraltar, Afrika zu ihm auf Tuchfühlung auf, im Osten scheidet der Bosporus, die Meerenge von Istanbul, haarfein Europa von Asien. Weit gewaltiger, und aus dem Weltall besser sichtbar, tun dies das Kaspische Meer und das Uralgebirge in Russland. Vom Nordpolarmeer bis zu den mediterranen Klimata im Süden, von Flach- und Tiefland bis zu Hochgebirgen reicht landschaftlich das Spektrum. Auch in mancherlei anderer Hinsicht zeigt sich Europa als Raum der Vielfalt; oder, um es politischer auszudrücken, des Pluralismus; oder, um es mit Worten der Kunst zu sagen, als Komposition von der Kleinteiligkeit eines Mosaiks. Das drückt sich im Nebeneinander seiner zahlreichen Verkehrssprachen aus: Fünfzehn bis zwanzig erklingen in seinem engen Rahmen – in den Riesenräumen der USA und Russlands, Chinas oder Indiens gilt, weitgehend, eine einzige. Eine europäische Sprache wiederum, das Englische, stieg zur Weltsprache auf.

Europas Geschichte beginnt, soweit Sagenhaftes in Betracht kommt, mit einer fast sodomitischen Szene brachialer Brünstigkeit. Und sie beginnt mit einem hübschen Mädchen, dem der Erdteil seinen Namen verdankt. Für jene Schöne entflammte in den mythischen Zeiten des alten Griechenlands kein Geringerer als Zeus selbst. Für sie, die Tochter des an der östlichen Mittelmeerküste, im heutigen Libanon und in Syrien regierenden Phönizier-Königs Agenor, wurde der Obergott zum Stier; so präpotent näherte er sich der Jungfrau, als sie mit Freundinnen am Strand spielte. Hingerissen von der ungeschauten animalischen Pracht, scheute sich Europa nicht, auf dem Rücken der Kreatur aufzusitzen – staunte dann aber nicht schlecht, als die sie behände ins Meer trug und mit ihr, eine Nacht und einen Tag schwimmend, die Gestade Kretas gewann. Dort gab Europa sich ihrem Entführer mit Leidenschaft hin, freilich erst, nachdem er, den Gesetzen des Anstands genügend, die Tiergestalt abgestreift und sich als himmlischer Mann vorgestellt hatte. Von den drei Söhnen der beiden war einer, der mythische Minos, zum König der Insel Kreta geboren. So verweist die fiktive Familiengründung auf eine reale Wurzel der kontinentalen Entwicklung: Die bronzezeitliche minoische Kultur, im dritten und zweiten Jahrtausend vor Christus, gilt als erste Hochkultur Europas. Das blühte später okzidental als „Abendland" auf, dem Morgenland, dem Orient, nicht allein kartografisch gegenüber, auch ein Gegner: zwischen dem riesigen Festland und der Halbinsel, zwischen Asien im Osten und dem westlichen Anhängsel verläuft die dünnste der Grenzen Europas.

3

Europa – das ist der Name, erstens, eines Kontinents, der geografisch höchstens zur Hälfte einer ist. Es ist, zweitens, der Begriff für eine politische Utopie. Und es ist, drittens, eine reale Notwendigkeit: kein Irrtum, wenn auch voller Fehler.

Aus asiatischen Wurzeln wuchs das Christentum auf, das, über Jahrhunderte sich verbreitend, dem politischen Gebilde Europa zu einer Hülle verhalf. Völkerwanderungen schufen seine Population. Sprachen, genauer: Sprachfamilien bildeten und bilden die Bänder der Kommunikation: die romanischen Sprachen, die germanischen, die slawischen. Auf ihrem Boden wuchs Europa, dieses nur vag konturierte asiatische Zubehör und nachgeordnete Endchen, zu einem besonderen Zivilisationsraum empor. Denn wenn etwas den Kontinent zusammenhält, dann der gemeinsame Ursprung seiner Kulturen.

Eigensinn, Vorurteile, Vorbehalte trennten seine Teile, so wie heute Währungs-, Schulden-, Flüchtlingskrise das bedrohen, was das Mosaik im Innersten zusammenhält. Als Einheitsraum behauptete sich Europa insofern, als die Gemeinsamkeit des religiösen Bekenntnisses die Grenzen der Staaten überbrückte, trotz Feindseligkeit und Feldgeschreis. Von den orthodoxen Kirchen, vom „oströmischen" Byzanz setzte sich die römisch-katholische Christenheit etwa ab dem Jahr 1000 ab, spirituell und kulturell, philosophisch und politisch. Eine mächtige Verwerfung: Immerhin hatte Hellas, das Griechenland der Antike, dem Kontinent das Licht einer hochmögenden Vernunft und klassischen Kunst aufgesteckt und das Modell der Demokratie vorgeführt. Wiewohl nicht auf direktem Weg: Vermittelt hat uns all dies das Imperium Romanum, auch wenn sich das aufsteigende Rom im Windschatten der alten Griechen irgendwie nachrangig ausmacht. Aber freilich breitete es, als Republik und als Kaiserreich, vom fünften vor- bis zum fünften nachchristlichen Jahrhundert seine Daseinsweise, seine Fernstraßen und nicht zuletzt seine Schrift immer raumgreifender aus, über den Mittelmeerraum, die iberische Halbinsel und Gallien zunächst, dann, zur Zeit der größten imperialen Ausdehnung, an Donau und Rhein rührend und in Britannien.

Auf ein und dasselbe Fränkische Reich gehen das heutige Frankreich und Deutschland zurück. Unter Karl dem Großen alias *Charlemagne* erreichte es seine weiteste Macht und Ausbreitung und bezog bereits eindeutig antiorientalisch und antiasiatisch Stellung: Denn die begehrlich westorientierten Mongolen galt es abzuwehren und die Mauren zu vertreiben; immerhin ihre Zahlen behielten wir hier. Ans Römische und ans Fränkische Reich schloss das Heilige Römische Reich – mit dem späteren Zusatz „deutscher Nation" – ideell an. Fünfhundert Jahre nach der Katastrophe Westroms nahm es für etwa fünfhundert Jahre die führende Rolle auf dem Kontinent ein; und sah sich sodann von Frankreich abgelöst. Zu einer Zeit geschah dies, da sich humanistische Denker, Dichter und Bildkünstler anschickten, das geistige Erbe der vom Mittelalter verdunkelten Antike wiederzubeleben: eine Epoche der Aufklärung im fünfzehnten und sechzehnten Jahrhundert, eine Renaissance, Wiedergeburt, die, regional unterschiedlich nach Grad und Art, den Erdteil insgesamt betraf und ihn diesseitig beim Namen Europa nannte, ohne dabei zwingend das Christentum zu bemühen. Und allerdings zerriss der Kontinent zugleich durch die Reformation, die Spaltung der einen römischen Kirche in widerstreitende Konfessionen.

Als Abfolge von Blutbädern setzte der Kontinent seinen Erdenweg fort, während sich in ihm die Schwergewichte aufs habsburgische Spanien, aufs englische Inselreich verschoben. Über Handels- und Pilgerwege, durch Missions- und Besiedelungswellen strömten Gedankengut, Güter, Lebensart Europas weit hinaus. Mit den Kreuzzügen gegen den Islam, dann im Zeitalter der Entdeckungen erleuchtete und verdunkelte der Einfluss des „alten" Kontinents durch Epochen hindurch weite Teile der Welt, der „Neuen" zumal, indem Spanien und Portugal, England, Frankreich und die Niederlande verzweigte Kolonialreiche als großflächige Einflusssphären erwarben. Unter ihrer Herrschaft standen einst bis zu 85 Prozent der Weltbevölkerung; in Mittel- und Südamerika nahmen die Menschen, vielfach unfreiwillig, aber für alle Zukunft, den christlichen Glauben an, dem die Afrikaner etwa zur Hälfte angehören. Doch jene Imperien sahen sich, aufgerieben in immer schärferen Konflikten, allesamt dazu verurteilt, wieder zu erlöschen. Die historisch bedeutendsten Folgen zeitigte der Verlust der englischen Transatlantik-Kolonien und, im Gefolge, die Gründung der Vereinigten Staaten von Amerika. Insgesamt zog sich jener Auflösungs- und Verselbstständigungs-Prozess bis in die zweite Hälfte des zwanzigsten Jahrhunderts hin. Dann sah sich Europa wieder auf sich verwiesen. „Vereinigte Staaten von Europa" als Vision hat der französische Schriftsteller Victor Hugo übrigens schon 1850 als Erster in Worte gefasst.

Noch ein Rückblick – aus anderer Warte. Bevor Deutschland und Europa jeweils den halben Globus in zwei Weltkriege rissen, hatte bereits ein Krieg, der Dreißigjährige, als eine Art Weltkrieg die Völker verheert. In der Folge bauten sich zunächst Frankreich, dann das königlich gewordene Preußen und das Russland der Zaren zu Großmächten auf – bis im Nachklang der Großen Revolution von 1789 der Imperator und Imperialist Napoleon Bonaparte daran ging, alle Länder Europas in Satelliten der *grande nation* zu verwandeln und ihnen, zwischen Strömen von Blut, Schweiß und Tränen, das Siegel der französischen Aufklärung aufzuprägen.

Mit den Befreiungskriegen, mit der Leipziger Völkerschlacht und dem Finale im Jahr darauf bei Waterloo zersetzte sich Frankreichs Hegemonie. Vergleichbar gab mit und nach dem Ersten Weltkrieg Europa seine Hegemonie in der Welt drein. Greifbar wurde eine globale Föderation friedliebender Partner mit dem 1920 gegründeten Völkerbund. Doch der Zweite Weltkrieg, als bislang furchtbarstes Unglück für den Kontinent, schnitt ihn mit einer Grenze von bislang ungekannter Undurchlässigkeit entzwei: Die Blöcke diesseits und jenseits des Eisernen Vorhangs, der Kalte Krieg zwischen Demokratie und sozialistischem Totalitarismus bildeten die Spaltung der Welt insgesamt ab. In den Vereinten Nationen setzte sich das Völkerbund-Modell global verbessert fort, und indem aus der Montanunion die EWG, aus der Europäischen Gemeinschaft die Europäische Union erwuchsen, verschob sich auf dem Kontinent der Blick von der ökonomischen Kooperation immer stärker auf die Notwendigkeit einer gemeinsamen Außen- und Friedenspolitik. Doch auch nach dem Fall der Berliner Mauer und dem Untergang der Sowjetunion war es zumindest dem unterentwickelten Osteuropa nicht beschieden, Ruhe zu finden. Während sich in der Mitte Europas die Staaten wirtschaftlich und politisch immer enger als Gemeinschaft definierten, schoss andernorts ein altertümlicher Nationalismus ins Kraut. Die Schrecken des Krieges, denen Deutschland seit einem Dreivierteljahrhundert entgeht, blieben im sich aufsplitternden Jugoslawien erschütternd präsent.

4

Wenn auch von den Weltmächten allein die Vereinigten Staaten als Führungsmacht übrig blieben (wobei China immer entschlossener in dem Vordergrund drängt), wenngleich Menschen und Institutionen, Völker und Staaten sich zunehmend enger vernetzen – unser Weltbild, auf unserem Erdteil, sieht sogar im Zeichen der Globalisierung reichlich eurozentrisch aus: Europa hat mit dem Englischen der Welt eine allseits geläufige Sprache gestiftet; es hat allen Kontinenten die Namen gegeben, zuallererst sich selbst. Lange hielten die Europäer ihren Teil des Globus für seinen Nabel und ihre jeweilige Nation für die erste vor den übrigen.

Europäisch denken aber heißt, sich von der stolzen Idee des auserwählten Nationalstaats zu verabschieden. Das Beharren auf ihr führt in die Konfrontation; indes bedarf die Begründung Europas – und die ist beileibe nicht erst eine Idee der jüngstvergangenen Jahrzehnte – der Integration. Das heißt, zu erkennen und anzuerkennen, in welch enger Abhängigkeit voneinander die Nationen existieren. Zur Rückgliederung soll die Integration führen. Zwar soll sie die Brüche zwischen den Mosaiksteinen des Kontinents nicht verleugnend übertünchen; aber sie soll die Steine passgenau feilen, anpassungsbereit und -fähig bis zur Unzertrennbarkeit. Den „Mythos" Europa als nicht durchweg rationales, jedenfalls bislang verschwommenes Leitbild eines kohärenten, innerlich zusammenhängenden Kontinents müssen wir eine Utopie nennen. Doch keineswegs träumen wir mit ihr offenen Auges einem Trugbild, Luftschloss, Wolkenkuckucksheim hinterher, sondern blicken in eine Zukunft, die uns selbst heute, im Zeichen der mancherlei Krisen, wünschenswert sein muss.

Vor jene Utopie hat die Geschichte die Mythen der Nationen gesetzt. Nicht in fernen Vergangenheiten, sondern während der vergangenen zweihundert Jahre haben sie sich gebildet. Unsere stolzen Legenden wie die von der Varusschlacht im Teutoburger Wald des Jahres 9, als Hermann der Cherusker die Römer unter ihrem Feldherrn Arminius bezwang, als gälte es, ein für alle Mal eine germanische Identität zu erschaffen, sie sind Produkte vornehmlich des neunzehnten, teils noch des zwanzigsten Jahrhunderts. Derlei Ereignisse der historischen Wirklichkeit, umgemünzt in chauvinistische Fiktionen, kennen die anderen Staaten ganz genauso: Die Franzosen, um beim nachbarlichen Beispiel zu bleiben, erzählen die Geschichte von Jeanne d'Arc, die als gepanzerte Heilige über die Engländer siegte und ihnen dennoch zum Opfer fiel, als vaterländische Ideologie weiter; Russland fabelt von seinem Zaren Peter dem Großen, wie ihn Wissens- und Fortschrittsgier inkognito durch Europa treibt; die Schweiz verklärt den Rütlischwur; und England die Zerstörung der Armada, die das habsburgische Spanien gierig in den Ärmelkanal sandte.

Das lehrt uns, dass die Geschichte vor den modernen Nationalstaat das Nationalbewusstsein gesetzt hat – als zunächst unbehausten, eigensinnig streunenden, hitzig streitsüchtigen Nationalstolz, mit dem sich das eine Volk dem anderen überlegen glaubt. Heute müssen und sollen und dürfen uns viele der Mythen befremden, verdanken sie sich doch partikularistischem Hochmut, dem Dogma der Exklusivität, dem Drang nach Absonderung. Aber dem Drang nach legitimer Selbstbestimmung in einem Flechtwerk aus gleichen Gewichten verdanken sie sich auch: Immer handeln solche Konstrukte davon, wie sich Unterdrücktes von Oktroyiertem losmacht. Die Idee der Freiheit, der Autonomie des Einzelnen, des allgemeinen Menschen- und Bürgerrechts haben zwar erst die Vereinigten Staaten umfassend formuliert und verwirklicht – und nicht viel später wieder in Grund und Boden getreten –; aber sie ist, als Frucht der Aufklärung, eine europäische Idee.

Nach den balkanischen Erschütterungen der Neunziger scheint die Staatenbildung auf dem Kontinent zwischen Gibraltar und Kleinasien vorerst wieder abgeschlossen; und Woche für Woche aufs Neue erweisen Tagesereignisse der Politik, wie schwer uns Deutschen und unseren Nachbarn der Abschied vom Denken in Grenzen noch fällt. An Motiven zur Abschottung fehlt es ja nicht: Zwar halten, zum Beispiel, Deutsche und Franzosen voreinander nicht mehr die Tür zu; doch im Zeichen des ungelösten Asyl-Problems, der Völkerwanderung der Migranten, der in der Historie beispiellosen Flüchtlingsströme lockt die Versuchung die Länder, sich gemeinsam in der „Festung Europa" zu verschanzen. Für Wagenburgen aber ist kein Platz mehr im 21. Jahrhundert.

Unterm Kreuzungspunkt der sich imaginär über den Kontinent legenden Windrose liegt, als denkbare Mitte, Deutschland. Einst die Osthälfte des karolingischen Frankenreichs, sieht es sich zum Bindeglied zwischen den slawischen und den romanischen Völkern und den Ländern im Norden berufen. Wir Nachfahren der Generationen, die Europa in zwei Weltkriege zerrten, sehen uns seitens der Vergangenheit gehalten, uns als Gewährsleute der Zusammenführung zu bewähren, nicht abermals durch verbrecherische Einverleibung, sondern als Mittler der Einigung. Europa als Völkerbund konkretisiert sich in Brüssel und Straßburg; Europa als Idee muss einen seiner wegweisenden Kristallisationsorte hier, im (trotz allem) freiesten Land auf deutschem Boden, behalten. Patrioten dürfen wir sein: sofern wir Patrioten jene nennen, die das Eigene lieben; Nationalismus verbietet sich uns: Denn er hasst das Fremde. Dann können wir einheimische Skeptiker, großmäulige EU-Madigmacher und verarmte Beitritts-Aspiranten davon überzeugen, dass Europa mehr ist als Euroland, mehr als ein aktuelles Krisengebiet und mehr als ein Schuldenberg, mehr als ein Vorposten Amerikas und mehr als ein Rettungsschirm. Dann dürfen wir mit Fug und Recht den Raumfahrer-Blick aus dem All wagen – und erkennen: Europa ist ein Teil zur Welt.

5

Geschichtstermine: Auch Deutschland, auch Europa hat sein *nine-eleven* – nämlich seinen neunten Elften. In Wien starb an diesem Tag des Jahres 1848 Robert Blum unter der Gewehrsalve eines kaiserlich-königlichen Exekutionskommandos, das den Republikaner, Demokraten, März-Revolutionär und Abgeordneten der Paulskirche damit zum Märtyrer eines gesamtdeutschen Parlamentarismus erhob. An diesem Tag des Jahres 1918 erklärte in Berlin Reichskanzler Max von Baden auf eigene Faust den Kaiser Wilhelm II. für abgedankt, und Friedrich Ebert debütierte als Reichskanzler der ersten deutschen Republik. An diesem Tag des Jahres 1923 versuchten Adolf Hitler und Erich Ludendorff in München ihren Putsch. An diesem Tag des Jahres 1938 ließ das Novemberpogrom im „dritten" Deutschen Reich keinen Zweifel daran, welcher „Endlösung" die Nationalsozialisten die europäischen Juden zuzuführen gedachten. An diesem Tag des Jahres 1989 verkündete Günter Schabowski versehentlich vor der Presse die Öffnung der DDR-Grenzen, so dass Willy Brandt endlich zusammenwachsen sah, „was zusammen gehört". Lauter deutsche Daten, die für kontinentale Geschichtstermine stehen.

Auch der Oktober 1813 mit der Leipziger Völkerschlacht ist so eines; aber auch der 6. August 1791, als in Berlin das Brandenburger Tor sich zum ersten Mal auftat. Ausdrücklich „Friedenstor" hieß es in seinen frühen Jahren, und der Bildhauer Johann Gottfried Schadow krönte die Architektur 1793 mit einer Quadriga, deren Hauptfigur – ursprünglich mit Lorbeerkranz – er sich wohl als Friedensengel dachte. 1806 entführte Napoleon das Gespann aus dem unterworfenen, machtlosen Preußen nach Paris, von wo es wiederum nach der Niederlage des Imperators als „Retourkutsche" zurückkehrte. Kein Völkerschlachtdenkmal, aber ein Völkerdenkmal gibt das Berliner Bauwerk, weitaus liebenswürdiger in seinem eleganten Klassizismus, ab: Am 22. Dezember 1989 passierten Menschen aus der Bundesrepublik wie aus der DDR erstmals nach 28 Mauerjahren wieder dieses Tor. Noch heute kaum zu glauben: Sie erschlossen es als Durchlass zwischen dem Westen und Osten Europas.

Das meiste geht nicht verloren, es verändert sich nur

Einige Schlaglichter auf den Begriff Tradition

1

Man stelle sich eine unendliche Geschichte vor. Ein Mann, nicht mehr jung und noch nicht alt, erlebt den Aufbruch zu einer Art Reise in die eigene Vergangenheit wie einen Blitzschlag. Der Ich-Erzähler in Marcel Prousts Monumentalroman AUF DER SUCHE NACH DER VERLORENEN ZEIT stippt eine Madeleine in eine Tasse Tee – und schlagartig eröffnet ihm der Geschmack des aromatisch befeuchteten Sandtörtchens eine Welt der Erinnerungen, die verschlossen schien: Auf Teestunden bei der alten Tante besinnt er sich, wo er besagtes Gebäck auf dieselbe duftige Weise genoss, auf feine Leute und ländliche Landschaften seiner Kindheit. Das Vergessen ist vorbei, Erinnern heißt Wieder-Erleben, ein „unerhörtes Glück", das kein Ende nimmt; bei Proust buchstäblich: Es dauert 4200 Buchseiten lang.

Wer sich so erinnert, wird seiner selbst gewahr, macht sich sein Inneres bewusst, vergewissert sich, indem er sein früheres Selbst ins Gedächtnis ruft, als wären es Geschichten eines anderen. Freilich erleben wir dergleichen nicht willenlos wie einen Traum: Wir vergleichen, was wieder ans Licht kommt, mit unserer Gegenwart. An einer Wegstrecke sehen wir uns angelangt, die irgendwoher kommt und irgendwohin weiterläuft. Wir lernen, der Meinung Mephistos in Goethes FAUST zu widersprechen, es sei „alles, was besteht, wert, dass es zugrunde geht". Stattdessen stimmen wir dem anderen Weimaraner, Friedrich Schiller, zu, der in seinem WILHELM TELL weise bestätigt: „Es ändert sich die Zeit, und neues Leben blüht aus den Ruinen."

Was die Erinnerung zutage fördert, hat seinen Sinn nicht als unbeweglich-tote Reminiszenz, sondern, wie bei Marcel Proust, als Vorgang fast wie auf dem Theater. Es ist lebendig, und es ist dynamisch: Es wirkt verändernd fort; und es verändert sich selbst. Dafür, dass aus den Hinterlassenschaften früherer Zeiten Bleibendes blühe, sorgt die Tradition.

2

Fragen wir zunächst nach der Lebendigkeit der Erinnerungen. Sie haben noch mehr mit dem Morgen zu tun als mit dem Gestern und Vorgestern: Wir verwerten Erinnerungen in Form von Erfahrungen, um, indem wir aus ihnen klug genug werden, eine sinnvolle Zukunft zu entwerfen – für uns wie für andere. Denn „der Einzelne erinnert sich, aber er bleibt nicht allein damit" (Etienne François, Hagen Schulze). So ist, was wir an Andenken und Gedenken in uns bewahren, in gewissem Umfang Teil des Gruppengedächtnisses.

Und das schafft sich Erinnerungsorte. „Symbolische Figuren" nennt sie Jan Assmann: „Das kulturelle Gedächtnis richtet sich auf sie", weil es sie als „Fixpunkte der Vergangenheit" deutet. Materielle oder immaterielle Erinnerungsorte können das sein: ein Denkmal ebenso wie ein Roman, übergroße Persönlichkeiten ebenso wie zeichenhafte Geschehnisse, die Preußen-Königin Luise ebenso wie „Ich stehe hier, ich kann nicht anders", Begriffe nicht anders als Bauten, Beethovens NEUNTE so gut wie das evangelische Pfarrhaus, die Varus-Schlacht ... Solche *topoi*, kollektiv bestätigte Gedächtnisinhalte mit dem Ruf markanter Einzigartigkeit, konnten nur entstehen durch Prozesse der Vereinfachung und Verallgemeinerung, Verklärung und Ideologisierung. Das haben sie mit den ganz persönlichen Erinnerungen eines jeden von uns gemein: Denn unser Gedächtnis dokumentiert ja keine objektiven Fakten hieb- und stichfest in einem abgeschirmten Speicher, sondern ist die Zentrale unserer Subjektivität; woran wir uns erinnern, ist ein Konstrukt, ein Vermeintes und oft genug Erfundenes, das nicht selten auf Irrtümern und Verwechslungen beruht und indirekt immer zugleich auf Vergessenem, Verdrängtem. Je älter wir werden, desto stärker ändern sich unsere Erinnerungen mit uns.

Je älter eine Kultur wird, desto stärker verändert sich ihr kollektives Gedächtnis. In unseren Traditionen stellen wir das fest: an dem, was über die Zeitläufte auf uns gekommen ist und was wir davon aufheben. An zwischenmenschlichen Gebräuchen erkennen wirs und am volkstümlichen Brauchtum, an unserer Verbundenheit mit sogenannter guter alter Zeit. Von irgendwann eingeübten Ritualen wollen wir lange nicht lassen, die bis in die Kleindetails jedes einzelnen Lebens zu verfolgen sind und vom Zu-Bett-geh-Spielchen der lieben Kleinen bis zu der unverwechselbaren Art und Weise reichen, wie einer sich die Pfeife stopft, den Pullover anzieht, die Zeitung oder ein Buch zu lesen beginnt. Moden wie Trachten sind Traditionen – und belegen bekanntlich aufs Augenfälligste, wie unbedingt der Wandel zu ihnen gehört: Was erhielt sich denn von den Kleiderordnungen, Etikette-Vorschriften, Förmlichkeiten und Höflichkeits-Mustern aus der feinen Welt Marcel Prousts, die vor noch nicht einmal 120 Jahren zugrunde ging?

Zwar erscheinen Konventionen bis hin zum Protokoll eines Hofes oder zur Zeremonie unverrückbar tradiert. Und doch sind sies immer nur eine Zeit lang: zeigen sich doch scheinbar eherne Regelwerke wie gottesdienstliche Liturgien oder der Große Zapfenstreich, der Komment von Reitern, Jägern, Burschenschaftern oder die Initiation als Freimaurer mancherlei Metamorphosen unterworfen. Schleichend, darum weniger greifbar, gleichwohl fortwährend zersetzen sich Normen und Moralvorstellungen, Sitten, Werte – sie zersetzen sich, weil andere sie ersetzen. Nichts von alldem also bleibt unverändert. Das Wenigste davon sollten wir für unverzichtbar halten.

3

Tradition kann mithin nicht anders überdauern als dynamisch – als Prozess: als etwas, das vorangeht, darum als Vorgang; als etwas, das nicht stehen bleibt, sondern fortschreitet, darum: als Fortschritt. Als Gegenbild hierfür taugt der Staffelstab beim Staffellauf: Der verändert sich nicht, wenn ein Läufer ihn dem anderen in die Hand drückt. Verhielte es sich mit der Erinnerung ebenso, wäre unsere Rückschau wortwörtlich nur Rück-Griff, das Hüten eines Nachlasses, dessen man irgendwie habhaft wurde, und Erbe wäre nichts als ein toter Rest.

Das Wort Tradition kommt vom Lateinischen *tradere* her, was übergeben bedeutet, überliefern, ausliefern, mitteilen. Nun aber sollte, im günstigen Fall, eine Generation der nachfolgenden das Ihre nicht bedenkenlos auf Gedeih und Verderb ausliefern, sondern es ihr zu guten Händen übergeben. Das setzt Vertrauen voraus, auf Seiten der Geber wie der Empfänger. Was uns von unseren Müttern und Vätern mitgeteilt wurde, sollen wir, als übernehmende und wahrnehmende Einzelne, mit anderen teilen, mit der Gemeinschaft, der Gesellschaft. Aus der Vergangenheit übernehmen wir das Tradierte, um es in der Gegenwart für uns und für das Gemeinwohl fruchtbar zu machen und um damit, sozusagen vor der Zeit, an der Zukunft mitzuwirken, aufbauend, steuernd. Als Glieder einer Kette, als Etappen einer unabsehbaren Wegstrecke hoffen wir, das Morgen einigermaßen berechenbar zu gestalten für jene, die nach uns kommen. Denn für sie und ihre Welt tragen wir längst die Verantwortung.

Soweit das Ideal. In der prosaischeren Wirklichkeit ist Zukunft immerhin „die Vergangenheit, die durch eine andere Tür wieder hereinkommt", wie das Geflügelte Wort sagt. „Ohne Herkunft keine Zukunft", postulierte der Philosoph Odo Marquard griffig. Im selben Atemzug darf man den Filmregisseur François Truffaut herbeirufen, der präzisierte: „Man kann niemanden überholen, wenn man in seine Fußstapfen tritt." Denn stets gilt – um eine Trias gescheiter Zitate zu vollenden –, was der englische Gelehrte Thomas Morus vor fünfhundert Jahren mit angemessener Würde als Gebot erließ: „Tradition ist nicht das Festhalten der Asche, sondern die Weitergabe der Flamme."

4

Das redensartliche kurze Gedächtnis reicht dazu nicht aus. Erst das kulturelle Gedächtnis verknüpft die Generationen – schafft kulturelle Identität, die sich noch nie hat von oben verordnen lassen. Denn Tradition wächst nicht empor als

Abwehrmauer gegen den Fortschritt, sondern macht ihn als Brücke begehbar. Indem wir von einer Etappe des Weges zur nächsten wandeln, wandeln wir uns. Derjenige missbraucht die Tradition, der, als Traditionalist vor allem Neuen angststarr verharrend, sie gegen den Lauf der Zeit und ihre Entfaltungen, auch ihre vorteilhaften, ausspielt.

Dies lehrt uns freilich, dass von uns beim Umgang mit Traditionen Sichtung und Auswahl verlangt ist: gewissenhafte Trennung des Weizens von der Spreu; Einsicht ins Verkehrte, auch wenn es uns längst lieb und teuer wurde; charakterliche Redlichkeit und die Durchsetzungskraft, uns angesichts des Guten für das Bessere zu entscheiden und auch vor Zweiflern darauf zu bestehen.

Überlieferung: Der Begriff verweist nicht zuletzt, durchaus im geistes-, im geschichtswissenschaftlichen Sinn, auf Quellen, Zeugnisse, Belege für die Richtigkeit einer Reform, auf den Nachweis, den wir für die Brauchbarkeit einer Veränderung finden und heranziehen. Tradition erfordert mithin stets auch Interpretation: Einschätzung, Abwägung, Deutung. Und die wandelt sich von Generation zu Generation. Woran wir als Einzelne und als Epochenmenschen uns erinnern, woran wir festhalten, steht nicht unverrückbar fest: „Jedes Zeitalter", wusste Heinrich Heine, „bekömmt neue Augen."

5

Ohne Herkunft keine Zukunft. Das bewusst wahrgenommene Herkommen garantiert noch kein Davonkommen – als ob es genügte, im Lauf der eigenen und der miterlebten allgemeinen Geschichte Gefahren nur auszuhalten, Unglücken zu entgehen, einfach am Leben zu bleiben. Wenn Tradition uns auffordert,

‚das Beste daraus zu machen', so kann das nur im Weiterkommen gelingen. In der Geschichte der Gesellschaft heißt Fortschritt, was wir in der biologischen Geschichte des Lebens Evolution nennen – ein Reifen, Sich-Entfalten und Sich-Ausbreiten der jeweils tauglicheren Variante. Durchaus dürfen wir das so verstehen, wie es Hermann Hesse in seinem berühmten Gedicht STUFEN unübertroffen beschrieb: Dem Leser, der seines Lebens inne wird, empfiehlt der Dichter darin, zum „Abschied und Neubeginne" bereit zu sein, „um sich in Tapferkeit und ohne Trauern / in andre, neue Bindungen zu geben. / Und jedem Anfang wohnt ein Zauber inne."

Evolution schreitet durch Mutationen voran, durch zufällige Umgestaltung von Erb-Gut. Nicht also die Regeln allein, ebenso die Ausnahmen sind des Bedenkens und, bei erwiesener Tauglichkeit, des Bewahrens wert: die Abweichungen von der Norm, die erweiterten Möglichkeiten und Neu-Entwürfe. Und sogar Umwege auf den Stufen der Entwicklung kommen vor, auf denen Abbruch und Umbruch, Umkehr oder gar Umsturz unvermeidlich zur Entfaltung gehören – die Revolution statt der Evolution: die krasseste, allerdings auch seltenste Ausnahme von der Regel.

Theodor Fontane, offen für die radikalen Umbrüche in der Kunst seiner Zeit, im Politischen allerdings alles andere als ein Revoluzzer, lässt in seinem Altersroman DER STECHLIN den Landadeligen Dubslav, sein lebensabendliches Selbstporträt, resümieren: „Das Alte, soweit es Anspruch darauf hat, sollen wir in Ehren halten, für das Neue aber sollen wir recht eigentlich leben." Für den rechten Umgang mit der Tradition heißt das Zauberwort: Anverwandlung. Wir sind gefordert, die Vergangenheit durch Erinnerung zu vergegenwärtigen, uns das überkommene Fremde zu eigen zu machen und das Übernommene zu einem Besitz, den wir unsererseits (und noch zu

Lebzeiten) guten Gewissens weitergeben. Tradition bedeutet nicht Feindschaft gegen den Wandel, sondern, im Gegenteil, die Bereitschaft, Veränderung schöpferisch zu wagen: rücksichtsvoll, weil vorsichtig, vorausschauend, darum zukunftstauglich.

Die faule Ausrede also gilt nicht: Das haben wir schon immer so gemacht. Aber der Satz: Wir bleiben dabei, denn es hat sich bewährt – der hat Anspruch, gehört zu werden. Das Bewährte: das ist das erfolgreich Erprobte, das in seinen Qualitäten Erkannte. Dies allein lässt sich fortentwickeln. Den Zeitläuften hat das Bewährte nicht ohne das Bedürfnis nach Erneuerung getrotzt – vielmehr hat eingehender, umsichtiger und differenzierender Gebrauch durch viele Menschen es geschmeidig gehalten, um auf immer neue Erfordernisse immer neuer Epochen zu antworten.

Im Bewusstsein der Tradition leben ist ein Agieren, das sich zur einen Hälfte aus Re-Agieren speist und zur anderen aus Risikobereitschaft.

6

„Tradition ist Schlamperei": So lautet das bekannteste Diktum aus dem Mund Gustav Mahlers.

Den Zukunftsmusikern gesellte sich der große Symphoniker durchaus zu; doch hielt er nicht viel von vergröbernden Überzeugungen, mit denen etliche es sich leicht machen in einer Welt immer diffizilerer Zusammenhänge. Auf seine Zeit als Wiener Opernreformer geht der Ausspruch zurück: Da nahm der Dirigent Mahler als Regisseur bei Proben zum beethovenschen FIDELIO Anstoß an der einfallslosen Weise, wie die Gefangenen ihren Kerker als Haufen verließen. „Dies

Stück", maulte der Chordirektor zurück, „wird bei uns nun mal aus Tradition so gesungen." Und Mahler, barsch: „Was Sie Tradition nennen, ist nichts als Ihre Bequemlichkeit und Schlamperei."

Tradition gibt sich mit Epigonentum und billiger Nachahmung nicht zufrieden, nicht mit Einerlei und Monotonie, Plagiat und Schmuck aus fremden Federn. In Gustav Mahlers Musik – mit ihren Klangbildern aus der Kindheit, der Natur, der Nacht, aus einer zärtlich wachgerufenen Romantik, einem vorsätzlich naiv imaginierten Jenseits –, in ihr feiert sich das Erinnern als Wieder-Erleben, wie bei Marcel Proust, dem nicht enden wollenden Romancier. Klassische Stilmuster nahm Mahler ebenso in seine Tonsprache auf wie Klangzaubereien des Impressionismus, folkloristische Liedweisen ebenso wie Ausbrüche in die Atonalität; weihevolle Momente inszenierte er und ließ zugleich platte Musik-Spielarten zu, denen die „hohe" Tonkunst sich zuvor verweigert hatte. So stecken in der Modernität dieses beispielhaften Tonsetzers viele Züge, mit denen wir seit den Achtzigerjahren des vergangenen Jahrhunderts die Postmoderne charakterisieren: eine Verwertung und Durchmischung, Anwendung und Ausnutzung des Tradierten – so etwas wie Recycling; wörtlich bedeutet der Begriff nichts anderes als: die Wiedergewinnung von Brauchbarem aus einem Kreislauf heraus.

Zwischen heute und morgen

Wir werden, was wir sind und waren

Erinnerung als Wegweiser in die Zukunft

Erinnern Sie sich? Der Schreiber dieser Zeilen weiß es noch, als wär es gestern gewesen: Im Bad wusch er sich Gesicht und Hände, da stand unvermittelt seine damals 14-jährige Tochter Nina in der Tür, reichlich fassungslos, und berichtete, im Radio wiederhole sich die Meldung, wonach sich soeben zwei Verkehrsflugzeuge in die Türme des World Trade Centers gebohrt hätten. Wahrscheinlich besinnt sich in der zivilisierten Welt fast jeder darauf, wo er sich gerade aufhielt und womit er sich beschäftigte, als er am 11. September 2001 die Hiobsbotschaft empfing. Ebenso gehen uns die Medienbilder nicht aus dem Kopf: ein Trümmerbergmassiv zwischen New Yorks Wolkenkratzern, Manhattan als Schauplatz der Apokalypse. Von 2006 an wuchs hier ein 541 Meter hoher „Freiheitsturm" empor; nicht aber er, sondern die Unheilsstätte selbst, *ground zero*, wird die Menschen fortan überall auf Erden der Terrortat gedenken lassen: ein internationaler Erinnerungsort. Einen Straßenzug entfernt hat sich die St. Paul's Chapel mit ihren offiziellen Memorabilien und persönlichen Andenken an die Toten zum nationalen Erinnerungsort gewandelt.

Jenes folgenreiche Schreckensdatum zählte, zum zehnten Mal wiederkehrend, 2011 zu den herausragenden Gedenktagen. 2012 lag der Geburtstag Friedrichs II. von Preußen dreihundert Jahre zurück, im Jahr darauf erinnerte sich die Kulturnation an die vor zweihundert Jahren entbrannten Befreiungskriege gegen Napoleon; sie feierte die 200. Geburtstage der Komponisten Wagner und Verdi; und die nordbayerische Literaturszene stand Kopf, weil das Wunsiedler Geburtstagskind Jean Paul zum 250. Wiegenfest umjubelt werden wollte.

1

Immer mehr verengt sich das Fenster, durch das wir das Jetzt wahrnehmen; immer rascher wird zu Geschichte, was wir eben noch greifbar erlebten. Immer höher türmen sich Fakten-, Ereignis-, Erinnerungsmengen auf, die wir zu sichten und zu ordnen, zu deuten und zu dokumentieren, zu archivieren haben. Wie und wo halten wir, jeder für sich, das Kommende und Gehende fest? Wo legen wir – mitkreiselnd im Strudel gesellschafts- und machtpolitischer, kultureller, technischer, ethischer Veränderungen – den geistigen Finger auf fixe Punkte, die noch Orientierung erlauben?

Mit gewaltigen elektronischen Datenspeichern, gar mit aufgeblähten digitalen Cumuluswolken-Gebilden, Daten-*clouds,* behelfen wir uns, mit dem Internet, das nichts vergisst, mit Bildersammlungen und Fotoalben, mit Lehr- und Tagebüchern ... Mit Museen auch: Weit über hundert Millionen Besuche werden jährlich gezählt: über hundert Millionen Abruf-Vorgänge des kollektiven Gedächtnisses. Im Kino, mehr noch in der Unterhaltungsliteratur wuchern, mal authentisch aufbereitet, mal aufgedonnert im modern-mythischen Fantasy-Kostüm, historische Stoffe. Parallel dazu boomen im Fernsehen die „History"-Formate.

Und doch warnen manche Wissenschaftler seit Jahren, dass seriöses geschichtliches Wissen in der Bevölkerung unausgesetzt schwinde. Vornehmlich als zusammenhangloses Einzel-Event, aus relativierenden Kontexten herausgerissen und reißerisch herausgeputzt, oder als krudes, gläubig Eingeweihten geoffenbartes Narrativ von weltumspannenden Komplotten vermöge Historie die konsumierende Masse an sich zu fesseln, so als Verschwörungserzählung in den zehn Jahre nach *nine-eleven* publizierten ‚Enthüllungsbüchern' von Mathias Bröckers und Christian C. Walther oder von Gerhard Wisnieswki. Wenn das zutrifft, besteht Grund zur Sorge. Aufklärung tut not: Warnung vor Unmündigkeit.

Das ist eine Position.

Eine andere weiß sie durchaus zu schätzen, die ‚runden' Jubiläen – jene mit einer Null oder zwei oder drei Nullen am Ende der Zahlen. Sie passen in den *memory boom*, in die Hochkonjunktur des kollektiven Gedächtnisses, wie ihn Geschichts- und Gesellschaftswissenschaftler seit den vergangenen Achtzigerjahren beobachten. Wirklich lässt solche Gedenktags-Feierpraxis skeptische Nachfrage zu. Denn die Geschichte selbst ist ja keine „runde Sache". Jahreszahlen sind zufällige Daten, die für sich genommen nichts aussagen über das Gewicht eines Ereignisses, den Stellenwert einer Persönlichkeit, den Moment einer Zeitenwende. Und doch liegt Gutes in ihnen. Denn Daten mit der kreisähnlichen Null am Ende schaffen immerhin die reizvolle Einbildung, es kreise das Chaos der Menschen und Geschehnisse in sich, es gebe immer mal einen reinigenden Schlusspunkt, nach dem es überschau- und berechenbar „mit eins" wieder anfängt.

Natürlich verhält es sich anders: Geschichte geht weiter und wiederholt sich nicht. Gleichwohl versinnbildlicht jene irreale Vorstellung den realen Umstand, dass das Heute in einem Verhältnis zur Historie steht. Wer sich aus ‚rundem' Anlass für einen Augenblick auf einen Augenblick der Vergangenheit konzentriert, der lernt, das eigene Bild in der Gegenwart zu befragen und immer neu zu entwerfen. Wer sich – und sei es bei beinah beliebiger Gelegenheit – mit Stationen des Gestern auseinandersetzt, begreift auch das Heute als Station auf dem Weg in die Zukunft. Geschichte ist kein Fach, das in der Schule spielt.

Und schon gar kein langweiliges: In der Bundesrepublik blüht eine Erinnerungskultur. Indes fällt dabei auf, dass das, worauf die Menschen sich kollektiv besonders innig besinnen, hinter negativen Vorzeichen steht: der Nationalsozialismus, der Massenmord an den Juden, der ostdeutsche Wechsel von der einen, braunen Diktatur in die nächste der DDR, das Spitzelsystem der „Staatssicherheit". Noch an die unblutig geglückte Revolution von 1989 denken wir zurück als an die Abschaffung eines verwerflichen Regimes. Seit den späten Sechzigern haben wir Deutschen uns beim Erinnern nicht geschont; ausgerechnet ein Brite, der bedeutende Historiker Peter Watson, lobt uns dafür – und rügt uns, weil wirs übertreiben: In seinem Buch DER DEUTSCHE GENIUS VON 2010 klagt er, zahllose ehrwürdige deutsche Namen und aufbauende Errungenschaften seien „aus historischen, nicht zuletzt mit Krieg und Völkermord verbundenen Gründen im vergangenen halben Jahrhundert unbeachtet geblieben oder aus kollektivem Bewusstsein und Gedächtnis gelöscht worden".

2

Das deutet auf Grundsätzliches hin. Beim Gedächtnis – dem kollektiven wie dem persönlichen, autobiografischen – haben wir es mit etwas sehr Bruchstückhaftem und mit etwas nachträglich Konstruiertem zu tun. Gedächtnis ist der Erinnerungsort in unserem Gehirn, ein verwirrender Apparat aus Nervengeweben, worin wir Kenntnisse und Fertigkeiten, Ideen und Gefühle speichern mitsamt ihrem Sinn und ihren Beziehungen. Erinnerung – so heißt das Verfahren, jene Daten aus unserem Innern als kleinere oder umfassendere, zerstreute oder verzahnte Mengen abzurufen.

Paradoxerweise gemahnt uns das kleine Gehirn an die Unausmesslichkeit des Sternenhimmels: hundert Milliarden Nervenzellen (mindestens) vereint unser zerebraler Kosmos in sich – hundert Milliarden Fixsterne (mindestens) kreisen um das Zentrum unserer Heimatgalaxis. Zugleich ans Weltmeer gemahnt uns das Gehirn: Vom einen wie vom anderen haben wir Menschen kaum fünf Prozent erkundet. Den Neurobiologen blieb, ihrer unermüdlichen Forschermühen ungeachtet, die Technik des Wunderapparats unter unserem Schädeldach bislang ein Riesenrätsel. Sie belauern, messen und berechnen Gedächtnisleistungen im Gehirn; jedoch können sie dort keine bestimmte, fest umrissene Region als Sitz des Erinnerungsvermögens benennen. Auch, wie das, was sich da messen lässt, entsteht, sich fortpflanzt und entfaltet, liegt im Dunkeln. Fest steht: Mathematisch strukturiert wie ein Computer, der strikt mit Einsen und mit Nullen rechnet, funktionieren Gehirn und Gedächtnis nicht. Um Vergangenes zu vergegenwärtigen, ruft die Erinnerung keineswegs immer zielgerichtet Informationen ab – wie etwa ein Schüler Jahreszahlen der Geschichte oder fremdsprachliche Vokabeln –; ihre Methode ist, in mindestens gleichstarkem Maß, die freie Assoziation, der Geistesblitz.

Eine ungemein kreative Methode. Zugleich freilich mag in ihr der Grund dafür liegen, dass wir, umgekehrt, leicht uns täuschen lassen und uns selber täuschen, dass wir irren – und dass wir vergessen, und zwar das allermeiste, das uns widerfährt. Weder über das, was wir zugriffbereit im Gedächtnis behalten, entscheidet unser freier Wille, noch darüber, was wir verlieren, was uns entfällt. Die verantwortliche Instanz hierfür sitzt wiederum im Gehirn selbst: Aus der Dutzendware des Alltäglichen wählt es das wenige Wesentliche aus und macht es dingfest; dafür verwirft oder verdrängt es massenhaft, was ihm für entbehrlich, gleichgültig oder peinsam gilt. Aber bleibt es nicht doch irgendwo erhalten? Merkwürdigerweise tauchen scheinbar vergessene Belanglosigkeiten, aufgeweckt vielleicht durch ein Geräusch, einen Geruch, durch ein unverdächtiges Wort, nach Jahren und Jahrzehnten wieder empor aus einem Speicher, dessen Fülle und Fassungsvermögen wir nicht erahnen. Beides, Vergessen und Erinnern, jeweils im Übermaß, kann den Menschen als Krankheit treffen: entweder als Demenz; oder als „Inselbegabung", als „Savant-Syndrom": Der populärste unter den davon Betroffenen, der 2009 gestorbene Kim Peek, soll den Inhalt von 12 000 Sachbüchern Seite für Seite im Gedächtnis behalten haben; sein Manko dabei: Für simpelste Verrichtungen des Daseins, um sich zu ernähren und anzukleiden, war er auf Hilfe anderer angewiesen.

3

Stets ist Erinnerung, sofern sie greifbar, begreifbar werden soll, an Sprache gebunden. Nur was einer in Worte, in Begriffe fasst, steht seinem Bewusstsein dauerhaft zur Verfügung; *seinem* Bewusstsein. Das eines anderen mag mit demselben Datensatz ganz anders verfahren. Zwei Menschen, zu Zeugen eines gleichzeitig erlebten Ereignisses aufgerufen, werden nie dieselbe Geschichte davon erzählen. Poetisch räumt denn auch der sonst eher sachliche Popularphilosoph Richard David Precht ein, es lasse sich trefflich „darüber streiten, ob die Welt aus Atomen aufgebaut ist oder aus Geschichten".

Durch autobiografische Erinnerungen wird Leben zur Lebensgeschichte – zu etwas zwar letztlich Fiktivem, das aber zwischen der allumfassenden Wirklichkeit und dem Einzelnen vermittelt, indem es das Individuum in die Gemeinschaft, das Private ins Öffentliche, die Erzählung des Einen in die Erzählung aller einpasst. Sprache ist der Schlüssel – erst recht zum kollektiven Gedächtnis: Es hängt ab von der Kommunikation, vom Austausch zwischen Menschen, von Verständigung und Einverständnis. Kollektive Erinnerung ist Erinnerung an Gemeinsames, das Angehörige einer Gruppe, Gesellschaft, Nation miteinander teilen, indem sie es einander mitteilen. Kollektive Erinnerung bildet den gemeinsamen Nenner einer von vielen oder doch den meisten gefühlten Identität. In der Schöpfung stehen wir Menschen damit einzig da. Der Kulturwissenschaftler Harald Melzer bezeichnet uns als „Wesen, die aus der langsam verlaufenden biologischen Evolution herausgetreten sind, indem sie einen ungeheuer effizienten Entwicklungsbeschleuniger eingeführt haben: die kulturelle Weitergabe von Erfahrung und Wissen".

Ohne Gedächtnis keine Identität: Ein Fünfzigjähriger mag kaum noch Ähnlichkeiten feststellen können zwischen sich und dem fünfjährigen Kind, das er war; und doch verknüpft das sich erinnernde Ich das Einstige seines Lebens mit dem Jetzigen und projiziert es ins Künftige hinein. Als Ergebnis kommt Selbst-Bewusstsein heraus: Ich bin, wer immer ich war und der ich sein werde. Nicht anders findet ein Volk, eine Nation zu sich: Sie bestimmt ihre Gegenwart und ihre kommenden Möglichkeiten gemäß ihrer Geschichte, also nach dem, was ihr und der Welt im Lauf der Zeit widerfuhr, was Vorfahren davon aufzeichneten, wie Autoritäten es deuteten.

Das individuelle Gedächtnis, so postulierte der französische Soziologe Maurice Halbwachs, sei stärker von der Gegenwart als von der Vergangenheit bestimmt. Als einen „Ausblickspunkt" auf das Gedächtnis der Gruppe beschrieb er das Gedächtnis des Einzelnen. Beim Blick auf unsere gemeinsame Geschichte begreift jeder von uns, dass alle Dinge beständig fließen, dass auch vermeintlich ewige Werte keinen festen Bestand haben und dass allein *ein* Faktum Unveränderlichkeit beanspruchen darf: der Umstand, dass alles sich wandelt. Wir Menschen mit unseren schwankenden Maßstäben sind keine Macher, sondern allenfalls Mitspieler der Geschichte, Material und Zwischenergebnis eines Entwicklungsprozesses, über dessen Ausgangs- und Endpunkt Philosophen, Theologen, Künstler seit jeher spekulieren. So gesehen, sagen Geschichte und Erinnerung voraus, was die Zukunft als Einziges unbestreitbar bringen wird: die Endlich- und Vergänglichkeit des Menschlichen und Irdischen.

4

Darf uns gerade in krisenhaften Zeitläuften wundern, dass wir nach Griffen suchen, uns daran festzuhalten? So wie die ‚runden' Jubiläen helfen dabei die Erinnerungsorte, wie sie seit den 1980er- und frühen 1990er-Jahren zunehmend ins Interesse der Historiker rückten und seither zu einem besonders anschaulichen Paradigma ihrer Wissenschaft wurden. „Ort" ist dabei nicht geografisch gemeint. Der Franzose Pierre Nora beschrieb 130 solcher *lieux de mémoire* in der Kultur seiner Heimat und erklärte sie als Orte, „an denen sich das Gedächtnis der Nation in besonderem Maße kondensiert, verkörpert oder kristallisiert hat". Die Herren den Boer, Duchhardt, Kreis und Schmale, die 2012 ein dreibändiges Werk über EUROPÄISCHE ERINNERUNGSORTE herausgaben, sehen in ihnen „Punkte im Ablauf der Geschichte, an denen sich positiv oder negativ besetzte Erinnerung breiterer Schichten verfestigt und eine Idee von einem gemeinsamen Erbe entstehen lässt". Und Etienne François und Hagen Schulze, in ihrem gleichfalls dreibändigen Kompendium über DEUTSCHE ERINNERUNGSORTE von 2001, zitieren den Kulturwissenschaftler Jan Assmann: Der nannte sie, am griffigsten, „Fixpunkte in der Vergangenheit, die im kulturellen Gedächtnis zu symbolischen Figuren gerinnen".

Demnach können Erinnerungorte Städte und Stätten sein wie Bayreuth oder Weimar; wirkliche Personen wie Wagner oder Goethe; fiktive Gestalten wie der Doktor Faust oder Sprachkunstwerke wie Goethes Tragöde über ihn; Grab-, Denk-, auch Schandmäler wie die Berliner Mauer; Ereignisse wie Flucht und Vertreibung; Lebenswelten wie das protestantische Pfarrhaus; Rituale wie Weihnachten; technische Errungenschaften wie der VW-Käfer oder die Antibabypille; Momente wie der Feierabend ...

Wahrscheinlich liegt in den Erinnerungsorten beschlossen, was Johann Gottfried Herder bereits im klassischen Weimar ersehnte: ein „Band", welches das Volk „bindet wie der Ganges die Inder". In ihnen äußert sich die Idee eines gemeinsamen Erbes mal im Guten, mal im Schlechten, kaum je mit der Hoffnungslosigkeit des Holocaust oder des 11. Septembers. Geschichte, als Wegweiser nach vorn, taugt für uns Menschen nur als feste Größe, wenn es sich für uns lohnt, auf sie zurückzuschauen. Erinnerungsorte berichten vom Menschen: wie er war und wie er wurde, was er ist. Wir suchen jene Orte auf, indem wir von ihnen erzählen – weil gewiss die Geschichte und vielleicht sogar die Welt nicht aus Atomen, sondern aus Geschichten besteht.

Der Albtraum der Offiziere

**Worin Frieden besteht
und was man besser nicht dafür hält**

Stolz dürfen wir sein auf die Errungenschaften unserer Zivilisation, aber nur so lange, wie wir bereit sind, sie infrage zu stellen. Wer an Zahlen glaubt, wird auf so manche bezifferbare Blamage im Rahmen dessen stoßen, was wir Fortschritt nennen. Etwa auf diese: Im Verlauf der vergangenen 3500 Jahre schaffte es die Menschheit nicht, länger als alles in allem 250 Jahre lang Frieden auf Erden zu halten. Welcher Quelle der Journalist Roland Detsch dies immer mal wieder zitierte Statistik-Detail verdankt, behält er zwar für sich; dennoch dürfen wirs für gut möglich halten; auch, dass die über achttausend Friedensverträge aus besagten dreieinhalb Jahrtausenden, statt Recht und Ordnung nachhaltig herzustellen, bereits nach durchschnittlich zwei Jahren in den Flammen neuer Kriege aufgingen. Häufiger als Kriegsbeile und Schwerter werden Pflugscharen begraben, und mag man, um mit Mark Twain zu sprechen, auch leicht vergessen, „wo man die Friedenspfeife vergraben hat, so vergisst man doch nie, wo das Beil liegt". Sollte also, wo wir doch meinen, alles immer besser hinzubekommen, ausgerechnet das Schlimmste, die Friedlosigkeit, als anthropologische Konstante unheilbar sein wie eine Krankheit zum Tode?

1

Dabei gehts uns gut. Nirgends leben die Menschen friedlicher als hier, in Mitteleuropa. Seit 75 Jahren hat kein Krieg mehr unsere Heimat heimgesucht; bis das Coronavirus die Wirtschaft übermannte, brummte sie, mal mehr, mal weniger, und der Wohlstand blüht trotzdem noch immer. Dennoch jammern wir? Allen Schlechtrednern hielt 2018 ein Buch des STERN-Reporters Walter Wüllenweber schon im Titel eine FROHE BOTSCHAFT entgegen: Biete die Verfassung der Welt auch gewiss keinen Grund zum Jubeln, so sei es uns doch niemals besser gegangen. „Die vergangenen Jahrzehnte", schreibt Wüllenweber, „waren die besten in der Geschichte des *homo sapiens.*"

Hoffentlich bleibts so. Kein Mensch von Verstand kann sich Krieg wünschen. Nicht anders dachten unsere Vorfahren vor gut vierhundert Jahren. Dennoch schlidderten sie in einen Dreißigjährigen Krieg, in das bis dato verheerendste Völkergemetzel auf dem Kontinent. Allein fünf Jahre brauchten die Kombattanten, um die Fleischwölfe schließlich wieder anzuhalten. 1618, 1648: An beide Daten und die unsagbaren Schrecken dazwischen erinnerten 2018 massenhaft Medien und Bücher, obendrein fünf Ausstellungen in Münster; dort und in Osnabrück wurde 1648 Frieden geschlossen nach schier end- und beispielloser Gewalt.

Vergleichbares erdulden heute die Menschen in Syrien und Afghanistan, im Jemen und Irak, in einem knappen Dutzend Staaten Afrikas, in der Ukraine oder Myanmar: Sie erdulden den Untergang ihrer Welt. Für Waffengänge aller Art gehen zurzeit bis zu fünfzehn Billionen Dollar jährlich in Rauch auf – eine Summe, die reichen sollte, die drängendsten Ernährungs-

und Energieprobleme des Globus und die Corona-Folgen zu lösen. Gehts uns noch gut? Wie soll Frieden werden?

Woher kommt „Frieden": das Wort? Vom althochdeutschen *fridu* leitet es sich her und bedeutete einst gegenseitige Schonung; auch die Freiheit gehört ins sprachgeschichtliche Begriffsfeld. Demnach ist Frieden, wo er denn herrscht, Folge des allgemein menschlichen Strebens nach Sicherheit in einer Gemeinschaft. Kein „Naturzustand", wie Immanuel Kant unterstrich: Frieden muss „gestiftet" werden. Gegen Übergriffigkeiten zwischen Menschen wie zwischen Völkern hilft wirksam nur die Bereitschaft, Streitfälle gewaltfrei zu lösen. Wer sein Gärtchen vor Vandalen und Verlusten schützen will, umfriedet es mit einem Zaun. Wollen wir in Frieden gelassen werden, müssen wir uns nach außen als verträglich erweisen – im Reihenhaus wie in der Politik. Und wir müssen zufrieden sein: Zahllos bewies die Geschichte, wie eng der äußere Frieden eines Landes am Frieden in seinem Inneren hängt.

Eine friedliche Welt, so spottete der US-Schriftsteller Norman Mailer, sei der „Albtraum der Offiziere": Zumindest den Falken und Kriegstreibern, Warlords und tatendurstigen Einzelkämpfern entziehen Abrüstung und Entspannung, Versöhnung und Vertrauen die Grundlagen ihrer Existenz. Man muss, anders als Kurt Tucholsky, einen Soldaten nicht gleich einen „Mörder" schimpfen. Wer aber den kampfbereiten Beruf aus Überzeugung ergreift, erklärt sich mit drei Zumutungen einverstanden: im Ernstfall so viele Menschen wie möglich zu töten oder zu verstümmeln; sich selbst töten oder verstümmeln zu lassen; und den Augenblick, an dem es dazu kommt, so weit wie möglich hinauszuzögern. Ein jeder, eine jede stelle sich die Frage: Will ich das wirklich?

Dabei reichen die Abwesenheit von Krieg, Drohung, Außendruck nur für „ein bisschen Frieden" im Lande: In solch

„negativem" Frieden liegt bestenfalls die halbe Wahrheit. Der „positive" Frieden, andererseits, erwächst aus „Recht und Ordnung" – womit wohlgemerkt nicht die beschönigende Umschreibung spießbürgerlicher Wagenburgmentalität gemeint ist; vielmehr gründet er, wenn wir beides, Recht und Ordnung, beim Wort nehmen, auf allgemeinverbindlichen Normenkanons und transparent geregelter Öffentlichkeit. Dann erfüllt er sich – „positiv" – in einer Sicherheit, derentwegen in Ländern und ihren Bewohnern die Menschen- und Bürgerrechte gedeihen können, Wertschätzung, Bildung und Lebensglück, Teilhabe am gesellschaftlichen, politischen, wirtschaftlichen Leben und an der Natur. Kurz: So kann ein Frieden blühen, der uns in die Lage versetzt, „nachhaltig" zu handeln – das heißt: in einer Weise mit der Schöpfung zu verfahren, dass wir sie, und in ihr eine zukunftstaugliche Zivilisation, lebenswert und lebensfähig an unsere Nachkommen weitergeben können.

2

Demütig sollten wir anerkennen: Wir in Mitteleuropa genießen jene Vorzüge weitgehend – eine „frohe Botschaft" ganz im Sinn des STERN-Autors Wüllenweber. *Evangelium* nennt, in genauer Übersetzung, die Bibel ein derartiges Heilsversprechen: wörtlich übersetzt „gute Nachricht". Im Neuen Testament gibt die Heilsbotschaft des bergpredigenden Jesus allen Friedliebenden eine „Goldene Regel" an die Hand, wie sie auch die meisten anderen Religionen und spirituellen Bewegungen ganz ähnlich kennen: „Was dir übel erscheint, tu deinem Nächsten nicht an. Wovon du wünschst, dass es andre dir tun, das tue du allen" – so formulierten bereits die alten Assyrer das Gebot Jesu lange vor ihm. Als Jahreslosung für 2019 schrieb die Ökumenische Arbeitsgemeinschaft für Bibellesen den Christen einen Vers aus dem 34. Psalm ins Stammbuch: „Suche Frieden und jage ihm nach." Sie passt wahrlich in jedes Jahr.

Umgekehrt, so versichert uns die Bibel, verheißt uns Gott seinerseits den Frieden. Allerdings wissen wir nicht so recht, wer seiner teilhaftig werden soll. Zwar lässt der Evangelist Lukas in seiner anmutigen Weihnachtsgeschichte ein ganzes Heer singender Boten aus dem Himmel zur Erde fahren, das lobpreisend das ewige Mitbringsel des frischgeborenen Heilands benennt; doch je nach Übersetzung sieht das fragliche Ding ein wenig anders aus. Gilt, dem griechischen Urtext folgend, der Friede als gute Gabe von oben nur jenen Menschen, die nach Gottes „Wohlgefallen" geraten sind? Oder haben, indem wir die lateinische *VULGATA* zurate ziehen, generell alle Menschen, die „guten Willens" sind, etwas davon? Oder soll jener Friede, in Martin Luthers Übertragung, „den Menschen ein Wohlgefallen" sein, sozusagen ein allerhöchstes Pläsier?

Wie dem auch sei: Die zwei Pakte, die Gott in der Heiligen Schrift mit den Menschen schließt, sind explizit als Friedensbündnisse zu verstehen. Exklusiv erklärt Jahwe im „alten Bund" der jüdischen Bibel das Volk Israel zu seinem ureigenen, von ihm wohlweislich auserwählten Volk; „ich werde", lässt er durch den Propheten Ezechiel verkünden, „mein Heiligtum für immer mitten unter ihnen errichten". Sofern sein Volk den göttlichen Geboten willfährt, wird sich jener ewige Frieden alltäglich spiegeln als Groß- und Sanftmut, Nachsicht und Einmütigkeit auch zwischen den Menschen. Aus jeder scharfen Waffe, heißt es bei Jesaja, werden sie eine Pflugschar schmieden und aus jeder Lanze ein Winzermesser. So erschaffen sie eben jene Werkzeuge, die auf Feldern und Rebhügeln gebraucht werden, um das Wachstum von Korn und Trauben zu fördern. Im Neuen Testament dann treten die Endprodukte Brot und Wein aus dem profanen Speisezettel heraus und werden zu den ewigen Lebens-Mitteln des Abend- und Friedensmahls, das Jesus für seine Gefolgschaft als Sakrament eingesetzt hat.

In der Realität des christlichen Mittelalters machte die Kirche ihren Gläubigen viel Hoffnung auf einen ewigen Frieden, zwar erst *post mortem*, im Jenseits, dann aber ganz nah bei Gott. Auf Erden hingegen blieben auch für geistliche Würdenträger Erpressung, Folter- und Exekutionsexzesse, Feld- und Kreuzzüge jahrhundertelang probate Mittel, um ihre Ziele durchzusetzen. Bis heute zeigt der Islamismus: Sobald Religion mit der Politik paktiert, scheint sie zu jedem Gewaltakt bereit. Die „unglückseligste, verdorbenste, allerverbrecherischste" Epoche nannte der Renaissance-Gelehrte Erasmus von Rotterdam sein Jahrhundert, das sechzehnte. Im spannungsreichen Reformationsjahr 1517 stimmte er seine KLAGE DES FRIEDENS (*QUERELA PACIS*) an. In der pazifistischen Abhandlung dieses Titels unterstellte der große Humanist allen Kriegen ausnahmslos „läppische Motive" und forderte weltliche wie kirchliche Regenten bis hinauf zum Heiligen Vater auf, ein für alle Mal zu einer Konferenz der Aussöhnung zusammenzutreten. ZUM EWIGEN FRIEDEN äußerte sich 1795 auch Immanuel Kant, Leitfigur der deutschen Aufklärung: In seiner so überschriebenen Schrift verdammte er den Krieg und schloss ihn „schlechterdings als Rechtsgang" aus; Frieden nannte er eine „unmittelbare Pflicht" der Vernunft. So schlug er – wie schon andere Denker vor ihm – einen Zusammenschluss der europäischen Staaten vor und nannte als dessen Basis „Vertrauen" und „freien Föderalismus", „Völker"- und „Weltbürgerrecht". Noch „verbrecherischer, unglückseliger, verdorbener" als das sechzehnte Jahrhundert des Erasmus sollte dann das zwanzigste verlaufen. Aber ausgerechnet in ihm fanden Kants idealistische Luftschlösser einer globalen Gemeinschaft Baugrund in der Wirklichkeit, sehr verzögert freilich, in Gestalt des Völkerbunds von 1920 und, noch später, in den 1945 gegründeten Vereinten Nationen.

3

Was als Begriff so abstrakt, zugleich aber für das Zusammenleben so unverzichtbar ist wie der Frieden, das verlangt nach starken Bildzeichen. An Symbolen herrscht denn auch kein Mangel. Die weiße Fahne hisst, wer sich in einem Konflikt als Unterlegener bekennt und um Schonung bittet, und ebenso, wer waffenlos als Parlamentär zu Verhandlungen zwischen die Fronten tritt. Im ersten Mose-Buch der Bibel heißt es, der gottesfürchtige Noah habe aus der auf den Wogen der Sintflut tanzenden Arche einen Vogel entlassen, damit er nach trockenem Land ausschaue; mit Blättern des Ölbaums im Schnabel kehrte er zurück – seither erscheinen als Zeichen der Aussöhnung beide, der Ölzweig sowohl als auch, weit häufiger, die Taube. Letztere verbreitete sich nicht zuletzt mit dem Weltfriedenskongress von 1949 in Paris durch Pablo Picassos LA COLOMBE. Poppig machte sie 1974 der finnische Grafiker Mika Launis populär, indem er eine auffliegende Taube als weiße Silhouette vor kräftig blauem Grund platzierte.

Oder das Peace-Zeichen: Seit 1958, seit dem karfreitägigen Protestmarsch von zehntausend Demonstranten auf dem Londoner Trafalgar Square und vor dem Atomforschungszentrum Aldermaston, prangt es milliardenfach auf T-Shirts, Jutebeuteln und Aufklebern. Nur äußerlich scheint das Emblem an eine Rune im Kreis zu erinnern; in Wahrheit schob der Brite Gerald Holtom dafür zwei Buchstaben des internationalen Winkeralphabets ineinander, mit dessen Hilfe beispielsweise Signalgasten auf Schiffen mittels kleiner Flaggen Nachrichten übermitteln: Im Peace- (oder CND-) Symbol verschmelzen die Kennungen für *N* und *D* und verlangen so nach *nuclear disarmament*, atomarer Abrüstung. NON VIOLENCE!, „Keine Gewalt!", heißt die kolossale Pistole mit dem unauflöslichen Knoten im bronzenen Lauf, die der schwedische Bildhauer Carl Fredrik Reuterswärd 1988 in New York vor dem Hauptquartier der Vereinten Nationen errichtete; weltweit stellten zwischen Peking und Los Angeles viele Städte Kopien und Variationen von ihr auf, auch Berlin und München, auch Bayreuth.

Weniger sarkastisch, nicht minder unmissverständlich: die zwei pazifistischen Hände, die ein Gewehr in der Luft zerbrechen – sie sind eine Frucht der Friedensmarsch-Bewegung wie auch die in den Regenbogenfarben flatternde *Pace*-Fahne, die Anfang der Sechzigerjahre in Italien aufkam. Die Vielfarben des Regenbogens spannte, wieder der biblischen GENESIS zufolge, der versöhnte Allmächtige zwischen sich und „allen lebendigen Seelen in allerlei Fleisch" aus; so erinnert er die erneuerte Menschheit, aber auch unzweideutig sich selbst daran, „dass hinfort keine Sintflut mehr komme, die alles Fleisch verderbe" – nach Regen und Sturm bis heute ein überirdisches Hoffnungszeichen.

Wie sich Frieden entfalten kann, lehrt ein Blick auf die Trägerinnen und Träger des international meistgeachteten Friedenspreises, den ausgerechnet der Entdecker und Massenproduzent einer kriegswichtigen Substanz ausgelobt hat. Das Dynamit Alfred Nobels erwies sich ja nicht allein beim Berg- oder Straßenbau als äußerst hilfreich; genauso effizient ließen sich damit Panzer und Schlachtschiffe, Festungen und allemal massenhaft Menschen in die Luft jagen. Nobel wusste, dass sein Produkt sehr gewinnbringend dabei half, dem modernen Vernichtungskrieg den Weg zu bereiten; gerade darum agitierte er gleichzeitig gegen jenen „Schrecken aller Schrecken": Wie später Albert Einstein als einer der „Väter der Atombombe", so hoffte Nobel auf eine Technik, die ein so abgründiges Verderben möglich mache, dass eben dadurch ihr Einsatz letztlich undenkbar werde.

Zu seiner 1895 letztwillig verfügten Preisstiftung hatte den Unternehmer nicht zuletzt die Österreicherin Bertha von Suttner mit ihrem Roman DIE WAFFEN NIEDER! von 1889 inspiriert. Über alle Grenzen hinweg gewann sie als hochgeachtete Aktivistin der Friedensbewegung Berühmtheit. 1905 nahm sie als erste Frau den Friedensnobelpreis entgegen. Das vollständige Scheitern ihres standhaften Engagements zu erleben, blieb ihr gnädig erspart: Genau eine Woche vor dem Attentat von Sarajevo, das in den Ersten Weltkrieg führte, gab sie 71-jährig den passionierten Geist auf.

Der Sardinische Krieg Mitte des 19. Jahrhunderts markiert die entscheidende Lebensstation des allerersten Friedensnobelpreisträgers von 1901: Am 24. Juni 1859 hatte Henri Dunant die Schlacht beobachtet, die Sardinien und das – unterliegende – Österreich bei Solferino schlugen. Hier, südlich des Gardasees, wuchs in dem Schweizer Geschäftsmann der Plan eines Hilfswerks zur Versorgung von Verwundeten, der sich mit der Gründung des Roten Kreuzes verwirklichen sollte. Dessen Internationales Komitee erhielt die Auszeichnung gleich drei Mal, 1917, 1944 und 1963.

Wiederholt zeigte sich das Nobel-Gremium darauf bedacht, für notorische Kontrahenten eine Brücke der Versöhnung zu bauen: so 1978 für Ägypten und Israel durch die gleichzeitige Auszeichnung Anwar as-Sadats und Menachem Begins; oder 1994 für die israelischen Spitzenpolitiker Peres und Rabin und den palästinensischen Guerilla-Chef Jassir Arafat. Oder, schon 1926, für die Erz- und Erbfeinde Deutschland und Frankreich: Durch die Verträge von Locarno hatten sich die Spannungen zwischen der stets kränkelnden Weimarer Republik und ihren einstigen Kriegsgegnern in Westeuropa vermindert, Deutschlands Weg in den Völkerbund war geebnet; dafür erhielt Außenminister Gustav Stresemann als erster Deutscher zusammen mit seinem Amtskollegen Aristide Briand den Preis.

Die Namen imposanter Persönlichkeiten und Organisationen stehen auf der Liste: die von Albert Schweitzer oder Willy Brandt, von Martin Luther King, Sacharow und Gorbatschow, Elie Wiesel und Wałęsa, Mutter Theresa oder Nelson Mandela ... Nicht zu vergessen *Amnesty International* und die Ärzte zur Verhinderung des Atomkriegs, die Friedenstruppen der Vereinten Nationen oder die Organisation für das Verbot chemischer Waffen. Mal um Mal indes tauchen im Verzeichnis auch Preisträger auf, deren Namen nicht wie Donnerhall die Welt durchbrausen: so der von Malala Yousafzai, der Kinderrechtsaktivistin aus Pakistan, die siebzehnjährig im Jahr 2014 zur jüngsten Trägerin gekürt wurde. Oder, 2018, Denis Mukwege, Arzt aus dem Kongo, und Nadia Murad, 26-jährige Jesidin aus dem Irak: Beide kämpfen gegen Vergewaltigung und sexuelle Ausbeutung als Mittel eines Kriegs, der sich unverhohlen gegen Zivilisten richtet. Eine der perfidesten Varianten militärischer Gewalt.

4

So wie die teils hochgeachteten, hochdotierten Friedenspreise postuliert die private Website WWW.FRIEDENSFORSCHUNG.DE einen Frieden, an dem es verbissen festzuhalten gilt. Allerdings: Frieden um jeden Preis? Ein auf der Internet-Seite veröffentlichtes PAZIFISTISCHES MANIFEST erklärt auch „alle auf Selbstverteidigung basierende Friedenssicherung für trügerisch, weil die Selbstverteidigung die Stärkeren privilegiert, das Wettrüsten forciert und die Hochgerüsteten zur Selbstjustiz verführt". Dagegen setzt der Verfasser des Manifests, Markus Sebastian Rabanus, den Gedanken an einen „UNO-Pazifismus": Denn, so postuliert der Berliner Online-Aktivist, „einzig die Vereinten Nationen sollten Streitkräfte und Kriegswaffen besitzen, um vor Kriegen zu schützen und das Völkerrecht durchzusetzen"; konsequenterweise müssten „alle Nationalstaaten bis auf polizeiliche Erfordernisse abrüsten, damit sie sich nur noch mit friedlichen Mitteln streiten können, also demokratisch, diplomatisch oder vor Gerichten". Ein radikaler, doch erwägenswerter Vorschlag zur Güte? Oder doch nur der Traumtanz eines Weltfremdlings?

Ganz wirklichkeitsnah, auf wissenschaftlicher Grundlage suchen hierzulande fünf führende Institute nach den Grundlagen und Möglichkeiten eines nachhaltigen Friedens. Sie verdienen es, respektvoll beim Namen genannt zu werden: Es sind das *Bonn International Center for Conversion* und das Leibniz-Institut Hessische Stiftung Friedens- und Konfliktforschung, die Heidelberger Forschungsstätte der Evangelischen Studiengemeinschaft und das Institut für Friedensforschung und Sicherheitspolitik an der Universität Hamburg sowie das Institut für Entwicklung und Frieden an der Universität Duisburg-Essen. Für jene deutschen wie für zahlreiche ausländische Einrichtungen in Europa leisteten das norwegische *Peace Research Institute* in Oslo und, in Stockholm, das *International Peace Research Institute* (SIPRI), 1959 und 1966 gegründet, als Erste Pionierarbeit. Samt und sonders versuchen diese und ähnliche Organisationen sowohl, Mittel zur akuten Beilegung von Konflikten zu ergründen, als auch Wege aufzuzeigen, deren Ursachen dauerhaft auszuräumen. Allerdings tun sich Regierungen mit der praktischen Umsetzung vielfach schwer. Zwar unterzeichneten am 22. August 1864, von den Gemetzeln in Italien und auf der Krim scheinbar zur Vernunft gebracht, sechzehn Staaten die Genfer Konvention. Aus ihr erwuchs segensreich das Rote Kreuz, das seither freilich Frieden nicht sichern oder gar verbürgen, sondern nur einen kleinen Teil der grauenhaften Kriegsschäden verwalten kann. Den Ersten Weltkrieg verhinderten auch die Haager Konferenzen von 1899 und 1907 nicht und ebenso wenig der Ständige Schiedshof in der königlichen Residenzstadt, der seine Etablierung jenen Konferenzen verdankt.

5

Binnen dreieinhalb Jahrtausenden achttausend Verträge mit durchschnittlich gerade mal zwei Jahren Haltbarkeit: An Proklamationen des Friedenswillens, an Gipfeltreffen und Konferenzen fehlte es zu keiner Zeit. Nicht selten erwiesen und erweisen Verträge der Friedenssicherung zweifelhafte Dienste. Vielleicht auch darum schlossen Adolf Hitlers Kriegsgegner nie ein Friedensabkommen mit dem, was nach dem Weltkrieg vom „Dritten Reich" des Tyrannen übrig geblieben war und was sich aus rauchenden Trümmern fortan mühsam als neue Bundesrepublik formierte. Erst der 1990 in Moskau unterzeichnete Zwei-plus-Vier-Vertrag regelte die Koexistenz der beiden sich wiedervereinigenden Deutschländer mit der Sowjetunion und den USA, Frankreich und Großbritannien, bislang hieb- und stichfest. Die fatale Wirkmacht eines Friedensschlusses, der namentlich der Genugtuung und dem Rachegelüst der Sieger dient, offenbarte hingegen der Versailler Vertrag, den Deutschland nach seiner Kapitulation am 28. Juni 1919 zu unterzeichnen hatte, ohne dass es je selbst zu den Verhandlungen hinzugezogen worden wäre. Derart hart fielen die Bedingungen aus, dass der renommierte Soziologe Max Weber meinte, sie brächten nicht den Krieg in Verruf, sondern den Frieden. Sogar Politikern der Siegerseite dämmerte frühzeitig, dass dies Abkommen, statt in den Frieden zu münden, den Krieg mit anderen Mitteln fortsetze.

Jahrzehnte hindurch galt der Vertrag gar als Hauptwurzel des unvermeidlich nächsten, des Zweiten Weltkriegs; manche Experten beurteilen das inzwischen differenzierter. Unbestreitbar aber spielte „die Schmach" des „Schandfriedens von Versailles" den extremen Gruppen in der jungen, nicht sehr alt werdenden Weimarer Republik in die Hände. In jenem ersten demokratischen unter den mancherlei Deutschländern der Geschichte witterten namentlich Nationalisten und extreme Rechte Morgenluft. Folgerichtig warnte Eckart Conze, Inhaber eines Marburger Lehrstuhls für Neuere Geschichte, in seinem Buch DIE GROSSE ILLUSION davor, Deutschland in der Frage nach der Schuld an Hitlers Krieg irgendwie zu entlasten: Dem Diktator, strich der Historiker auch in der Wochenzeitung DIE ZEIT heraus, „ging es nicht um Versailles, sondern um Hegemonie und eine rassenideologisch motivierte Expansion". Fest steht jedoch auch für Conze: Der „rechte Hass auf die Republik und ihre Repräsentanten (der von Anfang an antisemitisch aufgeladen war)" habe im unerbittlich abstrafenden „Diktat von Versailles" und in der ausschließlich auf das kaiserliche Deutschland abgeladenen Kriegsschuld „neue Nahrung und Bestätigung" gefunden.

Was sich die Menschheit an Bestialität vorstellen oder noch nicht vorstellen konnte, kulminierte nur zwanzig Jahre nach der Unterzeichnung in Hitlers Krieg. Den kehrten seine Gegner ihrerseits nach der Katastrophe von Stalingrad gegen den „Führer" selbst, sein Gewaltregime und sein Weltmachtgelüst. Münzten sie den Krieg dadurch auch zu einem „gerechten" Krieg um? Es ließ sich ja der Unmensch durch keine menschenrechtliche Friedensidee aufhalten. Aber kann es einen „gerechten" Krieg wirklich geben, einen also, der vernünftig nachvollziehbar all jene widerlegt, die für Frieden nur einen „Frieden um jeden Preis" halten wollen? Für den im Jahr 430 gestorbenen Kirchenvater Augustinus durchaus: Zwar stellte er eine Exklusiv-Liste von Voraussetzungen für den Waffengebrauch um Christi willen auf; grundsätzlich aber meinte er hinter jedem Krieg letztlich den Willen Gottes zu erkennen, amtiere der doch als Herrscher über allen weltlichen Herrschern. Den Menschen, die im Krieg umkämen, wäre der Tod als Los ohnehin irgendwann beschieden gewesen, argumentiert der spätantike Theologe abstoßend leichten Herzens; den Krieg zu verwerfen, untersagte er den Gläubigen, denn in ihm setze der Allmächtige sie heilsam einer „Geduldsprobe" aus. So wolle er sie Demut und die Bereitschaft lehren, seine väterlichen Züchtigungen zu ertragen.

Schauerliches Zerrbild. Die Kirche, die lange genug durch die Blutbäder ihrer Kreuzzüge watete, hat im zwanzigsten Jahrhundert dem Krieg abgeschworen. Ein Frieden, wie ihn gut anderthalb Jahrtausende nach Augustinus die UN erstreben, rückt die Verfälschung vollends gerade. Solch einen Frieden setzte der Politikwissenschaftler Dolf Sternberger 1961 als

„Grund, Merkmal und Norm des Politischen" überhaupt voraus. Von hier aus sollte auch der 1831 gestorbene preußische Militärwissenschaftler Carl von Clausewitz inzwischen als entwaffnet gelten, der im Krieg nichts Schlimmeres sehen wollte als „die Fortsetzung der Politik mit anderen Mitteln". Gerade als das geht Krieg, Atomkrieg womöglich, heute eben nicht mehr durch. Vielmehr signalisiert er im Gegenteil die Kapitulation einer Politik, die den Namen verdient, und deckt das Totalversagen ihrer Methoden auf. Wie gründlich dies Scheitern ausfällt, lässt sich im Irak und in Libyen, im Jemen oder in der Ukraine oder vielleicht demnächst wieder in Nordirland besichtigen. Ein bis heute erschütterndes Beispiel dafür gab ebenso das fast nonchalante Hineinschliddernd gekrönter „Schlafwandler" (Christopher Clark) in den Ersten Weltkrieg; 2018 gedachte die Staatengemeinschaft auch seines Endes hundert Jahre zuvor, gleichfalls mit Grausen.

Weltfrieden müsste sein: Brot und Arbeit, Hoffnung und Zukunft, Sicherheit und unparteiische Gesetze für jede und jeden auf Erden, bereitwillige Achtung der Menschwürde und der Menschenrechte, fruchtbarer Fortschritt, zukunftstaugliche Zivilisation und gerechte Globalisierung. Ein Ideal, versteht sich: Die Menschheit wirds wohl nicht erreichen. Aber der Weg dorthin ist für uns gangbar: durch das beharrliche Ringen von Demokratie, Freiheit und Reformen mit den Kräften der Reaktion und der Aggression.

6

Astrid Lindgren, die für Kinder schrieb, fragt in einer GE-SCHICHTE ÜBER DEN FRIEDEN: „Wie soll es Frieden geben in der Welt, wenn es keine friedfertigen Menschen gibt? Zu Hause, in den Wohnungen, da muss der Frieden beginnen." Für Kinder vermochte Alfred Nobels Landsmännin zu erzählen, weil sie selbst keineswegs kindisch war: nicht einfältig, unentwickelt, albern. Fast gleichlautend konstatierte der deutschschweizerische Philosoph Karl Jaspers: „Der Frieden beginnt im eigenen Haus." Erläuternd möchte man hinzufügen: Mit Nächstenliebe beginnt er und, ja, mit Liebenswürdigkeit, Geduld und Toleranz. Wenn „alles Private zugleich politisch" ist, wie die Anhänger einer „Politik der ersten Person" bedenkenswert behaupten, dann fängt Völkerfrieden nicht erst zwischen den Völkern, sondern schon zwischen den Menschen an.

Auch der freiheitlich-demokratische Staatsmann, auch die rechtsstaatliche Regierungschefin ist zuallererst eins: Einzelmensch, Individuum. Trotzdem erwartet das Staatsvolk, sich nach Beschaulichkeit sehnend, Übermenschliches von seinen Führungskräften. Mit Ausdauer sollen sie das Allgemeine weitsichtig abwägen und dabei die eigene Person zurückstellen; schiedlich-friedlich sollen sie der großen Gefahren für die Ruhe im Lande Herr werden: sollen dem grassierenden Nationalismus trotzen, der das Fremde verächtlich macht, statt, wie der Patriotismus, das Eigene zu lieben; sie sollen die Ströme der Flüchtlinge – 79,5 Millionen im Jahr 2020, doppelt so viele wie zehn Jahre zuvor – kanalisieren, am besten an den eigenen Grenzen vorbei, und Immigranten mit der einheimischen Gemeinschaft inklusiv verflechten; die Selbstbehauptung des friedfertigen Staatswesens sollen sie eindrücklich repräsentieren, doch zugleich auf Entspannung, Kompromisse und die Abrüstung der Waffenarsenale drängen, namentlich der auswärtigen; sie sollen internationale Ost-West-Konflikte dämpfen und Nord-Süd-Gefälle abtragen und dabei glättend die Risse verputzen, die sich durch die eigene Gesellschaft ziehen ... Lauter Widersprüche in sich selbst? Hoffentlich nicht. Lauter Balanceakte: das gewiss. Frieden schaut nicht vorbei und stellt sich nicht ein. Er muss eingeladen, festgehalten, muss gemacht, umhegt, „umfriedet" werden. Wer dabei stürzt, droht tief zu fallen. Dann reißt er vielleicht sein Staatsvolk, so friedfertig es sich wähnen mag, mit in den Abgrund.

Bei der Antrittsrede vor dem Völkerbund in Genf am 10. September 1926 formulierte Gustav Stresemann ein bis heute gültiges, bis heute vielfach ignoriertes Credo: „Es kann nicht der Sinn einer göttlichen Weltordnung sein, dass die Menschen ihre nationalen Höchstleistungen gegeneinander kehren und damit die allgemeine Kulturentwicklung immer wieder zurückwerfen." Nach nunmehr zwei Weltkriegen würde ein dritter „die allgemeine Kulturentwicklung" nicht bloß sabotieren, sondern ausbremsen, ausschalten. Gerade in den am höchsten entwickelten Zivilisationen in Europa, Nordamerika und in Fernost würde ein Großteil der stolzen Errungenschaften getilgt, die im Lauf von Jahrtausenden die Menschen als ihre Kulturen erworben und zu Grundbestandteilen ihrer Identität erklärt haben. Kein Frieden würde mehr folgen, der unserem modern-aufgeklärten Verständnis entspräche. Auslöschung des Lebens durch Strahlung, Finsternis und Kälte eines „nuklearen Winters", durch erdumspannenden Hunger, durch grassierende Anarchie: Seit über siebzig Jahren mahnen wissenschaftlich fundierte Horrorszenarien, engagierte Publizisten, Nichtregierungsorganisationen, zivilgesellschaftliche Bewegungen die Menschheit zu Umkehr und Eintracht. 1982, während einer besonders schäumenden Welle kaltkriegerischer Konfliktbereitschaft, musste ein siebzehnjähriges Schlagermädel namens Nicole (Hohloch) antreten, um in einer Schnulze, aber unerwartet breitenwirksam EIN BISSCHEN FRIEDEN von den Mächtigen einzufordern: die Greta Thunberg von einst. Heute zeigt den Erwachsenen eine ausdrücklich für

Kinder gestaltete Website – WWW.FRIEDEN-FRAGEN.DE –, dass das alles eigentlich gar nicht so schwer wäre. Nur leider ists nicht so, wie es sein sollte. Alle Kinder wünschen sich Frieden; die meisten Eltern auch. „Wenn wir wahren Frieden in der Welt erlangen wollen", lehrte der Mahatma Gandhi, „müssen wir bei den Kindern anfangen."

Für den, der dies beherzigt – also doch wohl für alle, die bei Verstand sind – müsste Frieden eine Selbstverständlichkeit sein. Wir hier, im Geltungsbereich der Europäischen Union, genießen dies Privileg seit 75 Jahren. Kein Wunder, dass sich unser Staatenbund, der neben unserer Wirtschaft auch unsere Werte trägt, 2012 in die Liste der Friedensnobelpreisträger einschreiben durfte; hatte er doch – wie das Komitee im norwegischen Storting bekräftigte – „über sechs Jahrzehnte lang zur Entwicklung von Versöhnung, Demokratie und Menschenrechten in Europa" beigetragen und aus „einem Kontinent des Krieges einen Kontinent des Friedens gemacht". Was jene für uns so günstige „Entwicklung" in anderen, unterprivilegierten Teilen der Welt gemeingefährlich anrichtete, steht freilich auf einem anderen Blatt.

Zugegeben, Frieden um jeden Preis stößt dann an die Grenzen seiner Unanfechtbarkeit, wenn er „dem bösen Nachbarn nicht gefällt": Dann kann, wie das Sprichwort sagt, „der Beste nicht in Frieden leben". Darum gilt es von Streit-Fall zu Streit-Fall stets neu, gründlich, vorausschauend zu definieren, wie Frieden erreicht werden und worin er bestehen soll. Denn „zum ersten Mal in der Geschichte hängt", wie der Philosoph Erich Fromm bereits 1976 zu bedenken gab, „das physische Überleben der Menschheit von einer radikalen seelischen Veränderung des Menschen ab". Wer sich diese unwiderlegliche Situationsbeschreibung vor Augen hält, der kann leicht meinen, wir hätten 75 Jahre lang einfach nur Glück gehabt.

„Typisch deutsch"?

Kulturwerte zwischen Beethoven und Ballermann

1

Unsere Freiheit bedeutet auch: Man darf von Deutschland halten, was man will. Die Meinungen gehen auseinander, oftmals weit, und dies mag gelegentlich sogar in ein und derselben Person geschehen.

„Es gibt keine trostlosere Realität als die deutschen Männer", beschied Anna Louise Germaine de Staël zur Zeit Napoleons speziell den Herren rechts des Rheins; überhaupt fand die prominente französische Publizistin, unsere männlichen wie weiblichen Vorfahren seien „kaum der menschlichen Gattung zuzurechnen". Später indes verhalfen ihr die Begegnungen mit den Weimarer Geistgiganten Goethe, Schiller und Wieland, vor allem der rege Austausch mit August Wilhelm Schlegel zu einem gründlich gewandelten Blick: In ihrem Porträt ÜBER DEUTSCHLAND, einem internationalen Bestseller, bestätigte die Emigrantin den Menschen ihres Gastlands, sie studierten zwar lieber Bücher als Menschen, hätten auf diese Weise aber „eine lebendige und unabhängige Gelehrtenrepublik aufgerichtet und den Wissensdrang nach Begebenheiten durch jenen nach Ideen ersetzt".

Gerade vor Bundestagswahlen und während der endlosen Sondierungen danach machen sich wohl die meisten von uns

Gedanken „über Deutschland", über Parteienziele im Besonderen und über die Nation im Allgemeinen: über Pfunde, die uns hierzulande zum Wuchern taugen, über Besonderheiten und Alleinstellungsmerkmale oder einfach über unsere paar guten Angewohnheiten. Die fasste der CDU-Politiker Thomas de Maizière im April 2016 als Bundesinnenminister in zehn Punkten zusammen und löste damit Diskussionen aus. Sie entbrannten, weil der Politiker in seinem Kanon ausdrücklich eine „deutsche Leitkultur" umriss und also einen seit der Jahrtausendwende umstrittenen Begriff gebrauchte. Für den Minister gehörten dazu Allgemeinbildung und Geistesleben, Leistungsfreude ebenso wie der Respekt vor der Religion und den Religionen. Einem „aufgeklärten Patriotismus" sprach er das Wort – will heißen: der Liebe zum eigenen Land ohne den Hass auf ein anderes –, dem „Ringen um Freiheit und dem Bekenntnis zu den tiefsten Tiefen unserer Geschichte" galt sein Eifer. Zugleich subsumierte er Alltägliches: Wir zeigen, so der Politiker, gefälligst unser Gesicht, sind also weder als Demonstrant noch als strenggläubige Muslimin vermummt. Schon bei der Begrüßung fängt die eingeforderte Offenheit an. De Maizière: „Wir geben uns die Hand."

2

Was macht uns Deutsche aus? Dass wir uns als Gaudi-Gang auf Mallorcas alkoholdunstigem Ballermann abschießen, aber genauso gut auch allein für uns wacker trinken können, ohne lustig zu sein? Ab wann sind wir „typisch deutsch"? Wenn wir als Urlauber allmorgendlich den Kampf gegen Briten und Niederländer um die Liegestühle am Hotel-Swimmingpool aufnehmen? Wenn wir den Chor-Krawall am Ende von

Beethovens NEUNTER zum größten Tonkunstwerk aller Zeiten und Völker deklarieren? Wenn wir auch medizinisch mit der Mode gehen und uns eine Laktose-Intoleranz zulegen?

Ein Perspektivwechsel lohnt sich. Im Ausland, so glauben wir zu wissen, sind wir Deutschen nicht eben wohlgelitten. Wirklich schreiben dort Klischees und Karikaturen dem deutschen Typus verdrießliche Eigenschaften zu wie Reserviertheit und Herzenskälte, Humor- und Rücksichtslosigkeit. In der Realität hingegen bescheinigen uns ausländische Touristen – neben einer Vorliebe für geschlossene Zimmertüren, Bier, Würstchen und „Nutella" – Hilfs- und Kontaktbereitschaft, Höflichkeit, Sauberkeit und Organisation, Gastlichkeit und Genussfreude; so zumindest stand 2009 nach einer Umfrage in der SÜDDEUTSCHEN ZEITUNG zu lesen. Dürfen wir ihn also pflegen, den noch mehr als die „Leitkultur" verrufenen „Stolz darauf, Deutsche zu sein"? Für ihn nannte auch das Magazin FOCUS nach eigenen Ermittlungen seriöse Gründe: Wir erledigen unsere Aufgaben gewissenhaft; wir halten Ordnung (nicht zuletzt die Männer – wer hätte es gedacht?); wir reisen gern und weit, kommen aber auch gern wieder nach Hause zurück; wir dürsten nach Wissen und schätzen Innovationen, technische vor allem. Sogar in puncto Humor, den uns das Ausland gelegentlich rundweg abspricht, punkten wir am Ende. Hier mag man hinzufügen, dass zwischen der genialischen Ironie eines Loriot alias Vicco von Bülow und den ordinären Flegeleien eines Mario Barth das Spektrum sich denkbar weit ausbreitet. Immerhin spricht selbst dies für die Vielfalt und Vielgestalt unseres Volkes.

Stolz hat unser Volk sein populärstes Kraftfahrzeug Volkswagen genannt. Seit Jahren rangiert das Unternehmen, das ihn herstellt, auf Platz eins der weltweit größten Autobauer und ist uns begreiflich lieb und wert: Als das Institut You-Gov

2015 tausend Bundesbürger fragte, „wie wir Deutschen ticken", was also „für Deutschland steht", gaben 63 Prozent den VW-Konzern an. Mit weitem Abstand landete Johann Wolfgang von Goethe auf Platz zwei – wobei obendrein unergründet blieb, wer sein Votum durch ausreichende Lektüre goethescher Werke wohl auch legitimieren könne –, gefolgt von Bundeskanzlerin Angela Merkel und der Fußball-Nationalmannschaft. Mit jeweils 24 Prozent platzierten sich Johann Sebastian Bach, Albert Einstein und die Currywurst noch einen Prozentpunkt hinter Adolf Hitler. Auch er „steht für Deutschland"? Das sollte er nicht: In seinem Nationalsozialismus manifestierte sich ein Werte-Katalog, dem wir Deutschen und überhaupt die Menschheit täglich neu abzuschwören haben.

3

Ein Wert ist, zumindest dem Grundsinn nach, etwas Messbares. Vom Wert feinen, aber unbeseelten Goldes, des schnöden Geldes, eines Grundstücks oder Edelsteins sprechen wir, auch vom unmessbar immateriellen, weil ideellen Wert zum Beispiel eines noblen Menschen, eines Kunstwerks, eines Gedenkens. Sprachgeschichtlich hängt der Begriff Wert mit Wörtern sowohl für kostbar wie für würdig zusammen. Tiefer durchleuchtet, bezeichnet Wert also etwas Angemessenes, etwas, das uns allen oder einer oder einem von uns in einer spezifischen Situation gemäß ist, das geboten erscheint, sich schickt und ziemt. Werte nennen wir Vorstellungen, Eigenschaften, Überzeugungen, die wir subjektiv für richtig und angenehm, mit Blick auf die Zukunft für günstig und förderlich halten. Orientierend und sinnstiftend lassen wir dies Erstrebens- und

Erhaltenswerte auf unser Denken und Urteilen, Planen und Tun einwirken. Zu Kulturwerten werden Werte, sobald eine definierte Schar von Einzelnen sie teilt: Angehörige einer Kulturgemeinschaft haben sich gleichsam auf sie geeinigt, weil sie durch sie die Normen und verbindlichen Sitten begründen, durch die sich ein einverständiges Zusammenleben dauerhaft gewährleisten lässt. Solche Wertekultur wird, günstigenfalls, kenntlich im Geistesleben, in der Kunst, in der Weltgestaltung jener Gemeinschaft, die besagte Vorstellungen schätzt und pflegt, gleichzeitig fortwährend überprüft und fortentwickelt – indem sie weiterträgt, was sie für kostbar, heilsam, zuträglich erachtet.

Weitgehend bekömmlich liest sich auch das Gerüst der „deutschen Leitkultur", wie es Lothar de Maizière in seinem Zehn-Punkte-Plan zusammenschraubte. Warum dann die fortgesetzten Verbal-Keilereien um den Begriff? Bereits am 16. Oktober 2000 entzündeten sie sich, als Friedrich Merz ihn gebrauchte (der ihn noch nicht einmal erfunden hat). Damals forderte der weiland Unions-Fraktionsvorsitzende vor dem Bundestag: „Zuwanderer, die auf Dauer hier leben wollen, müssen sich einer gewachsenen, freiheitlichen deutschen Leitkultur anpassen". Als „skurril" bis „unsinnig", ja „kriminell" wiesen politische Gegner und einflussreiche Medien den Ausdruck zurück: weil er zu vage sei, um sich klar fassen zu lassen, weil er eine allzu „primitive Vorstellung von Integration" entlarve, weil er sozialdarwinistisch einen irrationalen „Überlegenheitsanspruch" der Deutschen über Menschen fremder Herkunft erhebe, weil er an Schlagworte der nationalsozialistischen Ideologie anklinge. Bedenkenswerte Einwendungen. Gleichwohl fand der Begriff 2007 ins Grundsatzprogramm der CSU – und goss von Anfang an Wasser auf die Mühlen rechter Populisten.

Tatsächlich schließt sich unter den Wertvorstellungen und Normen einer „Leitkultur" eine Wertegemeinschaft zusammen, indem sie den ausschließt, der ihrem strengen Kontrollblick als nicht konform genug erscheint. Werte, die den Namen verdienen, entwickeln und entfalten sich, lösen einander ab, sind etwas Dynamisches. Eine „Leitkultur" hingegen gerät schnell in die Gefahr, unwandel- und unbeeinflussbar zur statischen Wert-Setzung zu erstarren. In diesem Sinn freilich hats der einstige Bundesminister vermutlich nicht gemeint: Ihm war es um eine „Richtschnur für das Zusammenleben in Deutschland" zu tun. Dafür hätte er einen anderen, weniger kompromittierten Ausdruck wählen sollen. Womöglich hätte der „Verfassungspatriotismus" allseits besser konveniert, den Merz' Parteikollege Heiner Geißler – die vielbenutzte Prägung des Politologen Dolf Sternberger aufgreifend – klug vorschlug.

In der Wirtschafts- und Geschäftswelt heißt die Leitkultur Unternehmenskultur. Als „Richtschnur" und Voraussetzung für eine breite Loyalität der Mitarbeiter gelten hier gemeinhin Fairness, Ehrlichkeit, Verlässlichkeit, Kundennähe, öffentliche Zurückhaltung, Fürsorge für die Beschäftigten. Bei einem Meinungstest drückten hundert Prozent der befragten Manager die Überzeugung aus, ihr Personal wisse die Kerninhalte und Grundwerte ihrer jeweiligen Unternehmenskultur zustimmend zu benennen. Blauäugige Verkennung: gab doch mehr als die Hälfte der Mitarbeiterinnen und Mitarbeiter zu, davon keine Ahnung zu haben. Schlimm wärs, ließe sich der Befund aus den Konzernen auf unsere Gesellschaft insgesamt übertragen. Gegenüber dem Wochenblatt WIRTSCHAFTSWOCHE, das 2016 einen deutschen „Werte-Index" erhob, nannten die Deutschen brav Gesundheit, Freiheit und Erfolg, dann Natur, Familie und Gemeinschaft als ihre höchsten Güter. Irritierend, dass – nebenbei bemerkt – erst auf dem letzten von zehn Plätzen die „Nachhaltigkeit" auftaucht, also ein Wirtschaften mit unserem Planeten und seinen Ressourcen, durch das die Welt lebenswert und lebensfähig auf kommende Generationen übergehen soll. Unserer Kultur ist die Natur noch immer nicht kostbar und wertvoll genug.

4

„Typisch deutsch"? Um zu ermitteln, was das sei, können wir uns den abgerückten Blickpunkt auswärtiger Augenzeugen vergangener Tage zu eigen machen wie den der bereits herbeizitierten Germaine de Staël – auch den von Mark Twain. Der amerikanische Welten- und Europa-Bummler fand 1878 die deutsche Sprache zwar ganz „schrecklich"; das Land selbst aber hielt er für den „Gipfel der Schönheit" und seine Einwohner für alles andere als „stur und phlegmatisch": „Sie sind warmherzig, gefühlvoll, impulsiv, begeisterungsfähig, bei zartestem Anstoß kommen ihnen die Tränen, und es fällt nicht schwer, sie zum Lachen zu bringen." Oder aber wir nehmen das Buch DU BIST SO DEUTSCH zur Kenntnis, worin uns 2014 die Polin Agnieszka Kowaluk verbissene Selbstbeobachtung, zehrende Selbstkritik bis zur verkrampften „politischen Korrektheit" vorhielt und unser Land bedauerte, weil es „seine Tugenden nicht mag". Dass wir sie, vielleicht, nicht mögen, ist unversiegbar ein Ausfluss unserer jüngeren Geschichte, die wir nun einmal ‚aufzuarbeiten', nämlich beharrlich zu erkennen, zu akzeptieren und zu konterkarieren haben. Aber es gibt sie, die DEUTSCHEN TUGENDEN: In einem Buch dieses Titels hat Asfa-Wossen Asserate, äthiopischer Prinz und arrivierter germanophiler Historiker, sie 2013 „von Anmut bis Weltschmerz" aufgelistet, „wohl wissend, dass es sich dabei um Ideale handelt, die ein Sterblicher niemals erreichen wird" – und, so sei hinzugefügt, die nicht denkbar wären ohne den Schatten, den die deutschen Laster werfen.

Es schadet nicht, wenn wir in die Geschichte blicken, um ein paar Schlaglichter unserer Wertvorstellungen zu gewinnen. Westlich sind sie seit 1949 und 1989 ausgerichtet und sollen, keineswegs nur nach dem Wunsch Lothar de Maizières, auch so bleiben. Schon im Jahr 2000 wollte sein baden-württembergischer Parteifreund Günther Oettinger das Wort von der „deutschen Leitkultur" ersetzt sehen durch „Kultur des Abendlandes".

Dabei wurzeln unsere Werte vornehmlich in den Kulturen des Nahen Ostens und des Orients. Auf das von den Nazis vermaledeite Judentum geht das Christliche des „christlichen Abendlands" zurück, auf jene Gesetzesreligion, die vor Jahrtausenden auch heutigen laizistischen Gesellschaften und atheistischen Zeitgenossen den Weg wies, mit den Zehn Geboten: Wir sollen, weil wir arbeiten, auch ruhen dürfen; wir sollen „Vater und Mutter" und also überhaupt Ältere und Alte, zudem Kranke und Schwache wohlwollend versorgen; wir sollen das Leben, die Partnerschaft, das Eigentum, auch das der andern, achten; wir sollen die Wahrheit lieben; und nicht zuletzt – sondern im Gegenteil: zuallererst – sollen wir gemeinverträgliche Überzeugungen, gerade religiöse, im anderen respektieren.

Einem galiläischen Wanderprediger namens Jesus – den die Gläubigen unter uns als messianischen Erlöser angenommen haben und den alle übrigen als Weltweisen ehren sollten –, ihm verdanken wir kurz und bündig die einleuchtende Zusammenfassung all dieser Anleitungen: „Liebe deinen Nächsten wie dich selbst"; weltlich formuliert: Was du nicht willst, dass man dir tu, das füge keinem andern zu. Auch wer die paulinische Trias von „Glaube, Hoffnung, Liebe" als biblisch für sich ablehnt, kann sich doch die Wegweisung Jesu gesagt sein lassen, der die „Sanftmütigen", „Barmherzigen" und „Friedfertigen", die im Leid Geduldigen und die „nach Gerechtigkeit Dürstenden" seligpreist. So machen wir untereinander Zuversicht und Anteilnahme, Vertrauen und Wertschätzung möglich, und das ziemlich mühelos. Wir dürfen uns auf „Ockhams Rasiermesser" besinnen – das ist jenes geistige Werkzeug, das von mehreren Theorien am Ende die einfachste als wahrscheinlich zutreffende stehen lässt. Mit jenem Messer schneiden wir ruhig einmal alles Fragwürdige vom am Christentum weg: Dann erkennen wir, dass sich auf der soeben zitierten Bergpredigt Christi als Fundament ganz gut auch ein säkulares Staatswesen errichten ließe.

Die Tugenden der mittelalterlichen Ritter bauten auf ihr auf – hätten darauf aufbauen sollen. Denn der Utopie einer „ritterlichen" Huld und Hochherzigkeit widersprach die Realität der Geharnischten zugegeben nur zu oft. Immerhin war, neben edler Abkunft, Ansehen, Kampfesmut, unbedingte *triuwe* verlangt, der Gehorsam gegen den Lehnsherrn und gegen Gott, das Festhalten am gegebenen Wort; verlangt war *staete*, eine Standhaftigkeit, die sich beharrlich dem Guten und Rechten zuneigt und sich Lug und Trug widersetzt; verlangt war *maze*, Mäßigung in allen Lebenslagen und Beherrschung der Leidenschaften; verlangt war *milte*, Hilfsbereitschaft also, Freundlich- und Großzügigkeit; und nicht zuletzt *zuht*, strenge Selbstdisziplin, gewandte Manieren, Fein- und Formgefühl.

Selbstzucht gab es im evangelischen Pfarrhaus zu erwerben, in dem bürgerlichen Familiensitz und Bildungshort, zu dem Martin Luther höchstselbst den Grundstein legte. Im klerikalen Hausherrn verschmolzen die Weltlichkeit der Person und das geistliche Amt untrennbar. Gemeinsam mit seinem gleichsinnigen Gespons Katharina sah er besonders wach und wohl auch streng auf sittliche Charakterbildung und mitmenschliche Korrektheit der Hausgenossen unter seinem Dach, auf Gastfreundschaft und Gesprächskultur, auf die Pflege von Gottes- und von Welterkenntnis, auf Intellektualität auch als lebendigen Dualismus von Lehren und Lernen, auf Sangesfreude und die Pflege der Musik. Zusehends zu einem stolzen Institut mutierte das evangelische Pfarrhaus und namentlich im neunzehnten Jahrhundert geradezu zum Mythos. Immer allerdings lief es Gefahr, durch die Festschreibung seines patriotischen, aber unpolitischen Patriarchentums und durch seine Ideologie, durch seinen Bildungsdogmatismus und die Pflicht zu frommem Gehorsam die Freiheit derer schmerzlich zu beschneiden, die darin aufwuchsen. „Pfarrers Kinder, Müllers Vieh gedeihen selten oder nie": Beträchtlich zieht sich die Reihe der um ein Haar oder vollends gescheiterten Pastorenkinder in die Länge, von Friedrich Nietzsche, dem selbst ernannten Totengräber Gottes, über den verhinderten jugendlichen Selbstmörder und populären Lebenslehrer Hermann Hesse zur RAF-Terroristin Gudrun Ensslin. Gleichwohl wuchsen aus dem Pfarrhaus wesentliche Werte der Aufklärung, und deren Sieg, das wusste Germaine de Staël, „war stets von Vorteil für die Größe und Verbesserung des menschlichen Geschlechts".

Die Werte der Aufklärung schlossen sich so griffig wie umfassend im Postulat der Französischen Revolution zusammen: Freiheit, Gleichheit, Brüderlichkeit. Seither findet sich die sprichwörtliche Begriffs-Trias gleich- oder ähnlich lautend in den Verfassungen aller nichtautoritär-rechtsstaatlichen Nationen. Zu Priestern und Pastoren gingen die Umstürzler links des Rheins mitsamt ihren Sympathisanten rechts von ihm auf skeptische, wenn nicht gar tödliche Distanz. Den blinden Glauben als Urgrund der Erkenntnis löste ein für alle Mal der gesunde Zweifel ab. *Sapere aude*: Den Mut, sich vorurteilsfrei des eigenen Verstandes „zu bedienen", verlangte Immanuel Kant 1784 dem selbstbestimmten Menschen ab. Weil freilich auch der nur selten ganz ohne eine Wechselverbindung zum Himmlisch-Höheren, zu einem überirdischen Außerhalb existieren kann, wandte er sich von Gott nicht ganz ab, wenngleich ästhetisierend den Göttern des klassischen Altertums zu. Dem sinn- und werterfüllten Dasein setzte er, antikisch inspiriert, das unerreichbare Ziel, wahr, gut und schön zu sein.

Solchen überzeitlichen Idealismus münzte Preußen, dem Schwarz-Weiß seiner Farben und dem Leitbild seiner calvinistisch geprägten Leistungsgesellschaft gemäß, durchaus diesseitig in pragmatische Tugenden um: „Treu und Redlichkeit", Fleiß, Ordnung und Pünktlichkeit setzten der „Soldatenkönig" Friedrich Wilhelm I. und seine Nachfolger bei ihren obrigkeitshörigen Untertanen voraus, Aufgehen des Einzelnen im Gemeinwesen, Pflichtbewusstsein, wenns sein muss bis zur Härte. Mit diesen Forderungen, pervertiert zum völkischen Ideal völkermordenden Irrwitzes, trachteten die Nationalsozialisten ihren Radikalanspruch auf kalte Herzlosigkeit zu legitimieren. Grauenvoll musterhaft warf sich damit Heinrich Himmler als „Reichsführer SS" in seinen schimpflichen „Posener Geheimreden" zur Ausrottung der Juden in die schmächtige Brust: „Von euch werden die meisten wissen, was es heißt, wenn hundert Leichen beisammen liegen, wenn fünfhundert oder wenn tausend daliegen. Dies durchgehalten zu haben und dabei – abgesehen von Ausnahmen menschlicher Schwächen – anständig geblieben zu sein, das hat uns hart gemacht und ist ein niemals geschriebenes und niemals zu schreibendes Ruhmesblatt unserer Geschichte." Was für eine abscheuliche

„Umwertung" aller zivilisierten Werte – und ganz anders, als sie der von den Tyrannen ignorant fehlgedeutete Friedrich Nietzsche inaugurierte. An dieser Stelle der deutschen Geschichte hatte eine Wertediskussion, die so heißen durfte, längst aufgehört. Dürfen wir, an dieser Stelle der deutschen Geschichte, der klugen Madame de Staël weiter glauben, die überzeugt war, es habe „kein Mensch und vorzüglich keine Masse von Menschen je allem sittlichen Gefühl gänzlich entsagt"?

Das deutsche „Ruhmesblatt", wenn wir uns denn eines anheften wollen, geht aufs Konto der bundesdeutschen Geschichtswissenschaft und -publizistik. Sie hat die unbeschreiblichen Entsetzlichkeiten jener nachtschwarz-braunen Epoche zumindest seit den Siebziger- und hauptsächlich Neunzigerjahren mit minuziöser Schonungslosigkeit aufgearbeitet. Das bestätigen uns auch kompetente Beobachter im Ausland. Zu den unveräußerlichen Werten im Nachkriegs- und in unserem Gegenwartsdeutschland zählt die ehrliche Offenheit dem braunen Geschichtskapitel gegenüber, hinter dem wir als nachgeborene, selbst schuldlose Generationen den vielberufenen ominösen „Schlussstrich" nicht ziehen. Zugleich aber können wir getrost dem namhaften britischen Kulturhistoriker Peter Watson zustimmen, wenn er meint: „Hitler und der Holocaust nehmen das historische Denken derart in Beschlag, dass wir uns selbst der Möglichkeit berauben, uns mit anderen wichtigen Aspekten der deutschen Geschichte [zwischen Bach und Benedikt XVI.] zu befassen. [...] Es gibt eine Menge mehr in den deutschen Ländern der Neuzeit zu entdecken als das ‚Dritte Reich', es gibt wichtige Lehren, die aus der deutschen Geschichte gezogen werden können."

Solche Lehren, wenn wir sie auch nicht immer alle gleichmäßig beherzigen, zieht unsere Gesellschaft im Grundsatz:

Verfassungspatriotisch engagieren wir uns für Toleranz zwischen Menschen und Gesellschaftsschichten und für aggressionslose Selbstgenügsamkeit unserer Nation im Zusammenstehen mit den Nachbarn. Ausdauernd beharren wir auf der Demokratie, und wär sie auch nur die bessere unter lauter schlechteren Regierungsformen. Wonach wir „brüderlich mit Herz und Hand streben" sollen, fasst unsere Nationalhymne zusammen, wiederum zur Trias: „Einigkeit und Recht und Freiheit". Wohlgemerkt aus dem Jahr 1841 stammt die allbekannte Prägung August Heinrich Hoffmann von Fallerslebens, aus so biedermeierlichen wie pathetischen Zeiten. Aber wer den drei Begriffen nachlauscht, wird aus ihrer anspruchslosen Klarheit auch heute kein Pathos heraushören: keinen geschraubten Schwulst, aber Leidenschaft wohl.

5

Leeres Pathos dürfen wir auch der Pfarrerstochter und Bundeskanzlerin Angela Merkel nicht vorwerfen, bei der die BILD-Zeitung im Juni 2017 nachfragte: „Was ist deutsch?" Worauf sie, ihrer Art gemäß halb hausbacken, halb hintergründig, unser Land von A bis Z durchbuchstabierte: zum Beispiel B – wie Bundeswehr, aber auch wie Bratwurst; F – wie Föderalismus, aber auch wie freiwillige Feuerwehr; O – wie Ordnung, aber auch wie Oktoberfest; V – wie Vielfalt, aber auch wie „Vorsicht, bissiger Hund"; W – wie Windrad, aber auch wie Wirtschaftswunder ... Ganz am Ende: Z – wie Zweifel, aber auch wie Zuversicht. Den wichtigsten Wert für deutsche und alle Menschen indes stellte sie artig an den Anfang: A – wie Artikel 1 Absatz 1 des Grundgesetzes: „Die Würde des Menschen ist unantastbar."

Die Würde jedes Menschen ist gemeint. Das lehrt uns im Namen einer globalisierten Kultur auch ein populärer Aufkleber, den wir, wo wir auf ihn stoßen, nicht pingelig entfernen, sondern wohlweislich kleben lassen sollten. „Dein Christus – ein Jude", heißt es darauf; „dein Auto – ein Japaner; deine Pizza – italienisch; dein Champagner – französisch; dein Kaffee – aus Brasilien; deine Demokratie – aus Griechenland; deine Zahlen – arabisch; deine Schrift – lateinisch ... und dein Nachbar – nur ein Ausländer?"

Das Mittel, die Menschenwürde unantastbar zu bewahren, heißt wohltätig-duldsame Nächstenliebe: Humanität. Was wir unter ihr zu verstehen haben, hat Albert Schweizer – unter den berühmten Pfarrerskindern eines der wohlgeratenen – in bescheidener Kürze definiert: Humanität erfülle sich darin, „dass niemals ein Mensch einem Zweck geopfert" werde. Die Würde des Menschen würdigen wir nicht erst durch den besonnenen Umgang mit Leben und Tod, sondern schon durch Alltagsformen kultivierten Benehmens – dadurch etwa, dass wir, wie der gewesene Bundesinnenminister Lothar de Maizière, „einander die Hand geben". Dies gelingt nur mit gewaltlos geöffneter Hand, mit der geballten Faust nie.

Der periphere Mensch

**Von der Schmach der Provinz
und den Gründen, sie zu loben**

Provinz ist ein Ort zwischen den Ohren. Auf der Landkarte heißt er Peripherie.

Wie das eine und das andere, wie zerebrale Engstirnigkeit und lokale Abgeschiedenheit ineinander aufgehen, das dokumentierte Imke Henkel, London-Korrespondentin der Wochenzeitung DIE ZEIT, am 27. April 2015. In einem Artikel über England erinnerte sie an den 2009 gefassten Vorsatz des damaligen konservativen Premierministers David Cameron, „das ‚Groß' in ‚Großbritannien' wieder zur Geltung zu bringen", nicht zuletzt durch eine tatkräftige, durchaus auch militärisch aktive Außenpolitik. Mittlerweile aber, gab die Journalistin zu bedenken, habe sich erwiesen, dass das Land [seit 1990] nie eine „so insulare Regierung erlebt habe wie die jetzige". Zugleich seien Wahlkämpfe zur „innerbritischen Nabelschau" verkommen. Zwar habe Camerons Herausforderer von der Labour Party, Ed Miliband, in einer Wahlkampfrede die Grundsätze einer weitaus weltoffeneren Außenpolitik formuliert, als da wären: Bekenntnis zum Verbleib des Landes in der Europäischen Union; Beendigung des „kleingeistigen Isolationismus"; eine „aktive Rolle in den internationalen Institutionen". „Aber nichts davon", konstatierte Imke Henkel, „drang in der öffentlichen Wahrnehmung durch." Ihre Prognose von

2015, Englands nähere Zukunft betreffend: „Ein Königreich wird zur Provinz."

Seit dem Brexit darf sich die Autorin in allem bestätigt fühlen. England trennt seine Politik von der Union, so wie es der Ärmelkanal mit seinem Staatsgebiet tut. Seinen partikularen Interessen räumt es Vorrang ein vor dem europäischen Ganzen. Provinz ist eine Insel.

1

Wie es – angeblich – aussieht, das Leben in der „Provinz", das können wir zum Beispiel bei den Schriftsteller-Brüdern Edmond und Jules de Goncourt erfahren. Sie brachten folgende Beobachtungen zu Papier: „Langsam kommen ein, zwei, fünf Menschen vorüber. Man kann die Passanten an den Fingern abzählen. Dann ein Hund, der wie ein Mensch um den Platz herumgeht, dann noch einer. Dann sieht man eine Frau mit Hut. Mitten auf dem Platz steht ein kleiner Handelswagen, an dem niemand kauft: Nach zwei Stunden macht die Verkäuferin zu und geht fort. Es gibt noch etwas Törichteres als den Tod – das Leben eines Platzes in einer Provinzstadt."

Im neunzehnten Jahrhundert bestimmten die beiden französischen Autoren eine Zeit lang das literarische Leben ihres Landes. Mit einer Mischung aus Hochnäsigkeit und Ironie ließen sie den Blick zur Peripherie der *grande nation* schweifen, von Paris, der Hauptstadt aus. Die war und ist Metropole im Wortsinn: eine Stadt als imaginierte Mitte, Sammel-, Brenn- und Schnittpunkt des gesamten politischen, gesellschaftlichen und kulturellen Lebens. Im zentralistischen Staat Frankreich konzentriert sich in jenem nationalen Kompetenzzentrum so gut wie alles, was als wichtig gilt.

Lässt sich in unseren deutschen Randregionen das Leben so denken, wie es den Goncourt-Brüdern vorkam? So reizlos fahl, so sinn- und farbenleer, so fad einförmig? Nicht weniger unnachsichtig ging ein einheimischer Autor unserer Zeit, Volker Braun, Jahrgang 1939, mit der „Provinz" ins Gericht: Für ihn ist sie „der leere Augenblick. Geschichte auf dem Abstellgleis. Status quo. Was uns ersticken machen kann: aus der bewegten Zeit in eine stehende zu fallen."

Beredt gesagt. Aber müssen wir zulassen, dass einer um eines pointierten Aphorismus willen die übergroße Mehrheit der Menschen in unserem Land und ihre zentrumsferne Lebenswelt in ein „erstickendes" Abseits entsorgt? Aufs „Abstellgleis" geschoben, sollen wir gefälligst ruhig „stehen" bleiben und dürfen schauen, woher wir die staubige Luft für die vorletzten Atemzüge schöpfen.

Lebenswelt ist Provinz in der Tat. „Tod und Geburt lernt man nur in einem Dorfe kennen, in keiner Stadt" – das wusste einer wie Jean Paul aus eigener Erfahrung. Zum weithin berühmten Bestsellerautor zwar brachte ers und fiel in Weimar, dem Standort eines illustren Musenhofs, nicht nur als Dichter auf, auch als sich entziehendes Ziel weiblicher Avancen. Aber im weiland winzigen Wunsiedel war er zur Welt gekommen und hatte im noch klitzekleineren Joditz und in Schwarzenbach an der Saale seine Kindheit verlebt, eine elysische Kindheit wie in lauschigen „Auenthälern". Dieser Jugend – wie auch seines langen Bayreuther Lebensabends – wegen nennen die Menschen im nordostbayerischen Hochfranken ihn ihren Nationaldichter, was seinem Rang in der hohen deutschen, ja der Weltliteratur keinen Abbruch tut.

Wo also finden wir sie, die sogenannte Provinz? Jeder vermutet sie in einer Gegend, wo er selber nicht zu Hause ist und wo es etwas leiser und langsamer zugeht, ein bisschen weniger durchgreifend, nicht ganz so beispielhaft und weltbewegend. Der Berliner findet sie in Frankfurt/Main, der Münchner in Nürnberg, der Bayreuther in Hof, der Hofer in Rehau ... Peripherie, nicht Provinz, ist fast alles hierzulande: der größte Teil des deutschen Staatsgebietes außerhalb der Ballungsräume und großstädtischen Menschenmagneten. Die Provinz in den Köpfen aber rührt sich unter Hamburger Scheitelbeinen so unbezwingbar wie unter Hallersteinern: als einfältige Bequemlichkeit und gleichgültige Ignoranz, als furchtsames Pharisäertum und kleinkarierter Konservatismus. Den ehrfürchtigen Tunnelblick, den das eingeschüchtert-erstarrte Kaninchen, die Augen wie zwischen Scheuklappen, aus seinem Käfig in die vermeintliche große Freiheit der fernen Metropolen wirft – ihn dürfen wir mit Fug und Recht provinziell nennen.

2

Im Grunde könnte kein Begriff wertneutraler klingen als Provinz – an seiner Herkunft gemessen. Vom lateinischen *provincia* leitete er sich ab; unter den Römern bezeichnete das Wort zunächst schlicht das Aufgabengebiet eines Menschen, den Inhalt eines Auftrags, der ihm erteilt wurde; dann, unter den Inhabern einer hohen Befehlsgewalt, des *imperium*, ihren Amtsbereich. Erst später verschob sich die Bedeutung beider Begriffe in die Fläche: Dann nannten die Römer *provincia* ein Territorium außerhalb ihres Stammlandes Italien, ein Gebiet, das sie ihrer Herrschaft, dem Imperium, unterworfen und als Bezirk in ihr Verwaltungssystem eingegliedert hatten. Die Insel Sizilien, die 241 vor Christus durch den ersten Punischen Krieg an Rom fiel, war seine erste Provinz. Mit eigener Sonderbedeutung existiert der Begriff auch im katholischen Ordenswesen und der kirchlichen Verwaltung fort; ebenso wie die Diözese: Die richtete ursprünglich Kaiser Diokletian ums Jahr 300 nach Christus als Verwaltungsinstanz ein, die er den seinerzeit 98 römischen Provinzen überordnete. Der für uns heute schale Beigeschmack des Wortes Provinz, seine abwertende Konnotation entsprang derselben Epoche: Rom sah sich als Nabel der Welt – die Provinzen lagen fern von diesem politischen und kulturellen Herzzentrum des Reiches, oft zusätzlich abgeschieden durch wilde Landstriche mit ausgedehnten Wäldern. Den Hinterwäldlern dort auf dem platten Land mochte der stolze Stadtrömer nicht allzu viel Zivilisiertheit zutrauen.

Die Provinz als Verwaltungseinheit, als mehr oder weniger selbstverantwortlicher Landesteil: Bis weit in die Neuzeit wirkte das römische Vorbild fort. Seit dem vierzehnten Jahrhundert findet es sich im Sinn von Amtsbereich in deutschen Urkunden, weltlichen wie kirchlichen. Bis ins revolutionäre Schlüsseljahr 1789 war Frankreich in Provinzen unterteilt; ihre gegenseitige Abgrenzung beachtete und spiegelte landschaftliche Eigentümlichkeiten und Gegensätze. Dann, mit dem Umsturz, traten die uns geläufigen Départements an ihre Stelle, mit ganz anders, vergleichsweise willkürlich gezogenen Umrissen. Durch sie sollte sich die Verwaltung des Landes vereinheitlichen; aber auch der Ausgleich und die Auflösung „provinzieller" Gegensätze gehörte zu den Zwecken der Reform.

Gerade im romanischsprachigen Frankreich erhielt sich das altrömische Wort *provincia* in Orts- und Landschaftsnamen. In der Region Île-de-France, im Département Seine-et-Marne, beherbergt das Städtchen Provins gut zwölftausend Einwohner; wiewohl erst zu Beginn des neunten Jahrhunderts in Quellen greifbar, geht es wohl auf beträchtlich ältere Siedlungen zurück. Weitaus namhafter erstreckt sich die historische Landschaft der Provence im Südosten von der Rhône bis zu den Alpen. *Provincia Narbonensis* – oder bündig *Provincia* – hieß sie zur Zeit der Römer, denen es von 125 bis 118 vor Christus gelang, sich ihrer zu bemächtigen. Als ihr Erbe erhielten sich, unter vielem anderen, bis auf unsere Tage sichtbar und bestaunbar ihr Amphitheater in Arles, ihr Theater in Orange, der künstliche Wasserweg des Pont du Gard.

Preußen ließ sich 1815, und also erst nach dem Ende der Napoleonischen Kriege, auf das französische Vorbild ein. Ein Konzept räumlicher Selbstverwaltung hatte der Reformer Heinrich Friedrich Karl Reichsfreiherr vom und zum Stein entwickelt; 1815 wurde es durch die Schaffung von zehn Provinzen manifest. Sie rangierten über den Regierungsbezirken und Kreisen. Als Person stand jeder von ihnen ein Oberpräsident vor; ein Provinzialrat beschloss über besondere staatliche Aufgaben; erst Provinzialstände, später ein Provinziallandtag beteiligte sich an der Regierung. Zunächst entsandten Stadt- und Landkreise Abgeordnete in jenes Gremium, von 1925 bis 1933 das Volk.

3

Darin liegt heute das besiegelte Schicksal der sogenannten Provinz: dass ihre Selbstbehauptungskräfte an den Dreh- und Angelpunkten der Republik vielfach unbemerkt bleiben und darum unterschätzt werden. Wer aus der Metropole durch den Feldstecher nach der Peripherie blickt, hält das Glas oft leichtsinnig verkehrt herum: Dann erscheint ihm alles da draußen minimal und nichtig. Und doch ist nur optische Täuschung, was das Leben jenseits des hauptstädtischen Tellerrands so winzig macht.

Dabei sieht sich die zivilisierte Welt insgesamt von einer Entprovinzialisierung erfasst. Den Informationsvorsprung, den der metropolitane Mensch jahrhundertelang vor dem peripheren Menschen behaupten konnte, den hat er längst eingebüßt. Dazu tragen die Erfindung der Massenmedien und ihre immer rasantere Ausbreitung eifrig bei. Vor wenigen Jahrzehnten trat das Internet hinzu: ein Nachrichtenmarkt und Weltlexikon, zu dem der Nutzer auf dem Allgäuer Einödhof, sofern er sich technisch hinreichend ausgerüstet hat, ebenso leicht Zugang findet wie jener in der großen Stadt. Teilhabe am Weltgeschehen, umgehende Reaktion auf Ereignisse, Erreichbarkeit auch speziellen Wissens sind nicht länger Vorrechte der Eliten. Jeder, der Verstand und Neugier mitbringt, gelangt heute an eine Tiefe und Weite der Erkenntnis, die vor nicht langer Zeit den Fachleuten und Studierenden in den Universitätsbibliotheken vorbehalten waren.

So markiert die globale Verbreitung des *world wide web* den schnellsten, schwungvollsten und einflussreichsten Paradigmenwechsel in der Evolution der menschlichen Gelehrsamkeit seit der Erfindung des Buchdrucks. Schon jener Aufschwung vor sechshundert Jahren verwandelte althergebrachtes Herrenwissen und fortschrittliche Weltkenntnis in Angelegenheiten des Volkes. Zwar konnte die Mehrzahl der Menschen bis dato nicht lesen und schreiben; fortan aber liefen Wellen der Alphabetisierung immer ausgedehnter durchs Land. Gemessen an den Möglichkeiten, die das Internet jedem Einzelnen anbietet, müssen wir es für das demokratischste Medium aller Zeiten halten. Und allerdings verlangte noch kein Medium zuvor seinem Nutzer ein so hohes Maß an aufmerksamer Selbstverantwortung ab: Von der Spitzenpolitikerin wie vom Hilfsarbeiter bedingt es sich die Fähigkeit aus, die beglaubigte oder glaubwürdige Information von der raffinierten Irreführung zu scheiden, den stupenden Fake und baren Unsinn vom Vernünftigen, das Unsaubere vom Ungetrübten.

Der totale Durchbruch dieser einzigartigen Innovation veränderte die „Provinz" als Lebensraum tiefgreifend. Wer sich in der Peripherie einrichtet, wer also geografisch zurückbleibt im untergeordneten Bezirk, muss nicht mehr als zurückgeblieben gelten. Pharisäertum erhebt sein zauderndes Haupt fantasieloser Rückständigkeit ja auch in den Zentren. Jede Kleinstadt mag Kleingärtner beherbergen, die sich in ihren Parzellen hinter Gartenzwergen und getrimmten Rasenrändern verschanzen: Ja, das ist provinziell. Nur gibt es in den Schreber-Anlagen jeder Großstadt weitaus mehr Exemplare der spießigen Spezies.

Druck und Tempo des modernen Arbeitsalltags haben auch die geografischen Ränder unserer Leistungsgesellschaft erreicht. Egal wo wir leben – überall sehnen wir uns danach, gemächlicher, bedächtiger, überlegter handeln zu dürfen. Nach „Entschleunigung" verlangen wir, so sehr, dass das Wort bereits seit dem Jahr 2000 im DUDEN steht. In den kleinen Räumen an der Peripherie glückt solche zweckvolle Drosselung unserer Aktivitäten gründlicher und anhaltender. Nicht provinzieller Engbrüstigkeit verdanken wir diesen Vorzug, wohl aber der Überschaubarkeit des Zusammenlebens in der ländlichen Region. Nicht vermeintliche Unterentwicklung und verwinkelte Ungestalt unserer Wohnorte wissen wir zu schätzen, wohl aber die schnelle Erreichbarkeit von Einkaufsmöglichkeiten und öffentlichen Einrichtungen, von sozialen Treffpunkten und Stätten der Kultur.

Den Blickpunkt am Rande einzunehmen, lohnt sich. Aus gebotener Distanz schaut der periphere Mensch auf das, was die brodelnden Trend-Fabriken von Woche zu Woche ausstoßen. Aber er starrt, Klarsicht vorausgesetzt, nicht wie der kritiklos Gläubige auf den Tempel einer Gottheit, bis endlich der Priester das Tor öffnet. Noch nie verfügte der periphere Mensch über differenziertere Möglichkeiten, das übersichtlich Eigene mit dem Überschuss und Übermaß der angeblich großen Welt zu vergleichen. Dabei kann er den zeitlichen und mentalen Abstand nutzen, das auszuwählen, was er für tauglich erachtet. Er muss sich nicht den Vorwurf gefallen lassen, die Provinz kopiere unterwürfig, ungeprüft und mit provisorischen Mitteln die urbanen Vorgaben – verläuft doch das Vorauseilen und Vormachen, das Nacheifern und Nachäffen zwischen Berlin und Hamburg und München weit verbissener; ein Konkurrenzkampf, aus dem sich die am Rande als lachende Dritte oft heraushalten.

Viele der zeitgeistigen Hakenschläge und vorübergehenden Kursänderungen, die wir Trends nennen, erreichen die „Provinz" verspätet. Mag sein, dass die Menschen hier etliche von ihnen aufnehmen, indem sie die Muster lächerlich verzerren, zu übertrumpfen suchen und ihnen noch nachhängen, wenn ihre Verfallszeit schon abgelaufen ist. Andere Strömungen aber verebben, bevor sie den Weg hinter die sieben Berge geschafft haben: Viele schräge Auswüchse und hippe Entartungen behält die Großstadt für sich, verdaut sie und scheidet sie aus, bevor sie weitflächig Schaden anrichten können. Insofern liegt ein Filter zwischen dem sich von Tag zu Tag neu erregenden Epizentrum und den Außenbezirken, die sich von manchem groben Unfug rein zu halten vermögen, weil die Erde hier schwerfälliger bebt. Das, was Kabarettisten und Comedians zu Satire anregt, finden sie meist in den Metropolen vor. Wer provinzielle Langeweile für das Gegenteil des großstädtischen Hypes hält, sitzt einem Missverständnis auf.

4

Kultur in der Provinz – das scheint für manchen von uns ein Widerspruch in sich zu sein. Vielfach wird sie belächelt hierzulande, gelegentlich unbesehen bespöttelt. Aber nirgendwo sonst auf der Welt gibt es sie in derart reichem Maß und so lebendig wie in Deutschland.

Wer heute erleben will, wie große Musik in großartiger Ausführung klingt, dem wird der Genuss zuteil, ob er in München oder Münchenreuth die Ohren spitzt. Der Rundfunk macht uns selbst mit Raritäten des Repertoires vertraut, erst recht lehren uns die Tonträgerindustrie sowie die Streamingdienste und zahllosen einschlägigen Portale des weltweiten Netzes, die besonderen Namen zu unterscheiden. Die Starsopranistin Elīna Garanča oder Lang Lang, den Tasten-Heros, oder wie all die Zelebritäten heißen – sie kennt man auch an Orten gut, in denen sie niemals auftreten werden.

Deutschland erfreut sich der größten Theater- und Orchesterdichte weltweit – ein mächtiges Pfund im Dienst des zeitgenössischen Diskurses und der ästhetischen Geschmacksbildung, unverzichtbar genug, um damit bis in die Winkel der Randzonen zu wuchern. Den erfreulichen Umstand schulden wir in dankbarer Demut heute einem Manko, das den deutschen Kulturraum während vieler vergangener Jahrhunderte belastete, nämlich seiner Kleinstaaterei und dem Prestigedenken der nebeneinander rivalisierenden Regenten. Besaß ein Potentat ein Theater, errichtete sein Nachbar seinerseits eines, wenn möglich prächtiger. Die Zersplitterung der Territorien, vormals ein Nachteil für den Standort Deutschland insgesamt, hat sich in einen Vorteil für viele Standorte in der Republik umgekehrt.

Als Experimentierfeld bewähren sich die peripheren Bühnen seither; schon darum, weil hier, wo nicht alles perfekt gelingen kann, auch nicht alles perfekt gelingen muss. Wer sich in der Region mit einem künstlerischen Unternehmen blamiert, tut es nicht gleich vor der nationalen Öffentlichkeit und der überregionalen Presse, wie es ihm an einem metropolitanen Haus widerführe. Ein strahlkräftiges Staatstheater, von höchster administrativer Seite beneidenswert mit Mitteln ausgestattet und in seinem Fortbestand gesichert, öffnet zwar Freiräume, wie es sie andernorts so leicht nicht gibt; manch einen Künstler indes verführt dies zu einer Bequemlichkeit, die sich erst recht im Stadttheater verbieten sollte. Dort, am Versuchs-Ort, treten Persönlichkeiten auch schon mal wissentlich mit allzu notdürftigen, vielleicht gar unzulänglichen Mitteln an; darin freilich erweist sich, dass sich hier nicht weniger Mut und Ehrgeiz rühren, am Ausnahmeprojekt namens Kreativität teilzunehmen. An den Kunstorten dezentraler Regionen lässt sich der pragmatische Umgang mit Mitteln und Möglichkeiten lernen und studieren. Hier fragt der Künstler sachlich berechnend: Was steht mir zur Verfügung und wie setze ich es ein, um mein Anliegen einigermaßen überzeugend zu realisieren? Was in einem Theaterbau das Große Haus, ist innerhalb der Kulturnation die Großstadt; die Kleinstadt hingegen behauptet sich nicht selten als Studio: Als Werkstatt, Lernort rechnet sie von vornherein damit, ohne die ‚idealen' Aufführungsbedingungen der wohlversorgten Zentrumskultur auszukommen, die sich oft genug in Gepränge und im Einsatz hoch gehandelter Stars vollenden. Wer solchen Überfluss als Maßstab akzeptiert, räumt in letzter Konsequenz ein, Kunst falle umso gelungener und bedeutender aus, je mehr sie koste. Die Wahrheit sieht viel nüchterner aus, zugleich viel frischer, verheißungsvoller, chancenreicher: Wo immer Kunst die Kraft schöpft, florierend sich zu steigern, schaut ein spektakuläres Scheitern interessanter aus als ein gleichgültiger Triumph.

Täuscht der Eindruck? Oder macht dies, aufs ganze Leben gemünzt, die Peripherie zum menschlicheren Ort? Die Bekanntheit und Benennbarkeit ihrer vertrauten Einzelheiten verhilft uns dazu, in ihr Heimat zu erleben, vielleicht intensiver, als das der Bevölkerung der urbanen Landeskerne gelingt. Die Aura der ‚provinziellen' Heimat, als landschaftlichen Lebensraums, umfasst besonders aussagekräftig auch den je spezifischen Dialekt mitsamt den Nuancen, durch die er sich von einem Ort zum nächsten klanglich verändert. Provinzialismus nennen das die Linguisten und bestätigen: Das landschaftlich-mundartliche Wort, das seinen Gegensatz zur nivellierten Schrift- und Verwaltungssprache behauptet, ist Teil einer jeweils ganz individuellen Ausstrahlung. So verstanden, lässt sich Heimat in der Umfriedung eines verhältnismäßig kleinen Lebensraums – und in der Weite des Landstrichs, der ihn umgibt – leichter finden als im kaum absehbaren Gewirr der Ansprüche, Zielvorgaben, Zeitmeinungen an den Mittelpunkten. Deren Dichte an Menschen und Ereignissen sorgt, wie bei einem Himmelskörper, für eine ungeheure Gravitation, die es dem Einzelnen unter Umständen schwer macht, sich und seine Persönlichkeit zu entziehen und durch Eigenwillen frei zu entfalten. Die lebensfreundlicheren Umlaufbahnen finden sich an der Peripherie.

„Kastalien" hat Hermann Hesse die pädagogische Provinz in seinem Großroman DAS GLASPERLENSPIEL genannt. Darin entwirft er ein Hinterland weltabgeschiedener Gelehrsamkeit. „Sämtliche Inhalte und Werte unsrer Kultur, dieses ganze ungeheure Material von geistigen Werten wird vom Glasperlenspieler so gespielt wie eine Orgel vom Organisten. Dem einzelnen Spieler ist eine ganze Welt von Möglichkeiten und

Kombinationen gegeben, und dass unter tausend streng durchgeführten Spielen auch nur zwei einander mehr als an der Oberfläche ähnlich seien, liegt beinahe außerhalb des Möglichen."

Eine poetische Utopie, in ferne Zukunft verlegt. Aber doch erkennen wir darin die „Welt von Möglichkeiten und Kombinationen", die uns Menschen mittlerweile zur Wahl stehen, ob nun in Frankfurt oder im Frankenwald. Ein Stück jenes Kastaliens liegt nah bei jedem von uns, im Hier und Heute, in der Mitte wie am Rand.

‚Provinz' sitzt wie ein Korsett: Natürlich engt sie ein und zwickt und drückt nicht selten, gerade an empfindlichen Stellen. Aber sie enthält uns heutzutage nichts Zeitgemäßes mehr vor. Und sie stützt uns auch. Denn sie stiftet eine Identität, die uns und nur uns bezeichnet, sie verleiht uns die Überzeugung, einen Platz einzunehmen, an den wir mit vollem Recht gehören.

Paradies und Pandora

„Carpe diem"
oder Wie man das Beste aus dem Leben macht

Mehr Glück als Verstand

Über den Bahnhof des niederbayerischen Osterhofen torkelt an einem Märztag des Jahres 2020 ein junger Mann, völlig blau. Als er sich – kein Wunder bei 2,6 Promille Alkohol im Blut – nicht länger auf den Beinen halten kann, beschließt er, sich auszuruhen. Dazu setzt er sich auf den Boden nieder und lässt die Beine über die Bahnsteigkante baumeln. Dumm nur, dass gerade jetzt eine Regionalbahn einfährt. Kaum dass der Zugführer die Situation erkannt hat, bremst er scharf ab. Trotzdem kann er nicht verhindern, dass die Lok Kopf und Brust des Dösenden erfasst. Nach menschlichem Ermessen müsste das den Tod des Sturzbetrunkenen bedeuten – doch wunderbarerweise wird er lediglich so leicht verletzt, dass er nach ambulanter Behandlung in einer Klinik wieder nach Hause darf.

Bestätigt der Vorfall den Gemeinplatz, dass ein Extra-Schutzengel die Betrunkenen bewahrt? Oder untermauert er die Vermutung US-amerikanischer Forscher, Alkohol im Blut könne die Überlebenschancen für Menschen mit Schädeltrauma erhöhen? Die Deutsche Presse-Agentur jedenfalls meldete das Ereignis unter einer Überschrift, die es zur erheiternden Stilblüte bringt: „Unbeschreibliches Glück gehabt: Mann von Zug verletzt".

Der Berauschte hatte, sagen wir in solchen Fällen, mehr Glück als Verstand. Wer sich hingegen nicht zu solchen Kindern des Glücks rechnen darf, kommt bisweilen nicht umhin, selbst für gewisse Voraussetzungen zu sorgen, damit das Schicksal ihm hold ist. Davon erzählt einer jener köstlichklugen Witze, wie sie einst die Juden einander erzählten: Der brave Moische, materiell in Bedrängnis, weiß sich nicht mehr zu helfen und stürzt in die Synagoge; dort fleht er: „Herr, gib, dass ich gewinne in der Lotterie." Woche für Woche wiederholt er seinen Bittgang – und muss Mal um Mal erleben, dass sein Gebet unerhört bleibt. Schließlich, an einem Sabbat, wirft er sich auf den Boden des Tempels und ruft verzweifelt aus: „Herr, gib doch endlich, dass ich gewinne in der Lotterie." Da erfüllt magisches Licht den heiligen Raum, und mild spricht eine Stimme von oben zu ihm: „Moische, gib mir eine Chance: Kauf dir ein Los."

Wem sich überirdische Unterstützung dergestalt ankündigt, kann von Glück sagen. Aber reichen irdische Glücksgüter, reicht die augenblicksgenaue Bewahrung des Leibes, reicht selbst ein Hauptgewinn aus, ein Leben gelingen zu lassen? Die Krise, die das Corona-Virus seit dem Jahreswechsel 2019 auf 2020 in Seuchen-Wellen über den Erdball sendet, hat, neben überdurchschnittlich vielen Schwangerschaften, notgedrungen auch zu einer Überzahl an Zerwürfnissen, Misshandlungen und Trennungen geführt. Daran trug weniger die oktroyierte *social distance* zwischen uns Menschen die Schuld als die aufgezwungene Nähe zwischen Partnern und innerhalb der Familien. So weist der zwar hochgefährliche, aber an sich nicht menschheitsbedrohende Keim anschaulich die Behauptung des (1662 gestorbenen) französischen Philosophen Blaise

Pascal zurück, wonach „alles Unglück aus dem einzigen Umstand herrührt, dass der Mensch nicht ruhig in einem Zimmer bleibt".

Freilich darf der sture Stubenhocker, mag er sich auch regalmeterweise mit gescheiten Schriften umgeben, nicht hoffen, über das bloße Dasein eines Gelehrten hinaus ein Leben zu führen, das den Namen verdient: eine Existenz also, die sich zum Miteinander entgrenzt, zur aktiven Begegnung und zum Austausch von Angesicht zu Angesicht. Geradezu solipsistisch zwar brachte der hinfällige Dichter Marcel Proust einen großen Teil seiner Jahre in einem abgedunkelten Schlafzimmer zu, beinah kontaktlos, im Bett liegend, unablässig gegen das Sterben anschreibend, ein Untoter fast. Zu leben gelang ihm gleichwohl – in dem überdimensionalen Roman, der ihm glückte, in den 4200 Seiten, in denen er AUF DER SUCHE NACH DER VERLORENEN ZEIT seiner eigenen Geschichte nachspürte, in den Hunderten von Figuren, die er darin erweckte und in ihren Geschichten, die er zu einer eigenen Gesellschaft verflocht, zu einer Welt für sich.

Wie „flinke Weberschiffchen", schreibt Proust im siebten und letzten Teil seines Epos, DIE WIEDERGEFUNDENE ZEIT, spinnen die Jahre „Fäden" zwischen Erinnerungen, die uns „zunächst ganz unabhängig schienen". Ist folglich unser Leben, wenn es uns rückblickend geglückt, gelungen, gut erscheint, nur ein Konstrukt unseres Gedächtnisses, fiktiv wie ein monumentaler Roman?

Wer die Inhaltsstoffe eines gelingenden Lebens erkundet, muss mindestens zwei Fragen zusammenführen. Den Sinn unseres Erdenwandels – und ob der überhaupt einen hat – prüft die eine Frage; die andere forscht nach dem Wesen dessen, was wir Glück nennen. Stellen lassen sich beide Fragen nur unter dem Dach jenes Spezifikums, das uns Menschen vor aller übrigen Natur auszeichnet: Ausschließlich wir Menschen verfügen über das Reflexionsvermögen, über das Leben, seine Inhalte und Zwecke zu spekulieren und dabei wohlgemerkt seine unbekannte Zukunft und, eingedenk der Unabweisbarkeit unseres Todes, sein Ende mit ins Kalkül zu ziehen.

Das wahre Leben

Unsere Daseinsform, die wir Leben nennen, können wir sehr verschieden beschreiben. Rein als biologische Wesen können wir uns betrachten, als Organismen, die aufgrund physikalischer und chemischer Gesetzmäßigkeiten entstehen und sich ausbilden, sich fortpflanzen und absterben; mit solch dürrer Prämisse entschlagen wir uns bequem aller Annahmen und Erwägungen, die über die Grenzen des nackten Daseins hinausgehen. Auch können wir uns materialistisch mit rein stofflichen Maschinen vergleichen, deren Zustände und Wirkungen vollständig von konkreten Ursachen determiniert sind und ausgelöst werden; wirklich fast wie Automaten können wir uns vorkommen, wenn wir die aufregenden Fortschritte etwa bei der Prothetik oder der Erschaffung sogenannter Künstlicher Intelligenz beobachten. Und wir können das Leben aus der Sicht von Metaphysik, Psychologie und Gesellschaft betrachten: als ein Phänomen, deren letzte Rätsel weder Naturwissenschaft noch Philosophie zu lösen bislang imstande war; als Prozess und Ergebnis individueller Persönlichkeitsbildung; als Voraussetzung und Methode menschlicher und sozialer Interaktion. Was wir unter ‚wahrem Leben' verstehen, umfasst zwingend, dass wir (erstens) ein Bewusstsein einerseits von uns selbst und andererseits für das Andere, die Anderen besitzen; dass wir uns (zweitens) von Fall zu Fall zu einem Votum oder Angebot oder zu einem anderen entschließen können; und dass wir (drittens) günstigenfalls frei sind in unseren Entscheidungen. Erst wenn wir uns dem hochkomplexen, obendrein unüberschaubar dynamischen Phänomen Leben mit diesem Erkenntnisinteresse nähern, erst dann ergibt sich überhaupt die Notwendigkeit, uns nach einem ihm innewohnenden Sinn zu erkundigen, der über das Mechanische hinausreicht.

Natur und Kosmos ‚als solche' scheinen auch sinnfrei bestens in Gang zu bleiben, soll heißen: auch ohne einen notwendigen Anlass, da zu sein; und vielleicht liefe die Welt ganz ohne uns Menschen erst eigentlich rund. Ob dem so wäre – wir wissen es nicht. Wir wissen, dass unsere Lebenswelt zur Insel der Seligen nicht taugt: nicht zu einem Wunder- und Zauberland allgemeinen uneingeschränkten Wohlfühlens und -ergehens, nicht zum Paradies. Eskapismus ist erlaubt: nicht platter Zeitvertreib, aber doch ergiebige Hobbys, gescheite Lektüre, vernünftige Freizeitvergnügungen – denn diese Welt ist nicht von der Art, dass wir uns ihr ungeschützt 24 Stunden am Tag ungeschützt aussetzen sollten.

Der Garten Eden, in den uns das Alte Testament der Bibel allegorisch schauen lässt, beherbergt – neben einer, übrigens vegetarischen, Vollversorgung mit Lebensmitteln und der Zeitlosigkeit eines komfortablen Nichtstuns ohne Langeweile – zwei Naturphänomene besonderer Art: zwei Holzgewächse nämlich, einen Baum der Erkenntnis und einen des Lebens. Wer verbotenerweise von ihren Früchten kostet und somit, als törichter Wicht, nach göttlicher Allwissenheit und ewiger Vollkommenheit zu greifen sich erfrecht, der hat strengste Sanktionen zu gewärtigen: Adam und Eva sehen sich, als Folge ihrer Genäschigkeit, alsbald in die Beschwernis und Endlichkeit durch und durch unelysischer Erdentage verbannt. Wir, als beider Nachkommen, könnten paradiesisches Glück vielleicht nur genießen, wenn uns wie arglosen Kindern das Wissen um unsere Sterblichkeit verborgen bliebe. Aber der Gedanke daran ist uns nun mal, wiewohl wenig willkommen, durchaus und dauernd vertraut, wobei selbst Glückspilze und Glücksritter ahnen, dass unter den menschlichen Nöten der Tod keineswegs als die bitterste gelten muss.

Alle erdenklichen Übel, so erzählten sich die Griechen der Antike, halte die verführerische Pandora, wörtlich: die „All-Geberin", in einer Büchse bereit; indem sie das Gefäß öffnet, überschwemmt Unheil die Welt. Mythologisch betrachtet, ergeben sich Chancen auf Glück, solange der Deckel über der Büchse versperrt bleibt. Tagtäglich aber vernehmen wir, dass er sich öffnet, seis nur ein wenig, seis sperrangelweit. Mit jeder Nachricht von Krieg und Massenelend halten uns die Medien über den Inhalt des fatalen Gefäßes entsetzlich auf dem Laufenden. Und hin und wieder müssen wir selbst Leid ertragen. Hingegen durfte der junge Betrunkene im niederbayerischen Osterhofen erleben, wie sich Pandoras tödlicher Topf gerade rechtzeitig wieder vor ihm verschloss – ein guter Grund zur Freude, ähnlich der darüber, dass das pandemische Corona-Virus, trotz Tausender Toter auch hierzulande, mit den meisten von uns eher glimpflich verfuhr. Kraft unseres Verstandes können wir die Suche nach dem gelingenden, dem glücklichen Leben nur betreiben, wenn wir der Allgegenwart potenziellen Unglücks stets gewärtig bleiben. „Genieße das Leben mit dem Weibe, das du lieb hast, alle die Tage deines eitlen Lebens hindurch, die [Gott] dir gegeben hat unter der Sonne, denn das ist dein Teil für deine Mühe, womit du dich mühst unter der Sonne", rät der weise Prediger im Buch KOHELET des Alten Testaments, um gallig fortzufahren: „Alles, was deine Hand zu tun vermag, das tue frisch; denn in der Hölle, zu der du hinfährst, ist weder Werk, Kunst, Vernunft noch Weisheit." Zum Glück heißt es zwei Verse zuvor: „Wohlan denn, iss mit Freuden dein Brot und trinke mit frohem Herzen deinen Wein; denn dein Werk gefällt Gott." Lapidarer, dabei gleichen Sinnes, hat der römische Poet Horaz seine Lebensregel aufgezeichnet, die übersetzt etwa so lautet: „Forsche nie nach dem Ziel unsrer Tage. Lass uns hinnehmen, dass es eh kommt, wies kommt. [...] Reinen Wein schenk dir ein und schieb alle große Hoffnung beiseite. [...] Greif nach dem Tag und traue dem Morgen nicht übern Weg."

„*Carpe diem*" – „pflücke" jeden der Tage, will uns das sagen. Denn wie das Baumlaub im Herbst könnten die Tage am Abend der Zeit womöglich am buntesten sein. Sehe ein jeder selbst zu, ob und wie er das schafft. Hierin, zuallererst, liegt das Glück des Tüchtigen.

Alle guten Geister

Was aber wissen wir überhaupt vom Glück? Offenkundig so wenig, dass selbst methodisch sattelfeste Politik-, Wirtschafts- und Gesellschaftswissenschaftler sich bis zum Widerspruch schwer damit tun, es in Kategorien zu fassen. So setzten die Autoren des *WORLD HAPPYNESS REPORTS* – die alljährlich über die Verteilung der „Glückseligkeit" auf Erden berichten – in den Jahren 2018 und 2019 Finnland auf Rang eins ihrer Liste der gesegnetsten Länder; überhaupt sahen sie Skandinavien vom Glück begünstigt, nominierten sie doch in den Jahren zuvor Dänemark und Norwegen. Zu einem auffällig anderen Ergebnis kamen die Kundschafter des *HAPPY PLANET INDEX*: Für sie rangiert Finnland abgeschlagen auf dem 37. Platz.

Deutschland übrigens steht der einen Erhebung zufolge auf siebzehnter, nach der anderen gar erst auf 49. Stufe.

Was also wissen wir vom Glück – außer dass es der Inhalt einer Form ist, die wir Hoffnung nennen? Durch Zufall, als „glückliche Fügung" kommt es gelegentlich – selten genug – auf uns herab. In der Ekstase der leiblichen Lust, im Kick des Drogenrauschs, in der sinnlosen Besoffenheit des Osterhofener Schluckspechts wie in der statthaften Euphorie nach einem unverhofften Triumph ereilt es uns, als wärs aus heiterem Himmel; und schwindet wieder, meist allzu rasch. In der Regel aber müssen wir, und andere mit uns, viel tun für unser Wohlbefinden und die Erfüllung unserer Wünsche. Mit Vorstellungen des Befriedigtseins pflegen wir das Glück einzukreisen. Vermeintlich oder tatsächlich finden wir es, wo wir unsere Individualität verwirklichen und gleichzeitig erfahren dürfen, dass wir ‚dazugehören': zu Gemeinschaften, Lebensräumen, Diskursen; zu allem, aus dem uns Heimat erwächst. In der Liebe zwischen den Partnern und zwischen den Generationen gelingt dies, in der beruflichen Karriere wie im sportlichen Sieg, im solitären wie im gemeinsamen Kunstgenuss, in der Formulierung neuer Ideen und Ziele ebenso wie in der Genugtuung, wenn wir sie realisieren und erreichen. Als gleichgültig oder unerheblich empfindet allerdings so mancher seine Anwesenheit auf dem Planeten, sofern sie ihm nicht Reichtum oder Macht beschert. Bemerkenswerterweise aber scheint nicht bei wenigen von uns der Glücksstern umso mehr zu verblassen, je mehr Einfluss auf Menschen und Dinge sie erlangen, je intensiver und kostspieliger sie am Konsum teilnehmen. Geld allein mache nicht glücklich, lehrt uns eine Binsenweisheit – aus gutem Grund. Denn nur soweit bereichern uns Glücksgüter und Glücksfälle, wie unsere Gabe reicht, Beglückung denn auch zu verspüren. Dazu ist nicht jeder veranlagt, und schon gar nicht jeder in gleichem oder gleichbleibendem Maß.

Zu all den unterschiedlichen Benennungen für Glück fanden die Denker der Antike, namentlich Platon und Aristoteles, gemeinsame Nenner. Einer ist die *eudaimonía*, wörtlich der wohlweisliche Kontakt zu „allen guten Geistern", von denen wir sonst so häufig verlassen sind. Eine Haltung mit ethischem Unterbau und sittlichem Ziel: Vereinfacht ausgedrückt, erfüllt sie sich in dem, der so handelt, dass er sich selbst gut fühlt und im Kreis der Anderen Gutes wirkt. Wer dies als Glück empfindet, dem gelingt das Leben, von dessen „Baum" er einen Tag um den anderen „pflückt". Der Elite der wirklich Weisen ist die zugrunde liegende Idee des Guten durch eigene Einsicht gegeben; der Mehrheit der weniger Belichteten kann durch gründliche Erziehung einschlägig Bescheid gestoßen werden.

Geradezu „wie ein Gott unter Menschen" könnten wir leben, meinte um die Wende des vierten zum dritten vorchristlichen Jahrhunderts der Grieche Epikur, und zwar dann, wenn gründliches Nachdenken uns in einem Grad gelassen machte, dass uns kein Ereignis mehr „verwirren" könne und vom Weg eines zurechnungsfähigen und wohlgemuten Lebens „abirren" lasse. *Ataraxía*, buchstäblich übersetzt: Unerschütterlichkeit, hieß das Schlagwort der epikureischen Philosophen und die der von Zenon begründeten Schule der Stoa: Deren Agitatoren unterwiesen ihre Adepten darin, gemäß den Maßgaben von Mäßigung und Klarsicht nach Einklang mit Menschen, Welt und Göttern zu streben. Im günstigen Fall mündet der Triebverzicht – der nicht mit Antriebslosigkeit zu verwechseln ist – in „stoischer" Seelenruhe: Sie nährt sich von der Überzeugung, dass in und über allen Dingen unverrückbar ein unerlässliches, zweckmäßiges, fruchtbares Gesetz höchster Vernunft walte. Wir Normalmenschen dürfen uns freilich schon über ein auskömmliches Quantum Contenance freuen.

An eine höchste, überweltliche Instanz als Ausgangs- und Zielpunkt des Glücks glaubte die christliche Kirche auch. Freilich galt ihr die antike Anschauung als viel zu weltlich. Kirchenlehrer wie der 430 gestorbene Augustinus von Hippo oder sein hochmittelalterlicher Gefolgsmann Thomas von Aquin erkannten den „guten Geist" ihres Eudämonismus in Gott; ihn zu suchen, sei der Gläubige auf Erden gehalten; ihn zu finden und leibhaftig von Angesicht zu Angesicht zu schauen, sei ihm fürs ewige Leben versprochen. Solcher Predigt zufolge erlangt der Christenmensch, falls er im Stand der Gnade steht, Glück erst nach dem Sterben, mit dem Tod – hinter der Schwelle zum Paradies.

Leid muss sein

Öffnet sich indes die Büchse der Pandora, der „All-Geberin", so entweichen: Mühen und Laster, Seuchen und Hungersnot, Krieg und Tod ... Überraschenderweise findet sich, geht es nach dem altgriechischen Dichter Hesiod, außerdem die Hoffnung darin. Sie – ein Unglück? Darüber wird sich Friedrich Nietzsche wohl nicht gewundert haben, verpönte er die Hoffnung doch als „das übelste der Übel, weil sie die Qual der Menschen verlängert".

Zusammengezählt, entweicht aus der Büchse alles Mögliche, das Glück *nicht* ist. Das weist uns auf die Möglichkeit hin, den nur unverbindlich greifbaren Begriff des Glücks mit Hilfe seiner Negationen zu fassen: Glück ist, was nicht Unglück ist – um es arg simpel zu sagen. Tiefsinniger hat im ausgehenden Mittelalter Dante Alighieri die beiden Extreme in ein qualvolles Abhängigkeitsverhältnis gesetzt: Aus eigener trüber Erfahrung kam der Star-Poet im Italien seiner Zeit dahinter, dass sich schwerlich ein Schmerz schwerer aushalten lasse als der, „sich im Unglück an Zeiten des Glücks zu erinnern".

In Zeiten des Unglücks, dann also, wenn uns die Zeitläufte böse Streiche spielen, durchschauen wir die Unvermeidbarkeit des Leidens erst ganz. Eine lebensgrundlegende Feststellung; niemand entgeht ihr, weil niemand über die Erde wandelt, der diese Wahrheit nicht am eigenen Leib erführe. Geradezu das System einer Leidensphilosophie richtete Arthur Schopenhauer auf, jener funkelnd formulierende deutsche Denker des neunzehnten Jahrhunderts, der unserer Erdendauer fast nur Unerquickliches abgewinnen konnte und ihr alles Strahlende absprach: Sämtliche „äußeren Quellen des Glücks und Genusses sind, ihrer Natur nach, höchst unsicher, misslich, vergänglich und dem Zufall unterworfen". Darum galten dem gescheiten Aphoristiker Schmerzen als „Maßstab des Lebensglücks", nämlich nach dem Grad ihres Fernbleibens. „Kommt zu einem schmerzlosen Zustand noch die Abwesenheit der Langeweile, so ist das irdische Glück im Wesentlichen erreicht." Dagegen meinte Miguel de Unamuno, das Leid stehe dem Menschen ganz und gar nicht als Feind gegenüber. Vielmehr, so argumentierte der 1936 gestorbene spanische Schriftsteller, Philosoph und Politaktivist, bedürfe es zwingend des Leids, sollen wir uns zu vollwertigen Menschen entwickeln. Denn indem wir es gefügig hinnähmen, verleihe es uns die illusionslose Einsicht in unsere Sterblichkeit und motiviere uns, den Tagen Inhalt und Qualität zu geben. Wer dem Leiden konsequent aus dem Weg gehe, könne wohl so etwas wie Glück erfahren. Vervollständigend aber müsse die Liebe hinzutreten: Sie mache uns sowohl hellsichtig für die Reize anderer als auch mitempfindend mit ihrem Gram.

Dass wir nicht anders können, als uns vor möglichem Leid und Unglück zu fürchten, ist nur menschlich. 1844 ergründete der Schwede Søren Kierkegaard, Jahrgang 1813 und doch schon ein Vorläufer des Existenzialismus, den BEGRIFF DER ANGST (so der Titel einer seiner Schriften). Die „Angst" vor dem vage Bevorstehenden erklärte er zum Gegensatz der „Furcht", die uns vor etwas „Bestimmtem" ergreift. Grundsätzlich und immer aufs Neue, so präzisierte der dänische Denker, sähen wir uns vor eine Wahl gestellt; als stünden wir vor einem Abgrund, ängstigten wir uns davor, uns zu entscheiden; denn nie anders als subjektiv entscheiden wir, ganz auf uns gestellt müssen wir ermitteln, was wir für wahr, recht und geboten halten; und nie wissen wir im Vorhinein, welche Weiterungen unser Handeln oder Unterlassen zeitigen wird. Insofern sind wir unserem Willen allein und wehrlos preisgegeben. „Das Objekt der Angst", sagt der Frankfurter Kierkegaard-Experte Professor Heiko Schulz, „bin eigentlich ich selbst, [ist] meine eigene Freiheit." Den „Schwindel der Freiheit" nennt Kierkegaard die Angst, weil jede Wahl uns gleichsam taumeln lasse vor Ungewissheit, die wiederum die unausbleibliche Gefährtin der Freiheit unseres Wählens und Wollens sei.

Freiheit aber, als die „Möglichkeit zu allem Möglichen" (Gunther Wenz), pflegen wir unseren erwünschten Lebensumständen wie den garantierten Menschenrechten unveräußerlich zuzurechnen. Nicht gegenstandslos unsere Angst, die Freiheit unter Umständen einzubüßen. Überhaupt sind Verluste beständig Teil unserer Weltkenntnisse und Befürchtungen: Wir bangen davor, dass uns Haus und Habe oder die Oberhoheit über unsere Daseinsgestaltung abhanden kommen oder die Wertschätzung und Liebe der Nächsten, die wir lieben. Ohne Momente des Mangels, ohne peinvolle Abschiede geht kein Leben ab; und keins ohne Trauer. Von der Trauer um Verlorenes aber rät uns der sufistische Mystiker Rumi, so etwas wie der Dante des persischen Mittelalters, ab. Welt und Menschen sah er in einem Strom ohne Anfang und Ende fließen, in dem sich Gestern, Heute und Morgen, Dasein, Tod und Neugeburt vereinen zu einem ewigen Prozess des Stirb und Werde.

Was wir gewiss verlieren mit den Jahren zunehmender Reife, so sehr wir auch darum klagen, ist das Gros unserer Illusionen. Dringlich verlangt der kollektiv geforderte Realitätssinn von uns, sie dreinzugeben, all die überzogenen Wünsche, blasierten Pläne und vermessenen Ziele. Sonst laufen wir Gefahr, etwas weit Unentbehrlicheres einzubüßen: das Augenmaß für die Tatsachenwelt. Deren ungeschönte Nüchternheit auf eigene Faust vor unserem inneren Auge aufhübschend zurechtzuschminken, haben wir uns während der strapaziösen Hoch-Zeiten unseres Lebens gefälligst zu verkneifen und ist den meisten unter uns erst wieder im Alter erlaubt: Wenn allmählich die Aktivität aus unseren Routinen schwindet, machen sich die Erinnerungen breit, und bei den meisten solche, die sich in der Rückschau als Gutes, als Bewältigtes, Geleistetes, als krönende Erfolge hervortun. Gleichzeitig mildern solche Erinnerungen unsere Defekte, Mankos und Verwerflichkeiten besänftigend ab und sprechen uns von manch Unentschuldbarem frei; durch Schönfärberei – nennen wirs ruhig so. Und doch: Was anderes wäre vorzuziehen? Durch die Verbrämung mögen wir uns von unserer Lebenswirklichkeit zwar entfernen; schämen aber müssen wir uns darum nicht: Von unserer Wahrheit wird darin immer noch ein erhellendes Gutteil offenbar, nur eben, am Ende vom Lied, veredelt zu sonoren Echos und vitalen Reflexen.

Haushaltsführung

Indes schärfen uns, solange wir auf Erden wandeln, die meisten Morallehren ein: Allein für uns selbst nach Glück zu streben, ist nicht genug. Allzu oft zwar scheinen unser persönliches Wohl und das der Allgemeinheit wie Widersprüche gegeneinander zu opponieren; bestenfalls stehen sie in einem Spannungsverhältnis. Vielleicht aber ergänzen sie sich ja auch oder gehen gar eins aus dem andern hervor. Ganz so, wie jeder bei der Führung seines privaten Haushalts von dem öffentlichen Haushalt abhängt, den das Staatswesen aufstellt und verwaltet, so verzahnen sich unsere persönlichen Ansprüche auf Glück, auf Gedeihen der eigenen Lebenslaufbahn mit der Aufgabe, dem kollektiven Wohlergehen zuzuarbeiten. Dies beginnt schon damit, dass uns spätestens durch das unwiderleglich goldene Diktum der Revolutionärin Rosa Luxemburg bewusst sein muss, wo die eigene Entscheidungs- und Gestaltungsfreiheit endet: an den Grenzen zur Freiheit der Anderen.

Geradezu von „Glücksökonomie", wie im Jargon der Wirtschaftler, sprechen Politologen wie die Berliner Publizistin Ute Scheub. Um das Thema zu umreißen, fand sie 2014 gemeinsam mit ihrer Co-Autorin Annette Jensen den Slogan „Wer teilt, hat mehr vom Leben". Das Teilen schließt einen gesunden Hedonismus jedoch nicht aus. Mit diesem Begriff bezeichnete vor etwa 2400 Jahren der Sokrates-Schüler Aristippos von Kyrene eine Lebensweise, die vor allem Lust zu gewinnen und Unlust – Kummer, Schmerz, Enttäuschung, Zorn – zu vermeiden trachtet. Dabei forderte der Denker Kontrolle über das Lustprinzip ein, denn: „Ich bin Herr [der Lust] und nicht ihr Knecht; sich [Lust] zu versagen, ist nicht preiswürdig, wohl aber über sie zu gebieten und nicht ihr zu unterliegen." Knapp zweieinhalb Jahrtausende später schien der irische Dramatiker Bernard Shaw ins selbe Horn zu stoßen: „Ökonomie" nannte er bündig „die Kunst, das Beste aus unserem Leben zu machen" – was dem Einzelnen gelingen kann, aber auch für die Gemeinschaft und ihr Wohlbefinden gilt. Wohlgemerkt von „Wohl*befinden*" ist die Rede, nicht gleich von einem vorrangig materiellen Nutzen, nicht von „Wohlstand".

Wirtschaftlich betrachtet, giert der angeborene Eigennutz eines jeden von uns nach einem möglichst günstigen Verhältnis zwi-schen Aufwand und persönlicher Ausbeute. Darüber führt eine gemeinverträglich verantwortungsbewusste Ökonomie hinaus, indem sie die Interessen des Individuums sozialisiert: Sie stellt kollektives Handeln unter das ethische Gesetz des Utilitarismus, wie es im England des neunzehnten Jahrhunderts namentlich Jeremias Bentham und John Stuart Mill auslegten. Grundsätzlich erklärt der Utilitarist für gut, was sich als nützlich erweist. Anders als der Hedonist denkt er weiter und tiefer: Nicht um die Befriedigung einer persönlichen Neigung in einem lustvollen Augenblick ists dieser Spielart des Nützlichkeitsdenkens zu tun, sondern um die künftigen Folgen einer Handlung und um den Kreis derer, die in den Genuss dieser Folgen kommen. Der „Sozialutilitarismus" verlangt – einer vielzitierten Formel zufolge – den größtmöglichen Vorteil für eine größtmögliche Zahl von uns. Wer sich hier an die Goldenen Regeln des biblischen Neuen Testaments oder an Weisungen Mohammeds erinnert fühlt, liegt goldrichtig: Mit dem simplen Ratschlag „Alles, was ihr wollt, dass euch die Leute tun sollen, das tut ihr ihnen auch", fasst im Matthäus-Evangelium Jesus Christus „das Gesetz und die Propheten" zusammen; und der Prophet des Islams mahnte gleichen Sinns seine Gefolgschaft: „Keiner von euch ist gläubig, solange er nicht seinem Bruder wünscht, was er sich selber wünscht."

John Stuart Mill bezog in sein Glückskonzept neben den Dingen, die uns gefallen, auch die Liebe zum Nächsten und ein allgemeines Pflichtgefühl ein, selbst dann, wenn uns daraus vorübergehend Unzuträglichkeiten erwachsen. Denn auch sie, meinte er, gereichten uns letztlich zur Freude, weil wir ihres ethischen Zwecks schon irgendwann innewürden. Unter der Prämisse des politischen Miteinanders einer Gesellschaft spricht das Gesetz des Utilitarismus jedem Einzelnen das „Streben nach Glück" als elementares Menschenrecht zu, so wie es die Verfassungsväter der Vereinigten Staaten 1776 in der Unabhängigkeitserklärung proklamierten. Tyrannisch handelt jeder Despot, aber auch jede demokratische Mehrheit, die den Menschen in diesem Streben behindert. Dass dies immer irgendwie geschieht, wird sich nie vermeiden lassen; dass die Hemmnisse nicht ausarten, soll ein gesunder Liberalismus verbürgen.

Vier Wünsche

In manchen Märchen, Sagen und Legenden, so bei Wilhelm Hauff und Ludwig Bechstein, treten Feen oder Geister oder Engel, wenn nicht Gott persönlich auf, die einem armen, aber ehrbaren Erdenwesen, etwa als Auszeichnung für eine selbstlose Tat der Nächstenliebe, Wünsche gewähren. Oft stehen drei Wünsche frei. Nur ein einziger indes ist es in der wohl weihevollsten Wunscherfüllungs-Geschichte der Bibel, die ein wenig ans flehentliche Zwiegespräch des beklagenswerten Moische mit Gott in der Synagoge erinnert: Im ersten Buch der Könige berichtet das Alte Testament, wie der Allmächtige dem jungen König Salomo im Traum erscheint und ihm mitteilt, er dürfe eine Bitte vorbringen. Frühreif lebensklug ersucht Salomo um „ein hörendes Herz, damit er dein Volk zu regieren und das Gute vom Bösen zu unterscheiden versteht! Wer könnte sonst dieses mächtige Volk regieren?" Und Gott gefällt das: „Weil du gerade diese Bitte ausgesprochen hast", lobt er, „und nicht um langes Leben, Reichtum oder um den Tod deiner Feinde, sondern um Einsicht gebeten hast, um auf das Recht zu hören, werde ich deine Bitte erfüllen. Siehe, ich gebe dir ein so weises und verständiges Herz, dass keiner vor dir war und keiner nach dir kommen wird, der dir gleicht." Was könnte sich Salomo mehr erträumen? Trotzdem kommt es noch besser, denn, so fährt der Herr fort, „auch das, was du nicht erbeten hast, will ich dir geben: Reichtum und Ehre, sodass zu deinen Lebzeiten keiner unter den Königen dir gleicht".

In den besagten Märchen allerdings bringen die von guten Mächten heimgesuchten Glückskinder selbst bei sage und schreibe drei Wünschen solch salomonische Weisheit nicht auf, um Brauchbares zu begehren. Was, wenn wir im gegebenen Fall „Reichtum und Ehre" beantragt hätten? Beides, auch wenn Gott es schenkt, taugt allein als Mittel nicht, um (mit Bernard Shaw gesprochen) „aus dem Leben das Beste zu machen". Selig nennt der Jesus der Bergpredigt im fünften Matthäus-Kapitel nicht jene, die wohlsituiert, sondern „die geistlich arm sind", jene also, die vor Gott erkennen, wie kümmerlich sie in Wahrheit dastehen: „Ihnen gehört das Himmelreich." Und was die Ehre angeht, so ist sie, dem trefflichen Diktum des (leider wenig mehr gelesenen) Schriftstellers Herrmann Sudermann zufolge, „wohl nichts weiter als der Schatten, den wir werfen, wenn die Sonne der öffentlichen Achtung uns bescheint".

Vielleicht sollten wir auf das huldvolle Drei-Wünsche-Angebot der guten Fee mit demütiger Unbescheidenheit eingehen: Drei Wünsche, könnten wir ihr antworten, sind einer zu wenig. Denn reiflich, rational und realistisch bedacht, tut uns lebenswichtig mindestens viererlei not: Gesundheit; Sicherheit; Zufriedenheit; und Wertschätzung.

Nicht um streng voneinander abgegrenzte Posten handelt es sich, sondern um vier Ingredienzien unseres Daseins, die einander bedingen, als wären sie gleichsam als Ecken eines dynamischen Quadrats angeordnet oder als Punkte auf einem nach beiden Richtungen rotierenden Kreis. Wird eine Komponente beeinträchtigt, wirkt sich die Störung auf eine andere, wenn nicht alle anderen aus. Gesundheit soll hier grundsätzlich einen über schwere Krankheit oder Hinfälligkeit hinausreichenden Grad von leiblicher, geistiger und seelischer Stabilität bedeuten. Sicherheit umfasst ein individuelles wie ein gesellschaftliches und globales Geschütztsein, unseren Halt in Familie und Freundeskreis nicht minder als den Schutz vor behördlicher Willkür, den Frieden im Lande und mit den Nachbarn, den Frieden zwischen den Mächten der Welt. Wertgeschätzt dürfen wir uns fühlen, wenn wir begründet registrieren, unter unseren Nächsten und Nachbarn wie im Beruf gewollt und gebraucht, „vor Gott und Menschen angenehm" zu sein (eine Gabe, die, salomonisch weise, Lessings Bühnen-Nathan sich erhofft). Insofern „jeder seines Glückes Schmied" ist, können wir zwar nichts von dieser Trias allein aus eigener Kraft erringen, aber doch selbst eine Menge zum Erwerb von allem beitragen.

Am fruchtbarsten vermögen wir mit eigenen Mitteln wohl auf das Vierte, auf unsere Zufriedenheit einzuwirken. Sowohl der HAPPY PLANET INDEX wie der WORLD HAPPYNESS REPORT benennt die „Lebenszufriedenheit" als eines der wichtigsten Kriterien fürs Glücklichsein. Am effektivsten – so zählt die alternative Denkfabrik *New Economy Foundation* auf – befördern Liebe und soziale Bindungen, körperliche Aktivität und lebenslanges Lernen, Achtsam- und Aufmerksamkeit und der Vorzug des Gebens vor dem Nehmen unser individuelles Wohlbefinden.

Nehmen oder Geben? Mit Wollen, Begehren, Fordern hat das auf der einen Seite zu tun, auf der anderen mit Akzeptanz, Freisein und Gewährenlassen; mit der Alternative Haben oder Sein. Wahrscheinlich aus urmenschlichen Tagen rührt unsere Wonne am Haben her: Als Jäger und Sammler streiften unsere vorzeitlichen Urahnen durch Savannen und an Waldsäumen entlang; als Erbe hinterließen sie uns das bewegte Jagen nach dem Glück und das eifrige Sammeln von Glücksgütern, dem wir offenkundig noch heute mehr abgewinnen als dem errungenen, statischen Besitz.

Suchtverhalten

HABEN ODER SEIN: So überschrieb Erich Fromm 1976 eine sozialpsychologische Untersuchung (neben der KUNST DES LIEBENS sein populärstes Werk). Darin unternahm der deutschamerikanische, vom westlichen Demokratieverständnis wie vom Sozialismus gleichermaßen geprägte Philosoph und Psychoanalytiker nichts Geringeres, als die „seelischen Grundlagen einer neuen Gesellschaft" zu umreißen. Unzweideutig schwebte ihm eine ideale Gesellschaft vor, die das Sein klar vor dem Haben bevorzugt: „Habgier und Frieden schließen einander aus."

Auf Erden und in der Geschichte finden wir freilich Gegenteiliges vor. „Glücksspiel kann süchtig machen", warnen uns heutzutage Lotto-Annahmestellen und Online-Casinos, und nicht jedem erweist sich Gott so kollaborationsbereit wie dem beharrlich bettelnden Beter Moische aus dem jüdischen Witz. Auf Erden herrscht die Gier: ein Habenwollen im unaufhörlichen Wechselspiel der Konkurrenten, ein neidgetriebenes Wachstumsstreben, ein angestrengtes Geldverdienen, das sich als Suchtverhalten beschreiben lässt und das auch angehäufter Überfluss nicht stillt. Den kapitalistischen Nationen, umfassend industrialisiert und fortschreitend digitalisiert, verschafft all das kein Glück – und führt sogenannte Entwicklungsländer ins Unglück. Längst benutzen wir das Bild von der Schere zwischen Arm und Reich als umgangssprachlichen Gemeinplatz und stehen ratlos vor unseren einschneidenden Zerstörungswerken an der Natur. Die freilich braucht uns prinzipiell nicht und kann uns so, wie wir uns in ihr aufführen, auch gar nicht brauchen; wir Menschen brauchen die Natur, und zwar umso dringlicher, je größer unsere Zahl auf Erden wächst und je rücksichtsloser wir ihre Regelkreisläufe durcheinanderbringen.

Je mehr wir besitzen und je irreversibler wir die äußeren Umstände in Bedrängnis bringen, desto bedrohter fühlen wir uns, desto mehr fürchten wir den Schwund von Kapital und Gütern. So fragt denn auch Erich Fromm folgerichtig: „Wer bin ich, wenn ich bin, was ich habe, und dann verliere, was ich habe?" Zugleich fürchten wir um Leib und Leben, weil wir ahnen, dass wir der Gifte, die unsere Zivilisation absondert, des Klimas, das wir unumkehrbar manipulieren, auch der möglichen Ströme von verzweifelten Migranten irgendwann nicht mehr Herr werden und dass wir den Atomanlagen und Nuklearwaffen schutzlos gegenüberzustehen, die uns latent, dabei erdumspannend mit dem Äußersten bedrohen. Zwangsläufig erwachsen daraus Aggressionen, Klassenkämpfe, Kriege – Ergebnisse einer Geisteshaltung, durch die wir unser Sein nur vermöge der Dosis spüren, mit der wir etwas haben oder bekommen. „Zum ersten Mal in der Geschichte", mahnt Fromm, „hängt das physische Überleben der Menschheit von einer radikalen Veränderung des Herzens ab."

Und er schreibt: „Die Entwicklung [unseres] Wirtschaftssystems wurde nicht mehr durch die Frage: ‚Was ist gut für den Menschen?' bestimmt, sondern durch die Frage: ‚Was ist gut für das Wachstum des Systems?' " Den Menschen macht Besitz unfrei, er entfremdet ihn; um das zu durchschauen, müssen wir nicht zu Sozialisten werden. Das Besitzstreben einer machtvollen Minderheit klassifiziert eine Mehrheit von uns als Objekte, als Ware auf einem Markt, auf dem wir unsere Leistungskraft veräußern, um unser Leben zu fristen, und auf dem wir, um die Produktion am Laufen zu halten, gleichzeitig als Konsumenten funktionieren müssen. Der Konsument aber ist, nach Fromm, nichts Erhabeneres als „der ewige Säugling, der nach der Flasche schreit".

Dort indes, wo wir uns von diesem allen unabhängig machen, könne es uns gelingen, aus der „Geschäftigkeit" großflächig vernetzter Geschäfte zu einem „Tätigsein" in eigener Verantwortung zu finden: Wir werden wir selbst, wenn wir Motive und Zwecke unseres Tuns autark bestimmen und uns angewöhnen, uns dabei nicht fremdgesteuert, sondern als Subjekte auf die Anderen zu beziehen. So könnte, laut Erich Fromm, eine „neue Gesellschaft" erstehen. Unser Menschenbild, bis dato getragen von den Kategorien Besitz und Gewinn, und unsere öffentliche Ökonomie, aufgebaut auf einem Markt, der einem Kriegsschauplatz ähnelt, müssten unter diesen Umständen abdanken zugunsten eines kollektiven Handelns, das sein Augenmerk von den Dingen weg und hin auf die Menschen wendet.

Natürlich wusste der 1980 gestorbene, in seinen Thesen bis heute ungebrochen zeitgemäße Denker, dass all dies einen

Umbau des Gemeinwesens in all seinen Bereichen voraussetzen würde: die Ablösung der Arbeit als Bringschuld durch Arbeit als kreative Erfüllung; die Ablösung der „Freizeitpassivität" durch „Freizeitaktivität"; einen Umbruch der landläufigen Geschlechterrollen; der Subventions- und Steuerpolitik; des Direktionsrechts der Chefetagen und der Mitbestimmungsmöglichkeiten der Arbeiter und Angestellten; die Option eines bedingungslosen Grundeinkommens; ein Ende der skandalösen Ungleichbehandlung und -bezahlung von männlichen und weiblichen Arbeitnehmern ... Kurz: Es wäre der Moment gekommen für eine radikale Neuordnung aller gesamtwirtschaftlichen Rahmenbedingungen. Gleichwohl lässt sich, aus Fromms Perspektive, die Frage nach der Veränderbarkeit der Gesellschaft fundamental herunterbrechen auf den besagten Widerspruch zwischen Geben und Nehmen: „Für den produktiven Charakter ist Geben höchster Ausdruck seines Vermögens", schreibt er. „Gerade im Akt des Schenkens erlebe ich meine Stärke, meinen Reichtum, meine Macht."

Fromms Thesen finden sich in mindestens zweierlei Gestalt offenkundig bestätigt. Zum einen im Easterlin-Paradox: 1974 formulierte es der US-amerikanische Wirtschaftswissenschaftler Richard Easterlin, der mittels einer Metastudie nachwies, dass dem Menschen – sobald er seine Grundbedürfnisse gestillt weiß – wachsender Reichtum kein wachsendes Glücksbewusstsein einträgt. Zum anderen untermauern die Ausführungen Fromms (die auf diesen Seiten vor allem, aber nicht ausschließlich aus seiner Grundschrift über HABEN UND SEIN hergeleitet sind) das Sprichwort, dass man Glück nicht kaufen kann. Nein, so pflichtet Fromm bei, wir können es nicht so „kaufen, wie man alles kaufen kann. Glück ist etwas, das nur aus der eigenen Anstrengung, aus dem Innern kommt und überhaupt kein Geld kostet."

Bereicherndes zu eben jenem Glück trägt die Teilhabe an Kultur und Kunst bei. Die leistet sich der Mensch nicht etwa einfach, weil ers halt kann und weil er über die Mittel dafür verfügt. Viel lieber glauben wir der Philosophin Mary Midgley, die 1978 in ihrem Buch BEAST AND MAN zwar in den Verhaltensweisen des Menschen immer auch dessen animalische Ursprünge vorfand; im gleichen Maß aber stufte sie unsere Spezies plausibel hoch durch unsere ganz unanimalische Fähigkeit und Affinität zur Kultur. Sie rechnet die Britin ausdrücklich den Errungenschaften unserer biologischen Evolution zu und führt den Ausgangspunkt unserer Zivilisierung folglich auf natürliche Wurzeln zurück.

Als einzige Kulturwesen in der Tierwelt sind wir Menschen befähigt, Zufriedenheit zu finden, indem wir unser Hiersein substanziell ausfüllen mit fundierter Leistung, mit Eigentum, das uns moralisch zusteht, mit Prestige, das wir uns verdient haben; und indem wir Erfüllung erfahren. Die wird uns zuteil durch das Gespür für unseren Selbstwert und für die Geltung des Nächsten, durch Vergnügen und Genügen an unserem Vorhandensein und durch ein Grundvertrauen, das wir in die Beständigkeit der guten Dinge und in ihren Lauf setzen. Erich Fromm staunte: „Dass Glück das ‚Billigste' ist, was es auf der Welt gibt, das ist den Menschen noch nicht aufgegangen." So gesehen, gibt es das Beste vom Leben vielleicht wirklich umsonst.

Wozu Welt?

Aber warum kommt das überhaupt auf Erden vor: Leben? Gewiss nicht, damit eine erdgeschichtlich blutjunge, hochprivilegierte, den Planeten täglich tödlich notzüchtigende Spezies wie die unsere ihr Wohlbehagen darin sucht. Warum leben wir? Die Frage führt uns auf das elementarste aller philosophischen Probleme zurück: Warum ist etwas und nicht nichts? Wozu überhaupt Welt und ‚Schöpfung', zu welchem Ende? Indem wir etwas über das *Wozu* wissen wollen, regt sich unsere Neugier, auch eine Prise Skepsis angesichts des universalen Ganzen, von dem wir, allen staunenswerten Erkenntnissen moderner Kosmologie zum Trotz, kaum ahnen können, aus welcher Notwendigkeit heraus es erwuchs, welcher allerersten Kraft seit der Singularität vor dem Urknall es seine Energie verdankt, welchem allerersten „unbewegten Beweger" es wie einem Gott gehorcht und welchem uneinsehbaren Plan es folgt. Einfacher könnten wir es uns machen, wollten wir uns damit begnügen, für Leben alles zu halten, was gleichzeitig Materie verstoffwechselt, Energie aufnimmt, erzeugt und verbraucht, auf seine Umwelt einwirkt und reagiert. sich fortpflanzt und so fort. Doch uns ist klar: Es verhält sich viel, viel komplizierter.

Nach dem Wozu fragen heißt die historische und naturwissenschaftliche Ursachenforschung verlassen. Nicht „Woher kommt das alles?" wollen wir dann wissen, sondern wir schauen spekulierend voraus, bis zum Schlusspunkt hinter allem: *Zu welchem Ende* geschieht es? Mit welcher Hoffnung, Aussicht, Absicht? Unser Eskapismus beginnt mit jeder Regung unseres Leibes und Willens: Wir handeln eigenmächtig, um der Welt nicht passiv ausgeliefert zu sein. Für unser Handeln setzen wir uns ein Ziel: Wofür tun wir, was wir tun, und für wen? Prinzipiell lustorientiert, setzen wir hedonistisch zunächst uns selbst als Zweck unseres Handelns; wohl aber wissen wir, dass wir nicht allein sind, und in der Hoffnung, von anderen nichts Böses zu erfahren, sind wir unsererseits bereit, jenen anderen durch Nächstenliebe oder zumindest Liebenswürdigkeit Gutes zu erweisen, darauf setzend, dass sie uns das in der Regel – und gemäß der Goldenen Regel – mit gleicher Münze vergelten. Gutes Leben ist gutes Handeln. Gut ist, was im Rahmen von Recht und Moral (den Hedonisten) erfreut und gleichzeitig (utilitaristisch ausgedrückt) den meisten nützt, indem es auf ihr Leben und das Zusammenleben günstig wirkt.

Nur im gedeihlichen Verkehr mit den anderen, und am gesteigertsten in der Liebe, ‚gelingt' uns das Leben: in der Gemeinschaftlichkeit selbstbestimmter Individuen, im Zusammenwirken und im Wirken aufeinander. Aus der erfolgreich zustande kommenden sozialen Interaktion wächst dem Einzelnen sein Glück zu. Den Sinn unserer je einzigartigen Einzelexistenz erfahren wir, indem wir wahrnehmen, welche Bedeutung *wir für andere* gewinnen; zugleich wächst unserem Leben Sinn zu durch die Bedeutung, die *andere für uns* erhalten; und speziell durch die Bedeutung, die jene anderen ihrerseits uns bewusst beimessen. „Das Beste", das wir „aus unserem Leben machen" wollen, fällt uns nicht zu; sondern wir müssen das Bessere zu unterscheiden vermögen vom nur scheinbar Guten oder dem, was noch nicht gut genug ist.

Der gute Tod

Wenn auch undeutlich, so spüren wir doch dauernd, ‚zu welchem Ende' unser verschwindend kleiner Werdegang im großen und ganzen Getriebe mitläuft: auf welches Ende hin. Mithin müssen wir konsequent zu Ende fragen: nach dem Ende selbst. Solange wirs nicht tun, fehlen uns wichtige Schritte zur Vollendung unserer Reife. Hätte sich die Menschheit nicht seit Menschengedenken an die Endlichkeit des Lebens gewöhnt, so wäre ihr, wie die existenzialistischen Philosophen bestätigen, schwerlich je in den Sinn gekommen, nach seinem Sinn zu fragen. So freilich treibt uns die Ungewissheit um: Wenn wir schon alle sterben müssen – warum kommen wir überhaupt zur Welt? Und wenn uns, im günstigen Fall, dereinst das Leben gelungen sein wird, wie gelingt uns ein gutes Sterben? Wie machen wir „das Beste" nicht aus dem Leben allein, sondern auch aus dem Tod?

Und allerdings stirbt jeder auf seine Art; und in begreiflicher Angst: Es stirbt ja ein jeder sozusagen zum ersten Mal – will sagen: als stürbe er als Erster auf Erden, konfrontiert mit einer Erfahrung, von der niemand ihm vorher berichtete und von der auch er dereinst nichts wird mitteilten können. Wir dürfen von Glück sagen, wenn wir ohne Schmerzen, Luftnot, Grauen sterben, mit der Möglichkeit, dankend oder um Verzeihung bittend Abschied zu nehmen, bis zum letzten Atemzug von lieben Menschen, vielleicht von Sterbehelfern passiv oder aktiv begleitet. So viel zu den äußeren und allemal diesseitigen Umständen: Erträglich machen sie das Sterben und lindern unter der Hand den Schmerz von Angehörigen gleich mit, die beim Sterben eines anderen zugegen sind. Aber machen günstige Umstände den Tod ‚gut'?

Dazu fiel bereits vor 2300 Jahren dem erwähnten Griechen Epikur nicht Letztgültiges, doch Grundlegendes ein: „Gewöhne dich daran, zu glauben, dass der Tod keine Bedeutung für uns hat. Denn alles, was gut und alles, was schlecht ist, ist Sache der Wahrnehmung. Der Verlust der Wahrnehmung aber ist der Tod", klügelte er und schlussfolgerte spitzfindig: „Daher macht die richtige Erkenntnis, dass der Tod keine Bedeutung für uns hat, die Vergänglichkeit des Lebens zu einer Quelle der Lust, indem sie uns keine unbegrenzte Zeit in Aussicht stellt, sondern das Verlangen nach Unsterblichkeit aufhebt." Womit er ein weiteres, ein drastisches, gleichwohl ausschlaggebendes Merkmal des gelingenden Lebens erörtert: Wir müssen, um gut zu leben, auch prinzipiell und irgendwann sterben *wollen*; nur braucht es, wie man so sagt, nicht sofort zu sein. Differenziert beurteilte der 2003 gestorbene britische Moralphilosoph Bernard Williams den Tod: Einerseits missbilligte er ihn, weil er die Erfüllung unserer Wünsche hintertreibe, die dem Dasein erst Substanz verliehen; andererseits wollte auch Williams, wie Epikur, auf das Wissen um unsere Endlichkeit nicht verzichten, denn „nur wer weiß, dass alles ein Ende hat, nimmt seine Ziele ernst und will etwas erreichen" (zitiert nach Philipp Hübl, 2012).

Noch in die regelloseste Biografie bringt der Tod Ordnung, denn dass er kommt, ist die einzige Regel ohne Ausnahme. Dass uns Art und Augenblick seiner Heimsuchung die längste Zeit unbekannt bleiben, glaubten die alten Griechen dem Zeus-Antipoden Prometheus zu verdanken. Die erzählten seine Geschichte etwa so: Der freundliche Gott überbrachte den Menschen Fertigkeiten wie Haus- und Schiffsbau, Landwirtschaft und Nutztierhaltung, Medizin, Mathematik und Sternenkunde, überdies – mit bekannt üblen Folgen für ihn selbst – das Feuer: alles zusammen das Grundkapital der Kultur. Und eine weitere Glückssache kam hinzu: Prometheus verhinderte, dass die Menschen ihr Geschick vorausahnen; zwar enthielt er ihnen nicht grundsätzlich das Wissen um ihren Tod vor, verheimlichte ihnen aber dessen Art und Stunde; denn andernfalls täten die Erdlinge antriebs-, taten- und interesselos nichts weiter, als stumpfsinnig bangend das Ende abzuwarten. So aber, über die Zukunft kenntnislos, stachelt die Hoffnung immer aufs Neue Unternehmungsgeist und Ehrgeiz an. Denn nur so lässt sich das Leben „pflücken": inspiriert, entflammt, begeistert.

Mag andererseits auch mancher, unter schlimmen Umständen, den eigenen Tod ersehnen, ihn sogar eigenmächtig ins Werk setzen – gern zu sterben wird uns generell nicht abverlangt, wohl aber, dass wir es letztendlich einverständig tun. „Wir sterben nicht an einer Krankheit", sagt der namhafte Palliativ-Mediziner Rob George aus London, „sondern wir sterben am Leben." Dass dagegen kein Kraut gewachsen ist, muss uns nicht vergraulen: „Das schauerlichste aller Übel, der Tod, hat keine Bedeutung für uns", argumentiert wiederum Epikur, „denn solange wir da sind, ist der Tod nicht da, wenn aber der Tod da ist, sind wir nicht da." Statt *simplify your life – simplify your death*?

Man kann dem so gut wie sicheren Tod ja auch mal entgehen – wie es dem sternhagelvollen Hans im Glück am Osterhofener Bahnsteig wie durch ein Wunder gelang: Zwar geht er kaum als ein Musterexemplar aus dem Paradies durch und ist doch den wilden Gaben aus Pandoras Büchse entwichen. Schlägt also dem Glücklichen wirklich keine Stunde? Doch. Die letzte schlägt auch ihm. Und so gehört es sich. So gewiss der Tod wesentlicher Teil des Lebens ist, so gewiss beruht unser Lebensglück bestimmend darauf, dass wir nicht wissen, wann und wie er uns holt. Und bei aller Schönheit von Welt und Leben: Macht, dass irgendwann Schluss ist, uns nicht auch Mut? Der tröstlichste Glaube, dem der Mensch anhängen kann, ist der an Auferstehung, der unmenschlichste ist der Glaube an Wiedergeburt.

Verdoppeltes Dasein

Über Freundschaft: Eine Seele in zwei Körpern?

Frage: „Wird es wieder ein Album mit den Beatles geben?" – Antwort: „Nein." – Frage: „Warum nicht?" – Antwort: „Persönliche Differenzen, geschäftliche Differenzen, musikalische Differenzen, aber vor allem, weil ich mit meiner Familie mehr Spaß habe." So knapp und unmissverständlich, so unwiderruflich gab Paul McCartney 1970 Bescheid im Beitext zu seinem ersten Soloalbum, das als Titel nichts als seinen Namen trug. So unwiderruflich besiegelte er das Ende der gefeierten, vielleicht berühmtesten Pop- und Rockband aller Zeiten.

Etwa zehn Jahre lang war den Legionen ihrer Fans die Gruppe unzertrennlich erschienen. In Wahrheit hatte sich John Lennon schon 1965 insgeheim von den außer Rand und Band geratenden Massen angeekelt abgewandt. Stünden „vier Wachspuppen" auf der Bühne, meinte der Gitarrist, fiele die Verrücktheit der Zuhörer, namentlich der Zuhörerinnen am Rande des Nervenzusammenbruchs, wohl nicht minder haltlos aus: Das habe „nichts mehr mit Musik zu tun". Schon ein halbes Jahr vor Paul McCartney hatte Lennon angekündigt, auszusteigen: „Die Beatles sind Geschichte." Denn auch miteinander hatten sie, als 1970 ihr letztes Album LET IT BE erschien, nicht mehr viel gemein. Am 10. April posaunte der DAILY MIRROR auf seinem Titel ganzseitig heraus: „Paul steigt aus den Beatles aus" – dabei dokumentierte jener Tag nur das zerstörerische Ergebnis eines jahrelangen Zerfallsprozesses, der eine ersprießliche Zusammenarbeit der Musiker am Ende unmöglich gemacht hatte. Ein schwarzer Freitag: Er brachte das Ende einer nur scheinbar wunderbaren Freundschaft.

Sechs Schritte

Aus dem Reich des Wunderbaren wandert Freundschaft aufs weite Feld des Wunderlichen aus, seit uns soziale Netzwerke wie Facebook, Twitter, Instagram erlauben, dreißig, siebzig, zweitausenddreihundertsechsunddreißig Freunde um uns zu scharen. In Wirklichkeit scharen wir sie gar nicht um uns: Wir reihen sie vor uns auf, leuchtend auf dem Display unseres Smartphones oder Tablets, als immer unendlichere Liste namentragender „Profile". Die geben über den je anderen so viel, nämlich so wenig Aufschluss wie über Grad und Stand unserer Beziehung zu ihm. *Six degrees of seperation*, gerade einmal „sechs Schritte" trennen jeden Einzelnen von uns von jedem x-beliebigen Zeitgenossen auf dem – mit 7,77 Milliarden potenzieller Freunde heillos übervölkerten – Planeten; das jedenfalls behauptet das „Kleine Welt"-Phänomen, das der US-Psychologe Stanley Milgram 1967 ausfindig machte. Es behauptet: Ich kenne einen, der einen kennt, der wiederum einen kennt, der seinerseits einen kennt, der einen kennt, der schließlich einen kennt, der schon einmal Paul McCartney, dem Dalai Lama, dem US-Präsidenten Donald Trump die Hand gegeben hat. (Was nebenbei belegt, dass einem nicht an jeder Bekanntschaft gelegen sein muss.) Ein unsichtbares, aber überraschend dichtes Netz; und im digitalen Zeitalter verringert sich zwangsläufig die erschreckend kleine Zahl der *degrees*, der Zwischenschritte noch. Für jede Art von Datenkrake, für Online-Suchmaschinen und -Händler ebenso wie für böswillige Hacker und gierige Geheimdienste ist jedes noch so kleine Licht unter uns sichtbar.

Six degrees zu bald acht Milliarden Erdenbürgern: Wo hört Freundschaft auf, wo fängt Fremde an? Aus dem Freund wird der *follower* – ein Wort, das besser unübersetzt bleibt, weil es im Deutschen sonst, neben der „Anhängerin" und dem „Nachfolger", auch etwas so verlogen Halbseidenes wie den „Mitläufer" auf unsere Fersen setzt. Längst ertönen landauf, landab Klagelieder, deren kulturkritische Sänger die Total-Inflation des Freundschafts-Begriffs verwünschen. Ersparen wir es uns, darin einzustimmen; zumal Facebook seine Grundabsicht selbst sachlich bescheiden formuliert: Seit der Gründung 2004 will das Mega-Unternehmen zum Aufbau einer „offenen und vernetzten Welt" beitragen, indem es seinen Nutzerinnen und Nutzern „ermöglicht, mit den Menschen in deinem Leben in Verbindung zu treten und Inhalte mit ihnen zu teilen". Man helfe dabei, Kontakte zu halten, „mehr nicht", bestätigte Konzerngründer Mark Zuckerberg: Wer meine, jeder Facebook-Kontakt sei gleich ein Freund, „hat nicht verstanden, was Freundschaft bedeutet". Wohl wahr.

Und doch ist besagte Inflation eine, wie sie buchstäblich im Buche steht, etwa im DUDEN: keine Umwertung des Phänomens Freundschaft, sondern seine Abwertung, Entfremdung vom Einzelnen, Vermassung mit dem Ergebnis der Beliebig-, wenn nicht Gleichgültigkeit. Auch die Mitglieder der Rotary-Clubs begrüßen einander weltweit mit Handschlag als „Freundin" und „Freund"; handstreichartig gewinnt, wer neu in den Service-Club aufgenommen wird, zweiunddreißig oder sechsundsiebzig hinzu, darunter solche, deren Gesicht und Namen er nie zuvor wahrgenommen hat und mit denen er nie so vertraut werden wird, dass er je auf den Gedanken verfiele, mit ihnen etwa einen Urlaub zu verbringen. Aber immerhin so begrenzt ist die Kopfzahl der Gemeinschaft, dass es nicht schwerfällt, einander interessiert und respektvoll gelten zu lassen. Indes verliert sich im sozialen Online-Netz Ehrlichkeit oft in der Vorspiegelung falscher Tatsachen, das Interesse verkehrt sich in Spannertum und Stalking, der Respekt in Shitstorms aus Hass-Postings. Wer solche Freunde hat, braucht keine Feinde mehr.

Bis zur Unvernunft strebt Privatheit heute, exhibitionistisch sich entäußernd, nach Verlautbarung, noch nie drängte sich das Eigene dem Fremden, das Persönliche der Öffentlichkeit so vereinnahmend auf. Andererseits verweist die Beliebtheit der immer enger sich verknüpfenden digitalen Beziehungen darauf, dass ein Grundbedürfnis nach Freundschaft sehr stark besteht, mag sie ihr Ziel auch in der Ferne finden. Über die Strecke zu den „geaddeten" Anderen hilft die Hautnähe des Smartphones in der Hosentasche, die Handgreiflichkeit des Tablets spielerisch-spielend hinweg. Sich damit abzufinden, haben denn auch die Psychologen gelernt. Mehr noch: „Eher positiv" wirkten sich die Netze auf die Freundschaft aus, berichtet Jaap Denissen, als niederländischer Sozialpsychologe ein ausgewiesener Forscher zum Thema, namens vieler Kollegen. Bei einer Langzeitstudie der Amsterdamer Universität ergab sich, dass Online-Begegnungen zwischenmenschliche Beziehungen verbessern und vertiefen. Hauptsächlich, so der Experte, würden sie von Menschen gepflegt, die sich ohnehin im richtigen Leben träfen; und Schüchternen, denen dort Tuchfühlung nur zögernd gelinge, käme das *world wide web* ganz besonders zugute.

Die längste Zeit also haben die räumliche Nähe zu auserlesenen Lieblingsmenschen und die Begrenztheit ihrer Zahl das Zustandekommen und die Haltbarkeit von Freundschaft bestimmt. Heute werden die Kriterien neu definiert. Immer kürzer halten familiäre Strukturen, immer gründlicher zersetzen sie sich – da treten für mehr und mehr Menschen wie selbstverständlich Freunde an die Stelle von Mutter oder Vater, Partner oder Kind. Komödiantisch überspielen oder ignorieren die quirligen Freundeskreise in Fernsehserien wie *FRIENDS, HOW I MET YOUR MOTHER* oder *THE BIG BANG THEORIE* die Bitterkeit dieser Zeiterscheinung. In der Tat hilft täglich empfundene Freundschaft dabei, dem Stress Herr zu werden, das Selbstwertgefühl zu heben, sogar das Leben zu verlängern; darin sind sich Neurologen und Psychologen einig. Sie schließen daraus: Die Fähigkeit zur Freundschaft bescherte der Menschheit einen Wettbewerbsvorteil im Lauf ihrer Evolution.

Allen Fehlern zum Trotz

„Ein Freund, ein guter Freund, das ist das Beste, was es gibt auf der Welt, [...] auch wenn die ganze Welt zusammenfällt, [...] das ist der größte Schatz, dens gibt."

So trällerten, neun Jahre bevor die Welt zusammenzufallen begann, Heinz Rühmann, Willy Fritsch und Oskar Karlweis 1930 in Wilhelm Thieles berühmter Leinwandoperette DIE DREI VON DER TANKSTELLE. Was das sei, ein Freund, stand für das Terzett ungefragt fest. Aber fragen wir ruhig danach: Worum handelt es sich bei jenem weltweit verbreiteten und doch so seltenen Sonderexemplar Mensch? Um einen, „der immer da ist, wenn man ihn braucht, und der vor allem nicht da ist, wenn man ihn nicht braucht", wie der französische Schauspieler Jean Gabin spezifizierte? Oder bloß um einen, der – wie ein flotter Spruch besagt – dieselben Leute nicht mag wie man selbst? Jedenfalls ists jemand, der uns mag, *obwohl* er uns kennt. Vornehmer drückte es vor fünf Jahrhunderten der Franzose Michel de Montaigne aus: Ein Freund sei „ein Wesen, dem es gelingt, uns mit all unseren Fehlern und Mängeln zu ertragen". Sehr verwandt klingt das mit einem schönen Diktum des deutschen Erzählers Otto Flake, die Liebe betreffend: In ihr manifestiere sich „der Entschluss, das Ganze eines Menschen anzunehmen, die Einzelheiten mögen sein, wie sie wollen".

Wie finden wir eine Freundin, einen Freund? Finden wir ihn überhaupt – will heißen: Können wir uns nach Belieben einen suchen? Besser fragen wir so: Wie wird uns ein Freund zuteil? Oft zufällig, mag sein; doch jedenfalls indem wir uns frei, ohne Nachdruck oder gar Nötigung, für ihn oder sie entscheiden. Nur dann können wir unbefangen, um seiner selbst willen Anteil an ihm nehmen, wie es ihm gebührt. Dann gelingen uns unparteiisches Wohlwollen, zweifelsfreies Vertrauen, anerkennende Achtung, das Zugeständnis fragloser Gleichberechtigung mit uns selbst – ferner achtsamer Takt und geduldige Nachsicht, die beide weiß Gott gleichfalls dazugehören. Auf dem Bewusstsein einer von beiden Seiten ausgehenden Verbundenheit gedeiht die Freundschaft, durch Wertschätzung des Charakters, durch die Erfahrung gemeinsamer Einstellungen und Erfahrungen, durch Rücksichtnahme, Inschutznahme und Bevorzugung des Freundes vor anderen Nebenmenschen. Der Freund – die Freundin – nimmt uns ernst, mehr noch: nimmt uns wichtig. Durch Neidlosigkeit und Offenheit ohne Scham zeichnen umgekehrt wir ihn aus, durch Beistand als tätig werdende Loyalität. Und im gegebenen Moment lässt er sichs gefallen, dass wir ihn mahnen, nicht abkanzeln, aber zurechtweisen, nicht bloßstellen, aber kritisieren.

„Mitfreude, nicht Mitleiden macht den Freund", fand Friedrich Nietzsche – und hat zu kurz gedacht. Ein Quantum eigener Leidensfähigkeit in Form von Opferbereitschaft gehört zur Freundschaft. Allerdings wird sie in nur seltenen Fällen so weit reichen wie im Fall des verhinderten Tyrannenmörders, von dem Friedrich Schillers vielzitierte Ballade DIE BÜRGSCHAFT dramatisch erzählt: Dem Attentäter Damon – aufgegriffen mit einem „Dolch im Gewande" – gewährt der „Wüterich" Dionys die Gnade, seine unvermeidliche Kreuzigung so lange aufzuschieben, bis er „die Schwester dem Gatten gefreit" habe; einen – namentlich warum auch immer nicht benannten – Blutsbruder bittet Damon: „‚So bleib du dem König zum Pfande, / Bis ich komme zu lösen die Bande.' / Und schweigend umarmt ihn der treue Freund / Und liefert sich aus dem Tyrannen; / Der andere ziehet von dannen." Und kommt in den Schlussstrophen wieder. Denn „in der Not bewährt" sich die Freundschaft, wie jeder weiß, auch wenn sie weit harmloser beginnt: bei der Zeit, die einer dem anderen opfert. Und noch nicht einmal ‚beim Geld' hört sie zwangsläufig auf.

Ein Beigeschmack von Wahrheit

Unseren Nächsten zu lieben wie uns selbst, das trug Jesus Christus uns auf. Engsten Freunden sollte das nicht schwer fallen (sonst wären sie keine); so manchem aber wird stattdessen seine Verwandtschaft zur umso unerträglicheren Last. Um den einen und das andere auseinanderzuhalten, schrieb der altrömische Denker Cicero noch vergleichsweise brav: „Verwandtschaft lässt sich ohne Wohlwollen denken, Freundschaft nicht." Da höhnte der österreichische Publizist Karl Kraus schon lästerlicher: „Das Wort ‚Familienbande' hat einen Beigeschmack von Wahrheit." Nettes Bonmot; Naheliegendes wie die mythischen Brudermorde Kains an Abel, Romulus' an

Remus scheinen den Spötter zu bestätigen. Nur kommt ihm die Sprachgeschichte in die Quere: bezeichnete doch einst das Wort „Befreundete" ausgerechnet die Mitglieder der engeren Familie, als Knotenpunkte einer unverzichtbaren Hilfsgemeinschaft, eines Versorgungsnetzwerks; so betrachtet, spannt sich die Sippe als ein Netz aus, in dem wir nicht gefangen, sondern aufgefangen sind. Gleichwohl machen sich Verwandte keineswegs immer als Seelenverwandte verdient; die meisten sind einfach vorhanden und haben gefälligst gemocht zu werden. Hingegen fällt das Wohlgefallen am Freund auf einen speziellen fruchtbaren Boden in uns – nämlich auf jenes Terrain, an dessen Rändern wir uns zur Welt öffnen. Den Anderen, der uns anzieht und sympathisch wird, nehmen wir als Antwort von außen auf unser Harmoniebedürfnis wahr, das glücklicherweise zu den Wesensgrundzügen der meisten Menschen gehört. Einen Beistand in unserer Angst vor Einsamkeit ersehnen wir im Freund und wissen ihn zu schätzen, weil er sich mit uns, wo es darauf ankommt, auch schon mal gegen den Kollektivierungs- und Normierungszwang der Gesellschaft stellt.

Übrigens leitet sich unser heutiges „Freund" vom gotischen *frijonds* ab und das wiederum von einem Stamm, der sich in den alten Wörtern sowohl für unser Wort lieben als auch für frei findet. Und will man für Zufall halten, dass Freund und Freude mehr als ähnlich klingen? Kann sein, dass wir mit dem Freund, den wir als den ‚wahren' wertschätzen, letztlich eine Art privater Utopie verwirklichen wollen; mithin stehen wir notwendig in der Gefahr, zu scheitern. Aber seine Charakterisierung durch Søren Kierkegaard lässt ahnen, dass sich jenes irreale Wunschbild durch unterschwellige, letztlich irrationale Vorgänge immerhin zum Teil verwirklichen kann: Etwas „Sympathetisches" sah, in der ersten Hälfte des neunzehnten

Jahrhunderts, der dänische Denker zwischen Freunden am Werk, spürte also die geheimnisvolle Wirkung eines gegenseitigen Mitempfindens; zur „absoluten Bedingung" dafür erhob er „die Einheit der Lebensanschauung". Echte Freundschaft „erfordert immer Bewusstsein und wird damit der Schwärmerei enthoben". Vielleicht besteht eben darin ihr Haupt-, vielleicht der einzige Unterschied zur Liebe.

Von lateinisch *amare*, für lieben, leitet *amicus*, der Freund der Römer, sich ab, und daran halten sich die romanischen Sprachen bis heute: *L'ami, l'amie* heißt der Freund, die Freundin auf Französisch, im Italienischen *amico, amica*. Sollte die Liebe also gar nichts Einzigartiges sein – sondern nicht mehr, wenn auch nicht weniger als die ausgereifteste Gestalt der Idee Freundschaft? Die zwar erfordere, anders als Liebe, eine „Kunst der Distanz", dekretierte der fränkische Aphoristiker Sigmund Graff – aber freilich muss Liebe, wenn sie halten soll, stets auch Freundschaft sein: indem auch sie Distanz zulässt und Freiheit gewährt. In beidem bewandert, nannte der schon erwähnte Renaissance-Autor Montaigne „das Liebesfeuer eingreifender, brennender und peinigender. Aber zugleich ist es mutwillig und unbeständig, flatternd und wandelbar, eine Art Fieberglut, die auf- und abschwillt; ein Feuer, das nur Teile von uns versengt. Freundschaft hingegen erzeugt eine allgemeine Wärme, die den ganzen Menschen erfüllt und stets gleich wohlig bleibt."

Nie wird sich die Frage letztgültig beantworten lassen, ob zwischen den Geschlechtern wahre Freundschaft langfristig denkbar ist. Zwar gab im Zuge einer US-amerikanischen Studie fast ein Drittel der Befragten an, ihr bester Freund, ihre beste Freundin gehöre zum jeweils anderen Geschlecht, ohne darum sexuell begehrt zu werden. Doch äußern sich Kenner seit jeher skeptischer. Oscar Wilde – der Freundschaft „tragischer als Liebe" fand, weil „sie länger dauert" – schrieb sich als einer der geistreichsten Kommentatoren von beidem in die Literaturgeschichte ein; für ihn war ausgemacht, dass „zwischen Männern und Frauen keine Freundschaft möglich" sei: „Da gibt es Leidenschaft, Feindschaft, Verehrung, Liebe, aber keine Freundschaft." Dem entspricht, eindeutig verdeutlichend, eine Bemerkung aus der jüngeren Geschichte des Kinos: „Männer und Frauen können nie Freunde sein", sprach 1989 in Rob Reiners unverweslichem Film HARRY UND SALLY der Titelheld zur Titelheldin und nannte den Grund: „Der Sex kommt ihnen immer dazwischen" – was die Komödie sodann Herz und Hirn, Hemd und Hose öffnend beweist. Aber in der Zweckfreiheit, mit der sich die seelisch-sinnliche Liebe bewährt, bewährt die Freundschaft sich auch, nach ähnlicher Unbedingtheit und Exklusivität verlangt sie. Ungeachtet der multilateralen Herzensbindung, wie sie die „Drei von der Tankstelle" zusammenschweißt, bestätigen Forscher, dass meistens auch für den Freund gilt, was in der Liebe gilt: Es kann nur einen, kann nur eine geben.

Dick oder dünn

Dann aber durch dick und dünn, mit Haut und Haaren. Der Evangelist Johannes überliefert in seinem fünfzehnten Kapitel ein Wort Jesu, wonach niemand „größere Liebe haben" könne „als die, dass er sein Leben lässt für seine Freunde". Ein großes Wort, erschreckend groß. Im Alltag gehts auch eine Nummer kleiner. So dürfen wir erwarten, dass sich ein Autoverkäufer dienstbereit um uns bemüht, nicht weil er durch seine Freundlichkeit unsere Freundschaft gewinnen will; die Liebenswürdigkeit, mit der er sich erbötig macht, drückt den Grad seiner

Nächstenliebe nicht aus: Er ist schlicht beruflich zu einer Höflichkeit angehalten, mit der er die legitimen Absichten seines Arbeitgebers, Umsatz und Profit zu generieren, am vielversprechendsten verfolgt.

Umso tückischer trägt zur besagten Inflation des Freundschafts-Begriffs die gedankenlose Fahrlässigkeit bei, mit dem wir ihn für etliche halbherzige bis zweifelhafte Nachbar-Phänomene gebrauchen. Für gewöhnlich schnell, und in der Regel folgenlos, lösen die Sandkastenfreundschaften der Zwei- bis Sechsjährigen als Zweckbündnisse einander ab. Nachgerade zu Hassobjekten mutieren bisweilen Nachbarskinder, die Eltern ihren Sprösslingen als Freizeitbegleiter empfehlen: „Warum spielst du nicht mit dem netten Jungen dort im karierten Strickpullunder?" Aus solchem Appell kann kein Bündnis wachsen. Dagegen sind reifere Allianzen unter Jugendlichen – glauben wir dem Menschenkenner Adolph Freiherr von Knigge – die „dauerhaftesten". Zu bedenken gilt zugleich, dass in die Pubertät auch jene Jahre fallen, worin sich die „Gespielin", der „Gespiele" vom Spielkameraden der Kindheit in das Luder, den Lustknaben im Lotterbett verwandelt. In Kasernen lassen sich etliche junge Männer, als halbe Kinder noch, verleiten, die gleichmacherische Kameradschaft der Krieger als Freundschaft zu überschätzen. An der Universität formieren sich Cliquen handverlesener Kommilitonen zu Genossenschaften für den Kampf ums akademische Bildungsgut. Im Berufsleben setzen wir auf das soziale Netz der Kollegen, und bringen wirs zu was, versuchen wir eine anhängliche Schar ehrlicher Gefolgsleute hinter uns zu sammeln. Keiner aus diesen Spezies ist ein Freund. Aber ein Freund hat von jeder dieser Spezies ein wenig.

Umgekehrt entpuppt sich im Privatissimum so mancher Partnerschaft der Freund des Hauses als Hausfreund und

Wolf im Schafspelz. Nicht unähnlich lernen wir, in diesem oder jenem Geschäfts- und Parteifreund den Konkurrenten zu fürchten. Loyalität wider besseres Wissen verwandelt Menschen nicht in Freunde, sondern in Spießgesellen, gemeinsames Übelwollen in Komplizen. Dosenbier und Fertigpizza, Chips und ein Bundesligaspiel auf dem Fernsehschirm machen Fußballfans erst mal nur zu Kumpeln und Kumpanen und nicht zu mehr. Das Gegenstück zum Freund ist wohlgemerkt der Nächste, der Andere, der Fremde – nur im schlimmsten Fall der Feind. Aber doch grenzt Freundschaft eng an Feindschaft an: Aus der Erfahrung des Psychoanalytikers formulierte Sigmund Freud die Einsicht, dass ein Gran Hass stets jede Freundschaft – und ebenso die Liebe – würze. Müssen wir da eine Verbindung, in der sich unverhüllbar Störfaktoren auftun, unbedingt am Leben halten? „Es gibt viele kluge Pflegetipps für die Freundschaft, als wäre sie eine Zimmerpflanze oder ein Aquarium. Ist sie aber nicht", schrieb Arno Frank 2015 ganz richtig in der Wochenzeitung DIE ZEIT. „Eine Freundschaft, die ich als Pflegefall betrachte, ist keine Freundschaft mehr. Zwecklos, eine Leiche schminken zu wollen." Eine Generation vor Montaigne gab der französische Hofpoet Mellin de Saint-Gelais zu Bedenken, ob eine Freundschaft, „die beendet werden kann", überhaupt jemals „recht begonnen habe". Wo eine Freundschaft zerbricht, die den Namen verdiente, kann unser Jammer wachsen, als wär uns ein geliebter Mensch gestorben; oder als hätte man uns körperlich aufs Schmerzlichste verletzt. Vertrauensvoll haben wir uns vor unserm Gegenüber geöffnet, arglos gehen lassen, gutgläubig Freiheiten erlaubt – und sind darüber angreif- und verwundbar geworden. Nicht selten wächst eine zugrunde gegangene Freundschaft aus den Trümmern neu auf – unumkehrbar pervertiert zu schadstoffreicher Unversöhnlichkeit.

Nietzsche und Richard Wagner gaben ein beredt toxisches Beispiel dafür ab, so wie Paul McCartney und John Lennon.

Das andere Ich

92 Prozent der Deutschen halten Freunde für einen maßgeblichen Einzelfaktor ihrer Lebensqualität. Fast drei Viertel fühlen sich im Freundeskreis wie in einer zweiten Familie oder bedürfen seiner gar als Familienersatz; das besagt eine Umfrage, von der die Zeitschrift HÖRZU 2011 berichtete.

Das war, wies scheint, schon immer so. Die ältesten überlieferten Erzählungen der Menschheit berichten von unzertrennlichen Menschen-, nämlich Männerbünden: das vor gut viertausend Jahren niedergeschriebene GILGAMESCH-EPOS aus dem Zweistromland, Homers ILIAS und ODYSSEE, worin der Dichter zwölfhundert Jahre später vom Krieg um Troja und von den Folgen erzählte. Um die Mitte des vierten vorchristlichen Jahrhunderts widmete der Philosoph Aristoteles ein Fünftel seiner NIKOMACHISCHEN ETHIK der Freundschaft. In drei Spielarten teilte er sie ein, von denen er nur eine anerkannte: Denn der „Freundschaft des Nutzens" unterstellte er sehr zu Recht die Selbstsucht und den Egoismus dessen, der sie zum eigenen Vorteil eingeht; die „Freundschaft der Lust" galt ihm gleichfalls wenig, weil sie sich nur Annehmlichkeiten verspricht, während sie Probleme scheut. „Vollkommen" nennt Aristoteles allein die Freundschaft um des „Guten" willen, wie sie ausschließlich tugendhaft-ausgereifte Menschen im wechselseitigen Zugeständnis von Gleichrangigkeit eingehen können. Sie kommt selten vor, entwickelt sich erst nach und nach, währt aber umso länger und schließt Lust und Nutzen ein: weil das Gute schön ist und dem Nächsten dient. In solcher Freundschaft erkennt der Denker „eine Seele in zwei Körpern", im Freund das „andere Ich".

Recht ähnlich später Cicero: „Ein wahrer Freund ist wie ein zweites Ich." Geradezu schwärmerisch feierte der Römer im Jahr 44 vor Christus den Freund: „Wer sein Auge auf ihn gerichtet hält, schaut gleichsam auf ein Abbild seiner selbst." Im Dialog LAELIUS rechnet er „wechselseitige Freundesliebe" zum schönsten „Ertrag in Stunden des Glücks", geradezu „strahlend" sieht er sie als „Sonne" im Leben aufgehen. Aber auch Cicero schließt von der Fähigkeit zu wahrer Freundschaft alle aus, denen es darin um Eigennutz zu tun ist und die ihre eigene Unzulänglichkeit zu kompensieren trachten, statt sich vorm andern durch Edelsinn, Redlich- und Lauterkeit auszuzeichnen. „Selbstvertrauen, höchste Tugend und Weisheit" sollen uns so „wappnen", dass wir eigentlich gar keinen Menschen bräuchten – dann sind wir erst eigentlich „in der Lage, Freundschaft zu suchen und auszuleben".

So viel zur antiken Theorie. Im wirklichen Leben sahen die Bezugssysteme damals und noch lange danach meist nüchterner aus: wie Interessens- oder Kampfgemeinschaften. Obendrein handelt es sich bei den Menschen, die hier in Rede stehen, durchweg um Männer. Für Frauen galten hohe und hehre Gefühle als unerreichbar – ein diskriminierendes Fehlurteil, an dem die Meinungsträger und -verbreiter des Mittelalters festhielten. In der frühen Neuzeit griff Michel de Montaigne, sozusagen der Erfinder des Essays als literarischer Gattung, das Doppelgänger-Motiv seiner antiken Vordenker auf: „Er ist ich", rühmte er in DE L'AMITIÉ (dem heute populärsten jener „Versuche") den Freund – den frei gewählten Partner wohlgemerkt eines Zweierpakts; denn „Freundschaft ist ein Tier, das in Paaren und nicht in Rudeln lebt". Streng schied er ihn von allen eher zufälligen, naturgemäß unfreiwilligen Formen der Bekannt- und Verwandtschaft, Ehe und Familie. Mit seiner Schrift richtete Montaigne ein Denkmal für den 33-jährigen Etienne de la Boétie auf, zwanzig Jahre nach dessen unverwundenem Tod: Von Stund an fühlte sich der Autor „nur noch halb". Solche Seeleneinheit bringe „das Schicksal nur ein Mal in drei Jahrhunderten zustande". Man kann sie auch, wie der Schweizer Literaturwissenschaftler Jean Starobinski, hart an der Grenze eines „Narzissmus zu zweit" sehen.

Weit war der Weg, bis weibliche Zuschreibungen wie Herzenswärme, Hingabe, Fürsorglichkeit aufschlossen zu den kantigen Männer-Idealen eines kampfbereiten Zusammenhaltens und einverständig-markigen Miteinander-Schweigens. Nach und nach erlaubte das Gedankengut der Aufklärung den Frauen, sich mit ihrem eigenen Ingenium zu behaupten, doch den Hauptteil der maßgeblichen Gedankenkräfte sprachen die Männer bis weit ins neunzehnte Jahrhundert sich selber zu. Fast wie Jesus gebot der intellektuelle Protagonist der deutschen Aufklärung, der Königsberger Schreibtisch-Denker Immanuel Kant, den Menschen „Liebe" als Bestandteil der Freundschaft; doch meinte er mit ihr in seiner notorischen Sachlichkeit „beiderseitige Achtung". Wo die bestehe, verwirkliche sich Freundschaft als „völliges Vertrauen zweier Personen in wechselseitiger Eröffnung ihrer geheimen Urteile und Empfindungen". Jene „Teilnehmung und Mitteilung an dem Wohl" des Gegenübers sah er allein auf der Basis eines „moralisch guten Willens" erblühen. Kant durchschaute, dass wir ein Ideal in derart anspruchsvoller Höhe wohl kaum erreichen können. Ihm nachzufolgen, erlegt er uns trotzdem als „ehrenvolle Pflicht" auf.

Daran, durch Freundschaft die Standesschranken zu durchbrechen, dachte in der damaligen Klassengesellschaft kaum einer. Doch erweckte die Erfindung der Freizeit in jenen

Jahrzehnten eine neue Form der Privatheit, die zumindest den bürgerlich und adlig bessergestellten Frauen bisher ungekannte Freiräume eigener geistiger Regsamkeit eröffnete. Während Johann Wolfgang von Goethe und Friedrich Schiller, nach überwundenen Vorbehalten und überstandenen Ausweichmanövern, zu einer staunenswert kreativen Männerfreundschaft fanden, definierten geistfein-gesellige Damen wie Sophie von La Roche, Bettina von Arnim und Rahel Varnhagen in ihren zugkräftigen Salons die Freundschaft als geschlechterübergreifende Gemeinschaft der Bildung und Herzensbildung neu. Nun erhob sich mit gleichem Wert die hochemotionale Frauenfreundschaft, wie sie in unseren Tagen die Publizistin Edelgard Abenstein beschrieb: „Frauen entdecken höchst offiziell das Reich der Gefühle als den Ort, von dem aus das Nachdenken über das eigene Ich seinen Anfang nimmt"; zur „Eingeweihten, Weggefährtin, Seelenverwandten, zum letzten Zufluchtsort" wurde die Freundin, zur Geliebten nicht selten.

Gleichzeitig lösten sich Ingredienzen der Freundschaft, wie Kant sie nüchtern analysiert hatte, ins Sentimentale auf: in selige Vertraulichkeit, tränenreiche Offenbarung innigster Gefühle und Geheimnisse. Wenn in Deutschland, dem Soziologen Friedrich Tenbruck zufolge, die Jahrzehnte zwischen 1750 und 1850, wenn also Empfindsamkeit und Romantik „die große Epoche der Freundschaft" erlebten, dann in Gestalt eines regelrechten Freundschaftskultes. Er zelebrierte, nicht zuletzt aus den lüstern-rückhaltlosen Bekenntnis-Orgien des Pietismus sprießend, die mystische Verschmelzung zweier – oder mehrerer – Seelen bis hin zur verheulten Gefühlsduselei. Voll von Belegen dafür stecken die Literatur jener Jahrzehnte und ihre Musik. Im Biedermeier nötigten die politischen Verhältnisse das Gros der Menschen zwar zum Rückzug aus der durch obrigkeitliche Gängelei und polizeiliche Bespitzelung erkalteten Öffentlichkeit; umso lauer dafür durchwärmten die Flammen ‚ewiger Freundschaft' die guten Bürgerstuben.

Schillers Schädel

Mag auch der Gefährte, statt im selben Zimmer, in der Ferne weilen – Freundschaft ist und bleibt Nähe. „Ein Glück für mich war es, dass ich Schillern hatte", bekannte Goethe dem Dokumentaristen seiner späten Stellungnahmen, Johann Peter Eckermann. „Denn so verschieden unsere beiderseitigen Naturen auch waren, so gingen doch unsere Richtungen auf eins, welches denn unser Verhältnis so innig machte, dass im Grunde keiner ohne den andern leben konnte." Seinerseits rühmte Schiller das Bündnis der beiden als „edel und rein", denn „zu fühlen, dass auch entfernt an einen gedacht wird, erweitert und verdoppelt das eigene Dasein".

Statt der Kontakte, die sich heute mittels Smartphone und Tablet, Whats-App und Facebook sekundenschnell knüpfen lassen, unterhielt damals, neben innigem Gedenken, namentlich eine ausufernd-ausführliche Briefkorrespondenz die ‚ewige' Flamme am Lodern. Wie Reliquien hielt man über den Tod des Freundes, der Freundin hinaus Liebesgaben und Andenken in Ehren – im Fall Goethes nichts Geringeres als einen Schädel, den der Dichter fälschlich für den schillerschen hielt: „Geheim Gefäß! / Orakelsprüche spendend", dichtete er ihn ergriffen von Demut an, „wie bin ich wert, dich in der Hand zu halten?" Im Angesicht der Endlichkeit von Freundschaft im Besonderen und allgemein des Lebens müssen wir uns den Dichterfürsten hier nicht zum Vorbild nehmen: Das Hirngehäuse eines teuren Verblichenen im Arbeitszimmer aufzuheben, gilt heute – und galt gewiss schon seinerzeit – als abgeschmackt. Auf dem Schreibtisch des abtrünnigen Ex-Beatles Paul McCartney lagerte John Lennons Schädel dem Vernehmen nach nie.

Der Stein rollt den Berg nicht hinauf

Über Kreativität als Energie

Im Mai des Jahres 1866 erschütterte eine gewaltige Detonation den Industriestandort Krümmel bei Hamburg. Mit Getöse flog dort eine Fabrik in die Luft, die erst einen Monat zuvor die Produktion aufgenommen hatte – die Herstellung von Nitroglyzerin.

Die fast farb- und geruchlose, leicht ölige Substanz hatte als Erster der italienische Chemiker Ascanio Sobrero Mitte der 1840er-Jahre aus Salpetersäure, Schwefelsäure und wasserfreiem Glyzerin gemischt. Geeignet schien sie, als das Sprengmittel des technischen Zeitalters die Stelle des altmodischen Schwarzpulvers einzunehmen. Nur: Beherrschen ließ sie sich nicht, sondern drohte beständig, auch ohne Zündung, schon bei Temperaturschwankungen oder leichten Stößen oder auch ohne erkennbaren Anlass zu explodieren, einfach so.

Allerdings erwies sich die Vernichtung der Krümmeler Fertigungsanlagen bald als Urknall für die Schöpfungsgeschichte neuzeitlicher Sprengstoffe mit all ihren vorteilhaften und verderblichen Etappen. Denn fortan suchte der Fabrikant – er hieß Alfred Nobel – nach einer Trägersubstanz für das „Sprengöl", die den darin ruhenden Energien Berechenbarkeit verleihen sollte, auf dass sie sich erst auf Abruf befreiten. Nach vielem Experimentieren stieß Nobel auf die weißpulverige

Kieselgur, ein reichlich verfügbares Süßwassersediment. So wurde, indem menschlicher Tüftlergeist die Energien der Natur zu zähmen lernte, das Dynamit geboren.

1

Von wo Energie zuallererst ihren Ausgang nahm, wissen wir nicht. Modernen und wohl unwiderleglichen Auffassungen zufolge verdankt das ganze Weltall die unermesslichen Triebkräfte, durch die es expandiert, zusammenhält und sich stetig verändert, einem einzigen Geschehen, einem Urknall; aus ihm gingen vor etwa 13,8 Milliarden Jahren Materie, Zeit und Raum hervor. Sogar Agnostiker halten für möglich, dass hierbei ein schöpferischer Gott den Zündschlüssel drehte. Immerhin können wir ermitteln und berechnen, dass dergleichen, warum auch immer, geschah. Weil freilich Zeit und Raum Grundgegebenheiten für die menschliche Wirklichkeitswahrnehmung sind, reicht unser Vorstellungsvermögen nicht, uns das beispiellose Geschehen anschaulich zu machen: Wenn noch kein Raum war, als dies singuläre Ersteignis eintrat, wenn es also keine Stätte hatte – wo fand es statt?

Der Ort, wo es sich fortsetzt seither, ist die Natur, der wir auch als Kulturmenschen angehören. Von den Kräften, die sie bewegen und die sich in ihr bewegen, handelt unsere Physik. Von den Versuchen, Irrtümern und Fortschritten beim Bemühen, hinter das Geheimnis jener Kräfte zu kommen und sie dienstbar zu machen, handeln die Geschichten der Naturwissenschaften. Und auch die der Geisteswissenschaften handeln davon, weil speziell sie Wissenschaften vom Menschen selbst sind: Anthropologie.

Sobald der Mensch sich seiner selbst nur irgendwie bewusst wurde, spürte er, dass mancherlei Kräfte in ihm wirken und andere auf ihn einwirken und ihn beteiligen; Kräfte, die ihn nicht allein als Materie und nicht nur als Körper, sondern ebenso als Geist zum Teil der Welt machen. Der Mensch, der zum ersten Mal aus zwei aneinander geriebenen Hölzern Feuer gewann – der also mechanische Energie in thermische verwandelte –, wandte ahnungslos ein Grundgesetz des unermesslichen Kosmos auf seinen engen Lebensraum, auf sein begrenztes Eigeninteresse nutzbringend an. Schon diesem frühen Vorfahren muss aufgefallen sein: Es gibt eine Energie, die im Menschen selber wohnt und die ihm gestattet, den Zwangsläufig- und Zufälligkeiten in seiner natürlichen Umgebung mit eigenen Entwürfen und Bestimmungen entgegenzutreten. In unserem täglichen Tun gehen wir Menschen unablässig von eben jenen teils bewussten, teils unbewussten Kräften aus: von der Energie, die unseren Willen einigermaßen frei macht, selbstständig, unabhängig nicht von allen, aber vielen Zwängen. Kräfte der Selbstbehauptung sind dies, inmitten der Schöpfung Kräfte unseres eigenen zielgerichteten, formenden, die Umwelt verändernden Schöpfertums.

Der Mensch, der zum ersten Mal aus zwei aneinander geriebenen Hölzern Feuer gewann, übertraf dabei die Erfindergabe eines Alfred Nobel und seine Erfindung, das Dynamit, an Folgenreichtum bei weitem: ein Urknall im Stillen.

2

Aber ist er denn überhaupt frei, der energetische Wille des energischen Menschen? In die Diskussion hierüber, wie sie Theologen, Philosophen, Neurobiologen fortwährend führen, müssen wir nicht eintreten. Wir dürfen uns stattdessen eine Geschichte gefallen lassen, die uns die Mythologie widersprüchlich über die scheinbare Unfreiheit des Willens erzählt. In unseren Zusammenhang passt sie, weil sie von einem Mann handelt, der zu seiner Zeit – ganz so wie viel später Alfred Nobel, der Herr der 350 Patente – als Ausbund an Köpfchen und Finesse gegolten haben soll.

Diesem antiken Schlaukopf sagt die Sage nach, er habe sich, in Korinth, nicht nur als Städtegründer bewährt. Auch führte er für die Irdischen eine Art Unsterblichkeit herbei. Denn ohne viel Federlesens legte er vorübergehend den Totengott Thanatos lahm und in Fesseln, sodass fortan die Menschheit sich ewigen Lebens erfreute – nicht erst heute, in einer Epoche heilloser Überbevölkerung, ein untragbarer Zustand. Für diese und weitere eigenmächtige Verfehlungen büßte der Frevler hart in der Unterwelt: Hier hatte er bis in alle Zukunft hinein zur Strafe einen mächtigen Felsbrocken steil einen Hang hinaufzuwälzen, um, oben angekommen, Mal um Mal zu erleben, wie die Last seinen Händen entglitt und zurück ins Tal rollte – eine rechte Sisyphusarbeit. Denn natürlich handelt sichs bei besagtem Sträfling um Sisyphos, im Hades einer der namhaftesten, aber auch geschundensten Gäste.

Seit Menschengedenken gilt dieser heroische Zwangsarbeiter mit seiner Plackerei als Inbild für eine Existenz der unaufhörlichen Mühsal und nicht endenden Kämpfe: Metapher für eine zwanghaft ins Leere laufende Kraft. Nein, für die meisten von uns ist das Leben kein Gleiten, sondern ein strapaziöser Anstieg: Der Stein rollt den Berg nun einmal nicht von selber hinauf.

Auch Albert Camus verstand die Sagengestalt so – und dabei doch wieder ganz anders. 1942 schuf der französische

Schriftsteller und Philosoph mit der berühmten Schrift über den MYTHOS VON SISYPHOS einen Urtext des modernen Existenzialismus. Er beließ es nicht dabei, den sich schindenden Helden als Allegorie für ein von Anfang bis Ende sinnloses Dasein zu interpretieren; vielmehr fand er einen Weg, den Geknechteten als Vorbild anzuerkennen und seine Zentnerbürde als Segen statt als Fluch. „Wir müssen uns Sisyphos als einen glücklichen Menschen vorstellen", verlangt Camus in seinem Essay. Denn zwar darf der sich Abrackernde nie- und nimmermehr auf Amnestie, Erlösung oder auch nur Hilfe seitens einer überirdischen, göttlichen Instanz hoffen; folglich sieht er sich ganz auf sich und sein Diesseits verwiesen: Er sucht in einer Welt, die ihm absurd erscheinen muss, nicht länger nach einem Sinn und einem jenseitigen Wesen, das diesen Sinn stiftet. Aber Sisyphos sinnt gar nicht nach – er handelt; und was er tut, tut er für sich; sein Schicksal gehört ganz ihm und zeichnet ihn noch dann aus, wenn er scheitert. Die Unermüdlichkeit seines Energieaufwandes ist nicht Verdammnis, sondern Privileg.

Eine Grundlegung für das Leben und für seinen Wert sieht Camus in der Würde des Menschen, die darin besteht, dass er in der Fron jedes Tages sein Leben in die eigene Hand nimmt wie der Rebell Sisyphos den Felsblock. Camus' Mensch begehrt auf gegen den Un- und Widersinn seiner Existenz; er nutzt seine Freiheit, um ihr eigenmächtig einen Sinn zu verleihen; und er setzt dem Tod, der die Sinnlosigkeit unausweichlich vollenden wird, eine Leidenschaft für die Spiele des Lebens entgegen. So rentiert sich der Kraftaufwand: nicht in der Strapaze, sondern im Engagement.

Obendrein verkörpert Sisyphos, der notgedrungen seine Mühen nie unterbricht, indes auch nie unter ihnen zusammenbricht, den – von Hermann Helmholtz 1847 formulierten

– physikalischen Grundsatz von der Erhaltung der Energie. Der besagt: Was an Kraft im Kosmos besteht, verbraucht sich nicht, es verwandelt sich nur. Die Menge der Energie bleibt stets gleich. Im schöpferischen Geist des Menschen kann sie sich sogar erneuern, solang es der Körper erlaubt.

3

Jener antiken Kultur, der sich die Mythengestalt des Sisyphos verdankt, entstammt auch die Vokabel, die uns bei alldem interessiert: Energie. Das dem Griechischen entlehnte Wort wörtlich zu übersetzen, führt sogleich zum Kern seiner Bedeutung.

In zwei Teile lässt es sich zerlegen. *En* heißt soviel wie innen oder hinein; *érgon* meint Sache und Werk, modern gesagt: Produkt. Mithin tritt Energie zwiefältig auf: als etwas, das im Inneren wirkt; und als etwas, das auf etwas anderes einwirkt. Die Naturwissenschaften definieren Energie als das Vermögen eines physikalischen Systems, Arbeit zu verrichten. Ohne sinnentstellende Verrenkung lässt sich diese Bestimmung auf uns Menschen übertragen, zumal dann, wenn man bedenkt, dass das Wort Energie erst im neunzehnten Jahrhundert über Frankreich ins Deutsche gelangte; zuvor sprachen die Gelehrten, Gottfried Wilhelm Leibniz etwa, von „lebendiger Kraft" (oder „*vis viva*"). Die erinnert an den *élan vital* eines anderen Denkers, an die Bezeichnung des seinerzeit hochgeachteten Franzosen Henri Bergson. So nannte er eine kreative, lebendige Spann-, Schwung-, Stoßkraft, die, wie er meinte, den organischen Prozessen jedes Lebewesens innewohne und zugleich die Evolution alles Lebens auf Erden voranbringe.

Einst spielte bei derlei Anschauungen ein gerüttelt Maß Irrationalismus mit. Aber auch ohne ihm das Wort zu reden, lässt sich der Begriff der Energie auf den menschlichen Verstand anwenden: auf seine Bewegungen und Regungen, die Ideen und Visionen, Pläne und Früchte, die er zeitigt; auf die inneren Schweinehunde, die er überwindet, die dicken Bretter, die er bohrt, die Steine, die er bergauf wälzt. Auf die Arbeit, die er vollbringt. Geist ist die wirkmächtige Entfaltung einer nicht-materiellen Energie, Neurobiologen können sie im Gehirn verorten und aufzeichnen, taxieren und gewichten und wissen heute, dass von der Masse des durchschnittlichen Menschenkörpers nur läppische zwei Prozent auf das Zerebrum fallen, dass es aber ein Fünftel seiner Energie verbraucht, etwa die Hälfte mehr als der mechanische Lebensmotor, das Herz. Auch ohne Esoteriker zu sein, darf man ruhig darüber staunen, dass die Wissenschaft geistige Energie zu *messen* vermag, ohne ihr Wesen *ermessen* zu können.

Energie wirkt auf die Welt, das heißt: Sie nimmt spürbar und verändernd an der Wirklichkeit teil. Sie hat Folgen, und um die zu benennen, reibt sich Johann Wolfgang von Goethes Faust auf: Er giert danach, die Macht zu begreifen, welche „die Welt im Innersten zusammenhält". Recherchierend schlägt Faust den „Grundtext" des Neuen Testaments auf, um „das heilige Original / In mein geliebtes Deutsch zu übertragen", und stößt dort auf den großen Satz: „Im Anfang war das Wort." Das Wort. Im griechischen Urtext steht an seiner Stelle vieldeutig der göttliche *logos*. Um für ihn eine muttersprachliche Entsprechung zu finden, fragt Faust Entwicklungsstufen und Erscheinungsformen jener Energie ab: Übersetzend versucht ers mit „Sinn", dann mit „Kraft" – und schreibt schließlich getrost: „Im Anfang war die Tat!"

Auf sie läuft alles hinaus. Auf die Tat zielt die ‚latente' Kraft unseres Willens, zielen Eifer, Lust und Mut von uns Menschen; zielt unsere Kreativität: unsere Neigung, Veranlagung und Begabung, unser Scharfsinn und unsere Hingabe. Und auf sie zielt die ‚aktuelle' Kraft unseres Verstandes: zielen Produktivität, Dynamik, Beständigkeit. Das Produkt dieser Kraft, ihr Ertrag, ist die Tat. Die Philosophie benutzt, um jenes Verhältnis zu beschreiben, vielsagend Begriffe, wie sie gleichlautend für die Liebe der Leiber und für die Zeugung, Erzeugung von Leben gelten: Der *Akt* setzt die *Potenz* voraus, vor der Wirklichkeit steht die Möglichkeit, vor der Verrichtung der Plan, vor der Wirkung die Intention – sozusagen vor dem Treffer die Erfassung des Ziels.

Und allerdings: „Im Anfang war das Wort" – auch Luthers Übersetzung trifft zu. Denn auch das Wort, der Sprechakt, ist Tat

4

Pragmatisch orientierte Zeitgenossen mögen sich weniger um derlei anthropologische Erkundungen scheren, die ihnen vielleicht gar wie ‚typisch' philosophische Wortklaubereien vorkommen. In Sachen Energie ist es uns Normalbürgern verständlicherweise mehr um die Kosten in unserem Unternehmen, um den Benzinverbrauch unseres Autos oder die Wärmedämmung unseres Heims zu tun. Oder der Sportler: Er sorgt sich, beim Marathonlauf etwa oder auf dem Rad während der Tour de France, wie lange seine schmerzenden Wadenmuskeln den Anstrengungen wohl noch standhalten. Wirklich zeigt sich, dass nicht alle Begriffe, die Physiker, Politiker und Ökonomen zum Thema gebrauchen, bei der Beschreibung von Lebensenergie und kreativen Kräften verfangen. Im Kopf kann, auch bei hohem Energieverbrauch, ein Energieüberschuss lange anhalten. Umgekehrt steht, was wir uns heute an geistiger Energie ersparen, nicht etwa morgen zusätzlich wie ein Finanzguthaben oder der elektrische Strom aus einer Batterie zur Verfügung. Zweifellos werden einem energischen Menschen seine Verrichtungen in der Regel besser gelingen als einem energielos schlaffen; trotzdem stehen bei Letzterem, anders als bei einer Maschine, nicht alle Funktionen still, und die Initialzündung, die ihn irgendwann aufs Neue antreibt, generiert sich aus ihm selbst. Kommt hinzu, dass – abgesehen von den Quellen, die unser organisches Leben erhalten, abgesehen also von Nahrung und Wasser, Licht und Luft – die Kraft in unserm Innern so gut wie geschenkt ist; sie kostet nur, irgendwann, das Leben.

Der Verstand ist ein Kraftwerk. Wie in einem Atomreaktor lauern in ihm Potenziale für geistiges Brillantfeuerwerk wie für unkontrollierbares Verderben, und die Zeitungen wie die Geschichte der Welt berichten davon, was geschieht, wenn solch ein Reaktor explodiert. Das Dynamit Alfred Nobels hat seinem, dem technischen Zeitalter, etwa dem Berg-, Straßen-, Eisenbahnbau, ungekannte Vorteile verschafft; gleichwohl half es als Kriegsmittel, millionenfach Tod und Not über die Menschen zu bringen. Es kommt eben auch in Fragen der Energie auf die falsche oder richtige Menge an.

Den menschenfreundlichen Erfinder Nobel behandelten an seinem Lebensende die Ärzte mit eben jener Substanz, derentwegen 1866 seine Krümmeler Fabrik mit Getöse in Schutt und Asche versunken war – mit Nitroglyzerin. Denn zu seiner unwägbaren Hochempfindlichkeit gehört die Gabe, nicht allezeit mit Gewalt zu zerstören, sondern, fein dosiert, als probates Therapeutikum zu taugen. Mediziner und Pharmazeuten schätzen es durchaus als Stärkungsmittel fürs kranke Herz. So verweist es auf die Unbestimmbarkeit des Daseins, in dem es nicht viel eindeutig Gutes oder Schlechtes gibt. Immerhin glückt es den Gesegneten unter den Menschen, mit der Energie ihres Geistes ihre Umgebung, in seltenen Fällen die Welt zu erleuchten.

Panta rhei – Alles fließt

Eine kleine Philosophie der Bewegung

1

Der Student Nathanael, ein junger Dichter, Schwärmer, „Geisterseher", liebt Olimpia. Hoheitsvoll, wenn auch etwas einschichtig tritt sie ihm entgegen. Glühend gesteht ihr Verehrer seine Liebe und wähnt sich wiedergeliebt, sobald die Angebetete ihm nur entgegnet: „Ach, ach." Bald erheben Nathanaels Freunde Einwände: Als „Wachspuppe" mit „Holzgesicht", „auf seltsame Weise starr und seelenlos", qualifiziert einer von ihnen die Beauté ab. Jede ihrer Bewegungen scheine „durch den Gang eines aufgezogenen Räderwerks bedingt". Und wirklich: Was Nathanaels Gemüt aufwühlt und seinen Verstand aus der Bahn wirft, ist nur eine „singende Maschine" – ein raffiniertes, aber lebloses Produkt der Mechanikerkunst.

So erzählt es uns Ernst Theodor Amadeus Hoffmann, selbst Dichter, Schwärmer, Geisterseher, in seiner berühmtesten Novelle, dem SANDMANN von 1816. Noch heute gruselt es einen lustvoll beim Lesen: ein Automat in Menschengestalt.

Aber es gibt auch Menschen, die rund wie Automaten laufen. Als 1988 der damals große Heldentenor Siegfried Jerusalem bei den Bayreuther Festspielen den Siegfried in Richard Wagners RING DES NIBELUNGEN gab, ließ Regisseur Harry Kupfer ihn die Riesenbühne durchturnen, was dem Künstler zusätzlich zur Kraft für die Stimme enorme sportliche Energie abverlangte. Manche Zuschauer und Rezensenten hielten das für zu viel des Guten. Regisseur Kupfer aber rechtfertigte sich mit einem Verweis auf das Leben selbst: „Wo immer Menschen sind, da bewegen sie sich."

Das gilt für Maschinen auch. Wo immer welche sind, da sollen sie sich bewegen. Längst haben sich beide Extreme eng aufeinander zu bewegt: der selbstbestimmte Vitalismus des *homo sapiens* hier – und dort die Ingenieurskunst, die es vermag, unbelebte, dennoch leistungsfähige Apparate zu erschaffen. An den Fertigungsstraßen etwa der Automobilfabriken erfüllen zwar keine hübschen Puppen wie Olimpia, wohl aber grob- und feinmechanisch begabte Greifarme längst die Aufgaben, die zuvor Menschen mit eigener Hand langsamer und fehleranfälliger erledigten. In Labors ertüfteln Techniker hochkomplexe Systeme, denen sie ein Potenzial einpflanzen, das ursprünglich dem Menschen und höherentwickelten Tieren vorbehalten war: lernfähig zu sein. Umgekehrt interpretieren Anatomen und Gehirnforscher den Menschen als geschlossenen Regelkreislauf, als Mensch-Maschine, worin für das Ich und seinen freien Willen kaum noch Spielraum bleibt. Wie bewegen wir uns? Und wodurch? Oder werden wir bewegt?

2

Unsere Wahrnehmung orientiert sich wie folgt: Was nicht in Ruhe ist, bewegt sich – so simpel legte es im siebzehnten Jahrhundert der Philosoph Baruch de Spinoza fest; umgekehrt muss also gelten, das alles Bewegungslose in einer Ruheposition verharrt. So scheint es zumindest. Bewegung geschieht, wenn etwas mit der Zeit seinen Ort verändert. Vergleichbar fühlen wir uns in unserem Gemüt bewegt, wenn sich die Verhältnisse unseres Inneren zu einer gegebenen äußeren Lebenslage verändern. Insofern sprechen sie alle, die Physik, die Philosophie und die Psychologie der Bewegung, über dasselbe Thema.

In solchem Übergreifen der Fakultäten sahen die Autoren der Antike kein Problem. Auf ein und demselben Grund fußten für sie naturwissenschaftliche Forschung und die metaphysische Frage nach den Ersten und den Letzten Dingen und dem, was womöglich hinter all dem, was wir durch unsere Sinne erfahren, noch liegt. Auch die Alten konstatierten die Verbindung von Bewegung mit Wirkung und Veränderung: Bewegt sich ein Objekt, so wirkt es auf Anderes ein, verändert es, verändert sich selbst dabei, verändert die Beziehung der Dinge im Ganzen. In ihm, jenem Ganzen, herrscht mithin allseitiger Dynamismus: Alles, was ist, verdankt sich einer Kraft, die es bewirkt, und wird selbst zur wirksamen Kraft, zum Impuls für ein wiederum Nächstes. Und so fort.

Herrscht also nirgendwo Ruhe? Tatsächlich schloss eine der griechischen Denkschulen den Stillstand aus. *Panta rhei*, alles fließt, dekretierte Heraklit vor 2500 Jahren. Die Welt bestehe, befand der griechische Philosoph, aus lauter Gegensätzen, die in dauerndem Konflikt miteinander stünden, einem fruchtbaren freilich. So wie der Tag hin zur Nacht und diese wieder zum Tag strebe, so strebe jede Erscheinung danach, sich in ihr Gegenteil zu verwandeln. Durch solche Dialektik bewege die Welt sich beständig fort und voran. Einzig unwandelbar sei der Wandel selbst und als solcher.

Wenn nichts ist, es sei denn zugleich mit seinem Gegensatz, muss nicht verwundern, dass auch der Lehre Heraklits Widerspruch erwuchs. Etwa eine Generation nach ihm gab sein antiker Landsmann Parmenides all das, was wir für Bewegung und Veränderung halten, als bloße Täuschung des Geistes aus. Er entwarf stattdessen eine in allem andere Welt, eine des Konstanten und Immerwährenden. Denn, so spekulierte er spitzfindig, gäbe es Wandel, müsste sich etwas, das ist, zu etwas entwickeln, das (noch) nicht ist. Das Nichts aber sei undenkbar. Folglich hielt Parmenides den Kosmos für seit jeher fertig, komplett, stabil und unaufhörlich – sein Dogma war eines der ständigen Statik.

Dagegen verwahrte sich wiederum Aristoteles rigoros. Das Sein, befand er, sei ein Werden (was dessen Gegenteil, das Vergehen, einschließe). Werden aber sei Bewegung: der Umschwung von der „Potenz" zum „Akt", wie er sagte, also von etwas, das möglich ist, zu etwas, das wirklich ist. So finde Stoff – Materie, Inhalt – zur Gestalt, zur Form. Was sich aber bewege, muss durch ein Anderes bewegt worden sein, und dieses wiederum durch ein Voriges, und immer so weiter. Wo soll jene Reihe – jener „unendliche Regress", wie die Philosophen sagen – je enden? Worin liegt der alleranfänglichste Ursprung von allem? Aristoteles glaubte: in einem allerersten „unbewegten Beweger", in der Form, die sich selbst erfüllt, im Denken, das sich selber denkt – im Schöpfergott.

Fasslicher brachte uns Herbert Grönemeyer bei, wie wir leben können: „Stillstand ist der Tod." Mag auch die Expertise des grüblerischen Sängers als Philosoph nicht genügen – Blaise Pascal, als Angehöriger der Zunft hingegen unbestritten, sagte schon vor dreieinhalb Jahrhunderten nichts anderes: „Stillstand ist unser Tod", denn „Bewegung ist unsere Natur."

3

Wo Menschen sind, bewegen sie sich. Unseren vorgeschichtlichen Vorfahren blieb nichts anderes übrig. Zigtausend Jahre lang sahen sie sich genötigt, Beutetieren nachzustellen. Als Organismus ist der Mensch automobil – wörtlich übersetzt: befähigt, sich selbst und unabhängig zu bewegen; bei allerdings stark unausgeglichenem Krafthaushalt: Viel von der Energie, die er sich zuführt, verschwendet er sinnlos als Wärme. Uns heute macht das nicht mehr sehr zu schaffen. Allein in den vergangenen hundert Jahren reduzierte der Zivilisationsmensch seine Körperbewegungen um 65 Prozent. Evolutionsbiologisch ein Fiasko: Bewegungsmangel lässt uns physisch degenerieren und macht uns krank.

Dabei ist der Mensch, im Prinzip, selbst eine Art Getriebe. Das meinte zumindest der französische Naturforscher Julien Offray de La Mettrie. Mit ihm meldete sich der radikalste Prophet für das mechanistische Weltbild der Aufklärung im achtzehnten Jahrhundert zu Wort. Seine Grundüberzeugung lautete: Die Natur ist ein nach den Gesetzen der Mechanik funktionierendes Ganzes; aus unzählbaren kleinen Teilen fügt sie sich zusammen, deren jedes durch Druck oder Stoß bewegt oder gehemmt wird und seinerseits andere Teile anschiebt oder aufhält. Konsequent rationalistisch verzichtete der Arzt und Anatom in seinem Gedankengebäude auf Instanzen wie die Seele oder Gott, als wären sie hinderlich überflüssige Luxusgüter. In seinem 1748 herausgegebenen Hauptwerk, L'HOMME MACHINE (Der Mensch als Maschine), sprach La Mettrie dem Menschen jeden Sonderstatus in der Schöpfung ab. Allenfalls erkannte er die hohe technische Organisation des menschlichen Organismus an; aber er verwarf den freien

Geist, Glücksstreben und autonomen Willen als „Hirngespinste".

Auch die moderne Neurobiologie sah lang Gründe, das Gehirn mit dem Computer zu vergleichen, wie eine programmierte Anlage zur Informationsverarbeitung – als Zerebralmechanik, die unsere organischen Vorgänge und Bewegungen planmäßig steuert, und unsere Verhaltensweisen ebenso.

4

Wie idealistisch oder materialistisch wir unser Bild vom Menschen auch entwerfen mögen – unleugbar haben wir einen existenziellen Umstand mit der Maschine gemein: Unser Verhängnis ist der Verschleiß, der Defekt, die Vergänglichkeit. Immerhin geben wir uns Mühe, dies „Stirb" als ein „Werde" zu tolerieren. Dafür gibt die Uhr der Neuzeit, als eine der fundamentalen Errungenschaften unseres Erfindergeistes, noch immer das beste Symbol ab. In der runden Reise der Zeiger erkennen wir unseren Lebensweg vor- und nachgezeichnet von einem Ursprung hin zu einem Endpunkt, der wiederum im Anfang aufgeht. In dem Zusammenhang hält unsere Sprache schöne und weise Wörter bereit; zwar sind sie schon ein wenig angejahrt, aber sie bestechen durch ihren aufschlussreichen Doppelsinn. Zum Beispiel das Wort Wandel: Es bedeutet Veränderung und Mutation, aber auch, etwa im Erdenwandel, ein Weitergehen und Vorwärtskommen. Oder der Ausgang: Einerseits bezeichnet das Wort den Weg oder die Tür, die hinaus führt, vielleicht ins Freie; doch auch jene Stelle, von der man ausgeht, aufbricht; und obendrein das günstige oder schlimme Ende einer Situation. Dass die Uhr ‚geht' oder ‚läuft', wie wir zu sagen pflegen, das garantiert in ihr unter anderem ein feinmechanisches Instrument, die Unruh; und Unruhe in uns selbst – Spannung, Erregt- und Bewegtheit – ist Nachweis unserer eigenen Lebendigkeit. Ruht unsere Unruh, so muss unsere innere Uhr „stehen bleiben", und wir Menschen sterben. Da hat Herbert Grönemeyer, der Grübler, schon recht.

Aber wir bewegen uns ja, unaufhörlich, in rasendem Tempo. Einen Menschen auf der Äquatorlinie führt die rotierende Erde mit etwa 1700 Kilometern pro Stunde um ihre Vertikalachse herum. Mit über 107 000 Stundenkilometern gar flitzt der Blaue Planet auf seiner Bahn um die Sonne durchs All. Insgesamt dehnt das Weltall sich aus, unbegreiflich schnell seit dem Urknall. Sollen wir ‚vor' ihm den „unbewegten Beweger" vermuten? Als ursprünglichster aller Impulse gilt der *big bang*: Zeit und Raum, Energie und Materie gebar er und damit auch jeden unserer Begriffe von Bewegung und Geschwindigkeit.

Ebenso gibt die Erdoberfläche keinen Augenblick Ruhe. Die Kontinentaldrift hält sie in Gang, und wo die globale Tektonik ins Stocken gerät, weil die Platten sich ineinander verhaken, da bauen sich Spannungsenergien von solcher Stärke auf, dass ihre Entladung im Erdbeben jede vorstellbare Bombenkraft apokalyptisch übertrumpft. Über eine Entfernung von fast 400 000 Kilometern zieht der Mond das Weltmeer an sich heran und lässt es wieder los. Noch weit höher türmt ein Tsunami seine Milliarden Tonnen schweren Fluten, die schnell wie ein Verkehrsflugzeug, mit 800 Stundenkilometern, voranrasen. Willkommen und nutzbar zwar befördert der Wind in den Segeln den Schiffer ans Ziel – aber er zerschmettert ihn, wenn es ihm gefällt, sich urgewaltig zum Hurrikan zu sammeln.

Der Relativitätstheoretiker Albert Einstein ergründete: Ob etwas sich bewegt, lässt sich nur feststellen, wenn es sich im

Verhältnis zu etwas anderem bewegt. Will heißen: Entweder wir bewegen uns relativ zu einem Bezugspunkt; oder etwas bewegt sich um uns, entfernt sich oder nähert sich, während wir an unserem Platz verweilen. Folglich ermitteln wir alle Bewegung rein subjektiv: Sämtliche Objekte sind zugleich unterwegs und harren an ihrem Ort aus. An Parmenides erinnert das, der alle Bewegung für bloßen Schein erklärte. Umgekehrt erklärt die moderne theoretische Physik jenen Stillstand, den der Philosoph grundsätzlich postulierte, zu einem bloßen Konstrukt unserer Gedanken.

Dabei ist uns eigen, dass wir uns nach festen Größen sehnen; denn wir wollen uns in der unberechenbar sich verändernden Welt sicher fühlen. Aber „Sicherheit ist nirgends" (Arthur Schnitzler). „Wir steigen niemals in denselben Fluss", erkannte Heraklit: *Panta rhei* – im Fluss ist alles, im Übergang. Materie schmilzt, wie die Gletscher es tun; sie verwest, wie jede organische Substanz; sie korrodiert, wie das Eisen; sie fließt, wie das Glas; sie löst sich auf und verbindet sich neu ...

5

Der Physiker Isaac Newton gestand, er könne zwar die Bewegung der Himmelskörper berechnen, nicht aber das Verhalten seiner Nächsten.

Wo sich Gebaren und Benehmen eines Zeitgenossen ändern, vermuten wir etwas, das wir nicht umsonst „innere Bewegung" nennen. Zum Beispiel Nathanael, der so grotesk getäuschte Liebhaber aus E.T.A. Hoffmanns eingangs paraphrasierter Novelle: Er ist der aus der Ruhe gebrachte, der von etwas angerührte Mensch – ein Mensch im Zustand profunder Gemütsveränderung. Vielleicht ist der Mensch kein Triebwerk, doch allemal ein Werk seiner Triebe: Gefühle, Wünsche und Begierden – die erotischen zumal –, Fantasie, Erinnerungen und Erwartungen, Erkenntnis- und Deutungsleistungen, sie alle versetzen unser Gehirn in Aufruhr und die Gehirne anderer nicht selten mit. Auch Kommunikation lässt sich, in einem weiteren Sinn, als Bewegung beschreiben: als ihre unkörperliche Spielart.

Und sogar körperlich greifbar wird Kommunikation: sobald nämlich die Motorik des Menschen zur Körpersprache gerinnt, als Mimik und Mienenspiel, in den Bewegungen der Augen, als Gesten der Hände, als Haltung und Gebärde des Leibs. Wir nehmen Stellung zu etwas, gehen im Disput aufeinander zu oder entfernen uns voneinander, mitunter gar lässt einer sich gehen – auch dies alles und die Wörter, mit denen wir darüber sprechen, beweisen, dass der Mensch als Körper im Raum nicht starr, keine feste Größe bleibt. Signale wie freudiges Lachen, stirnrunzelnde Skepsis oder augenblitzender Zorn machen sich in allen Gesellschaften und Kulturen in derselben Weise verständlich. Nicht wenige Beobachter halten unsere Körpersprache für glaubwürdiger als unsere Worte. Da erstaunt es nicht, dass die Gehirnforschung die zerebralen Zentren für das Sprechen und jene für die Bewegung der Hände nah beieinander aufspürte: Wenn wir sprechen, reden unsere Hände ja unwillkürlich gern mit.

Auch in Gesellschaften gilt: Was sich bewegen will oder soll, darf nicht gebunden sein. Zu freiheitlich-demokratischen Verhältnissen, wie sie hierzulande gelten, gehört eine für alle gleiche Versammlungs- und Bewegungsfreiheit; sie ist der allgemeine Ursprung aller politischen Bewegungen. Das spiegelbildliche Gegenteil dazu geschieht unter dem Druck totalitärer Systeme: Auch in ihnen formieren sich oft politische Bewegungen als in die Tat umgesetzte kollektive Willensbekundungen; sie widersetzen sich dem System, das durch Restriktionen herrscht; demokratische Rechte sind das Ziel der Freiheitsbewegung. Wie die Schale unserer Mutter Erde haben auch menschliche Gesellschaften ihre Tektonik: Im Bau ihrer Kruste und in deren Bewegungen treten Hemmungen, Stockungen, Erstarrungen auf; das Beben, in dem sich die Spannung entlädt, heißt dann Revolution.

6

„Alle Deutschen genießen Freizügigkeit im ganzen Bundesgebiet", so legt es der Artikel 11 unseres Grundgesetzes fest. Dass wir uns normalerweise, ungehindert durch eine Autorität, von einem Ort zum anderen bewegen dürfen, verstehen wir als unser gutes Menschenrecht. Mobilität wissen wir als Segen zu schätzen. Unsere frühen Vorfahren hingegen werden sie gewiss auch als Belastung, gelegentlich als Unglück empfunden haben, waren sie doch gezwungen, dorthin zu ziehen, wohin die Herden ihrer Beutetiere zogen. Wir hingegen dürfen sesshaft sein und besitzen unsere Wohnung, unser Haus als *Immobilie*: als „unbeweglichen" Kleinstlebensraum, den keiner uns davonträgt; dorthin ziehen wir uns zurück, hier kommen wir zur Ruhe.

Demgegenüber drängt es uns seit je und immer entschiedener, Entfernungen zu überwinden, auf mancherlei Art. Zum einen kleinräumig: Lebenswichtig für unsere jagenden Urahnen waren Distanzwaffen, der Wurfspieß zunächst, dann – seit 13 000 Jahren auf Erden nachgewiesen – der von einem Bogen abgeschossene Pfeil. Lebenswichtig für Handel, Wandel, Austausch war, zum andern, die Erkundung gefahrloser Wege, der Bau haltbarer Straßen. Der Mensch, trotz seiner Sesshaftigkeit, gewöhnt sich das Reisen nicht ab. Im Gegenteil, wir sehen eine natürliche Herausforderung darin, Fernes zu erobern, und wir ziehen nicht mehr bang, sondern voller Abenteuerlust los. Grundlegend anders die Flüchtlinge: Von Not getrieben, bewegen sich ihre Ströme beim Versuch, Kriegen und Hunger zu entrinnen, vom Heim weg in die Fremde. Großflächigen Massenzügen vom vierten bis zum sechsten Jahrhundert, der sogenannten Völkerwanderung, verdankt das Abendland sein Völkergemisch: Mobilität als Motor der Kulturgeschichte. Und seit auch die letzten weißen Flecken im Atlas und auf dem Globus bunt ausgefüllt sind, finden wir vertikale Wege, fort vom Planeten, wenigstens einen Katzensprung weit ins All.

In beinah jedem klassischen Fortbewegungsmittel, in jedem Motor und Triebwerk, wie auch im klassischen Uhrwerk, rangiert auf Platz eins der Bauelemente das Rad. In ihm wird die Idee der Drehbewegung greifbar. Durch seine Kreisform stand und steht es in vielen Kulturen und Religionen sinnbildlich für Sonne und Leben, auch für Fortuna, das wetterwendische Schicksal, auch für Wiedergeburt. Der Kreis prangt als Zifferblatt auf den Urformen unserer Uhr; das Wortbild vom Kreislauf nutzen wir, um die Endlosigkeit einer Bewegung zu umschreiben.

Ganz konkret verhalf das Rad, am Wagen angebracht, wegen seines nur punktuellen Bodenkontakts den Menschen zu einer reibungsarmen, wenig kraft- und zeitaufwendigen Fortbewegung für sich und ihre Handelswaren. Und es wurde, vielfältig variiert, zum Kern-Bauteil der immer weiter fortschreitenden Mechanik: als Töpferscheibe, Wetz- und Mahlstein, als Wind- und Wassermühlenrad, als Spinnrad, als Schallplatte.

Der automobile Mensch – das ist für uns zuallererst der Mensch im Automobil. Doch gebührt der Eisenbahn der Rang, Ikone einer hochtechnisierten Fortbewegung zu sein. Für eine ganze Epoche, die der Industriellen Revolution, schufen die Erfindung der Lokomotive – 1804 durch den britischen Ingenieur Richard Trevithick – und die Eröffnung der ersten Schienenstrecke 1825 durch George Stephenson die Grundlagen. Einschneidend veränderte sich die Welt. Der Eisenbahn traute man zu, die Völker friedlich zusammenzuführen in einer Weise, die Krieg künftig unmöglich mache. Bald aber musste sie sich auch die Verfluchung als „Dämon" und Umwelt-vernichtendes „Riesentier" gefallen lassen. Die Angst vor technischem und menschlichem Versagen grassierte. Irrational, doch im Brustton der Überzeugung warnten öffentliche Mahner vor den Folgen der „ungeheuren" Geschwindigkeit von dreißig, ja vierzig Stundenkilometern für den durchgerüttelten Menschenleib und die reizüberfluteten Sinne. So soll 1835 das bayerische Obermedizinalkollegium in einem Gutachten geraten haben: „Reisen mit irgendeiner Art Dampfmaschine sollten aus Gesundheitsrücksichten verboten sein. Die raschen Bewegungen werden bei den Passagieren eine geistige Unruhe hervorrufen, *delirium furiosum* genannt. Der Anblick einer Lokomotive, die in voller Schnelligkeit dahinrast, genügt, diese schreckliche Krankheit zu erzeugen." Angst vor solchem Geschwindigkeits-Schwips hegen wir, versteht sich, nicht mehr. Höchstens macht uns ein Jetlag zu schaffen, jene Erschöpfung unseres gemächlichen, doch rachsüchtigen Körpers, den wir zwangen, im Flugzeug durch die Lüfte der Zeitzonen zu sausen.

Weit schwerfälliger bewegen und heben wir uns in der Gesellschaft von unten nach oben, und die Allerwenigsten schaffen es gleichsam bis über die Wolken der sozialen Hierarchie. Die Topografie moderner Bürohausarchitektur bildet innerbetriebliche Rang- und Hackordnungen anschaulich ab: In den obersten Etagen Geschäftsführer und Management – im Souterrain die Hausmeisterwohnung. Der soziale Absturz, durch Verlust von Besitz, Prestige und anderen Rangattributen, kann einem in der Leistungsgesellschaft grausam schnell widerfahren, und allemal schneller, als der Aufstieg, erst recht ein Wiederaufstieg gelingt.

7

Wenn sich alles bewegt und alles einander beeinflusst: Vermag dann nicht wirklich der Schmetterling, der in Brasilien die Flügel regt, ein Unwetter in New York auszulösen? Für so grob (weil nur scheinbar fein) gestrickte Kausalketten wie diese – vom Chaosforscher Edward Lorenz theoretisch geknüpfte – ist das verästelte Gefüge des Weltzusammenhangs wohl doch zu sublim gesponnen. Gleichwohl sollten wir uns nicht darauf verlassen, dass sich, gegen tausenderlei Belanglosigkeiten, stets das Maßgebliche durchsetzt. Die Welt ist ein dialektisches, dynamisches System. Geschichte insgesamt ist Vorgang, Fortgang, Prozess: optimistisch gesehen die Bewegung der Menschheit auf eine Vervollkommnung hin. Dialektisch interpretieren marxistische Kommunisten sie als Folge von Klassenkämpfen, also von gewaltsamen Massenbewegungen, die irgendwann in einem paradiesischen Ziel stehen bleiben: nämlich in der klassenlosen Gleichheit aller. Wie es sich für unsre Welt der Thesen und Antithesen gehört, gibt es zu diesem Modell eines gewaltsamen Aktionismus ein Gegenmodell der Gelassenheit und ruhenden Kraft: Christen und Buddhisten lassen es damit genug sein, dass der Mensch denkt, aber Gott lenkt.

Dialektik: Vielleicht verschmelzen These und Antithese ja zu einem Sinngehalt, der beide Aspekte gleichzeitig ins Recht setzt. Als Grundlage dafür könnte eine Einsicht dienen, die uns in unserem Bewegungsdrang auch zur Erholung finden lässt, die uns auf der Reise eine Rast nahelegt und unserer Leidenschaft Langmut empfiehlt: Was die Zukunft auch bringt – es kommt auf uns zu. Was immer geschieht – es geht seinen Gang.

Es muss nicht gleich das große Fressen sein

Bemerkungen über Askese und Genuss

1

Der Heiland, Jesus selbst, steckte in der Klemme. Auf den Bußprediger Johannes verwies er, auf jenen Propheten, der ihm taufend vorangegangen war. Seine Haut malträtierte Johannes mit der Rauheit eines härenen Gewands und verzehrte nichts außer Heuschrecken und wildem Honig – für die selbstzufriedenen Spießer und Nörgler unter den Israeliten ein unerwünschtes, weil allzu forderndes Vorbild: Sie unterstellten dem unbequemen Mahner, „besessen" zu sein vom blinden Dogma einer überspannten Askese. Da hielt es Jesus, der zum Messias ausersehene „Menschensohn", anders: Bei Hochzeiten sträubte er sich nicht, erschöpfte Weinvorräte durch verwandeltes Wasser zu ersetzen, gern ließ er sich als Ehrengast zu Festen bitten und griff sogar an den Tafeln missliebiger Landsleute, Beamter in römischen Diensten, herzhaft zu. Kurz, er „aß und trank", wie uns die Bibel im Matthäus-Evangelium mit Jesu eigenen Worten unumwunden bestätigt, und verhielt sich auch sonst sehr menschlich. Aber den Frömmlern und Muckern wars wieder nicht recht. „Siehe", maulten sie, „was ist dieser Mensch für ein Fresser und Weinsäufer, ein Freund der Zöllner und Sünder!" Ja was denn nun? Askese? Oder Genuss? Ists also immer falsch, egal wie wirs machen?

Das will Wolfgang F. Rothe nicht gelten lassen. Als Experte für die Verbindung von Glaube und Genuss und überhaupt für katholische Lebensart äußert sich der als Theologe wie als Kirchenrechtler promovierte Priester immer mal wieder zum Thema. Dem Heiland wirft er vor, sich nur „halbherzig zur Wehr gesetzt" zu haben. Rothe selbst wäre da wohl entschiedener aufgetreten: Er weiß sehr wohl, dass der Mensch „nicht vom Brot allein" lebt; und so veröffentlichte der geistliche Freund geistiger Getränke ein Buch über das „Wasser des Lebens", den Whisky nämlich, dem er eine eigene „Spiritualität" nachrühmt. So wie frommen Menschen, den Mönchen nämlich, die Perfektionierung des Bierbrauens gelungen sei, hätten irische und schottische Klosterbrüder gelernt, aus vergorener Getreidemaische ein wohlschmeckendes und wohltuendes Destillat zu gewinnen. Mit ihm ersetzten sie den Wein, der ihnen im nasskalten Norden oft abging, denn ein Wasser verwandelnder Jesus war nicht zur Hand. Rothe, der „Whisky-Vikar", bekennt, sich in den Genuss fast wie in eine „Frömmigkeitsübung" zu versenken. Klug gab er in einem Interview zu bedenken: „Für den, der nicht zu genießen versteht, wäre Verzicht kein Opfer, sondern eine Banalität, so wie umgekehrt nur der etwas wirklich genießen kann, der sich durch Mäßigung vor Übersättigung und Überdruss bewahrt."

Alles nur eine Frage der Ausgewogenheit. Ist er mithin auch den Christenmenschen erlaubt: der Genuss? Dass wir uns leiblich wohlfühlen, dafür sorgen gutes Essen und Trinken, ersprießlicher Sex und eine bunte Vielfalt an Besitz. Zur Erquickung der Seele tragen bei: das Erlebnis schöner Dinge, die Erfüllung des Herzens durch Liebe, die Erhöhung des Selbstwertgefühls durch Einfluss oder gar Macht. In all dem steckt nichts Schlimmes, jedes davon nützt uns, ohne darum anderen zwangsläufig zu schaden. Und doch sehen wir uns gewarnt, von Ernährungsberatern oder Beichtvätern oder sonstigen Lebenshelfern. Als eine der „sieben Todsünden der Moderne" hat der Mahatma Gandhi den „Genuss ohne Gewissen benannt". Wirklich tritt uns in jedem Genuss die Versuchung des Überflusses und der Verschwendung entgegen; und seit Oscar Wilde wissen wir, dass wir eine Versuchung am besten loswerden, indem wir ihr nachgeben.

Darum hat schon gleich die erste Zivilisation das Gesetz erfunden. Denn wir sehen ein, dass es einigermaßen gerechter Normen bedarf, damit wir das Zusammenleben in unseren Gemeinschaften und in der Gesellschaft einvernehmlich zu dirigieren vermögen. Der zur Ausschweifung neigenden Selbstsucht eines jeden zeigt solches Regelwerk friedlich die Grenzen auf oder beschneidet sie, im Übertretungsfall, strafend.

Gut möglich, dass der spirituelle Spirituosen-Schlürfer Wolfgang F. Rothe DAS GROSSE FRESSEN kennt. In der starbesetzten französisch-italienischen Kinoproduktion führte Regisseur Marco Ferreri 1973 die Schauspiel-Legenden Mastroianni und Noiret, Piccoli und Tognazzi zusammen, um die Geschichte von vier Freunden zu erzählen. Des Lebens und der Lüste überdrüssig, entscheiden sie, gemeinsam freiwillig aus dem Leben zu scheiden. Sie wollen es tun, indem sie essen und huren, bis sie tot umfallen; was ihnen glückt. So haucht einer von ihnen – einst als Kind zu streng erzogen, um nur den leisesten Pups zu wagen – sein Macho-Dasein unterm Kanonendonner einer gigantischen finalen Flatulenz aus. Das hätte der lebensderbe Reformator Dr. Luther wohl eher akzeptiert als der Katholik Dr. Rothe. Der hat sich zwischen Erde und

Himmel, zwischen Wasser, Wein und Whisky an feinere Aromen gewöhnt.

2

Könnten wir vom göttlichen Himmel aus aufs Menschengewimmel hinunterblicken, sähen wir unsere irdischen Genüsse skeptisch infrage gestellt. Wenden wir, in entgegengesetzter Richtung, unseren Geist von der Erde aus nach oben, so können wir nicht immer leicht unterscheiden, welche Annehmlichkeiten, und wie viele von ihnen, der Himmel für recht und billig hält oder wo er Verzicht von uns fordert. Selbst die Kirchen predigen nicht allein Wasser, sie trinken auch Wein.

Wenn wir der Askese auf den Grund gehen wollen, so müssen wir dabei von unserer christlich-abendländischen Sozialisation ausgehen. Denn in der Kulturgeschichte Europas, die mindestens 1800 Jahre lang zugleich Kirchengeschichte war, behauptet die Askese als konsequenteste Praxis des Glaubens fest ihren Stellenwert, bis heute.

Ein sattelfester Katholik wie Dr. Rothe wird das Gelage des auf der Kinoleinwand suizidal schlemmenden Freundesquartetts als Satire belächeln; im richtigen Leben aber würde er solch ein Bacchanal als orgiastische Lästerung von Menschenwert und Menschenwürde verurteilen. Und wohl jeder Agnostiker mit gesundem Menschenverstand müsste ihm bei dieser Einschätzung folgen. Im siebenteiligen Kanon der Haupt- oder „Todsünden" findet sich „großes Fressen" als *Völlerei* verzeichnet. In ihr dürfen wir eine Verwandte der *Gier* erkennen. Als weitere Maßlosigkeit gehört der *Hochmut* zum Laster-Katalog, das stolz verstiegene Selbstgefühl. Ferner die untätige *Trägheit*: In sie mündet bei den allzu Selbstgefälligen leicht die – im Grunde unschuldige – Freude an Hab und Gut. Bei den Missgünstigen schlägt die Gier um in *Neid* auf den, der mehr und scheinbar Besseres sein Eigen nennt. Im selben Moment bestimmt der Geiz den kleinlichen Knicker, möglichst wenig herauszurücken. Wo aber Neid und Geiz herrschen, da herrschen sie durch den *Zorn*, zumindest durch seine Unterarten Bitterkeit, Zurückweisung, Groll. Sogar wer die Liebe erfährt, begibt sich in Gefahr: Könnte ja sein, er verfolgt mit seinem Gefühlseinsatz unlautere Nebenziele; oder er vermag sein Begehren, das zum Eros nun einmal gehört, nur durch unstatthafte Praktiken zu stillen, die vielleicht dem Partner und gewiss der katholischen Kirche als pervers, anstößig, abartig gelten. „Sex", sagt Woody Allen, „ist nur schmutzig, wenn er richtig gemacht wird." So darf die *Wollust* im Sündenregister schon gar nicht fehlen.

Wie leicht wird das Fleisch schwach; da mag der Geist noch so willig sein. Dauernd hält sich die Süße der Laster in Reichweite auf. Indessen müssen wir täglich neu um unsere Anständigkeit kämpfen. Wollen wir sie nicht aus den Augen verlieren, haben wir uns mit gutem Willen fest an Zucht und Sitte zu halten. Sogenannte Kardinaltugenden gilt es zu üben, wie sie die griechische und römische Antike und ebenso das Christentum definierten. Darunter fallen, je nach Quelle und Epoche: schickliche Nächstenliebe, unversiegbare Hoffnung auf belohnte Güte, fallweise ein unbedingter Gottesglaube. Als weitere Stützen unserer Moral bewähren sich eine Gerechtigkeit, kraft derer wir den Nebenmenschen nicht geringer achten als uns selbst; Klug- und Weisheit, die uns zur Mäßigung raten; nicht zuletzt die Tapferkeit, ein solch reduziertes, aber redliches Dasein durchzustehen.

All jenen Leitgedanken folgte Martin Luther, der Reformator, gern. Gleichwohl sagte er sich von der Askese als angeblich „gutem Werk" los. Aufrichtig freute er sich seiner Sinne im Gottesdienst und seiner Sinnlichkeit im Bett der Katharina von Bora. Ein anderer Reformator hingegen, John Knox, wetterte im selben sechzehnten Jahrhundert und ausgerechnet in Schottland, einer Heimat des Whiskys, gegen die Freuden des Leibes und die Lüste der Genießer; den Spottnamen *Killjoy* trug ihm dies ein, Freudenkiller. So hätte schon Jean Calvin heißen können, der unbarmherzige Teufelsaustreiber, Ketzerjäger und Hexenverbrenner aus Genf, auf den John Knox, die brachiale Spaßbremse, sich berief. Diese beiden und andere Fundamentalisten des frühen Protestantismus verurteilten jede weltliche Erquickung und Ergötzlichkeit als Köder der Hölle, als verführerische Einladung in die ewige Verdammnis. Insofern unterschieden sie sich nicht vom grausamen Girolamo Savonarola, dem mönchischen Diktator von Florenz, der knapp ein Jahrhundert vor ihnen am Arno einen Gottesstaat errichtete, ihn mit Scheiterhaufen beleuchtend.

Noch einmal also: Ist dem westlichen Kulturmenschen, eingedenk seiner abendländisch-christlichen Prägung, der Genuss erlaubt? Darf er sich, zum Beispiel, die Freiheit jenes leiblichen Wohls herausnehmen, das durch den Magen geht? Will er dabei seine Unschuld nicht verlieren, so muss er sich, wie die Geschichte lehrt, einen unverfänglichen Platz suchen zwischen Kulinarik und Kirche, Glaube und Gastronomie.

Vielleicht war den Herren Knox, Calvin und ihresgleichen die Wurzel der Askese, die sie anmahnten, aus dem Blick geraten. Die Sportler im antiken Griechenland gebrauchten den Begriff *áskēsis* für „Übung" und meinten damit beides: sowohl das harte Training, durch das sie ihre physischen Fertigkeiten steigerten; als auch den pfleglichen Umgang mit ihrem Körper, den es zu nähren und zu schonen galt. Auch heutzutage gilt Mäßigkeit als Kardinaltugend der Körperkultur: Im Leistungssport wird es ein Säufer oder Fettsack nie und ein Lustmolch nur selten zu was bringen.

Wer sein Glück sucht, findet es nicht im Übermaß der Genüsse; dahingehend unterwies im antiken Griechenland Epikur seine Gefolgschaft. Für den Philosophen ging, wie für den Tiefenpsychologen Sigmund Freud, zwar alles menschliche Handeln auf Lustgewinn aus. Die Askese, für die Epikur warb, empfahl nicht den Totalverzicht, aber die Senkung der Bedürfnisse auf ein vernünftiges Maß. Als erstrebenswert galt ihm ausschließlich, was der Natur entsprach, jener des selbstgenügsamen Menschen wie der Natur um ihn herum. „Wenn du einen Menschen glücklich machen willst", so sein Rat, „dann füge nichts seinen Reichtümern hinzu, sondern nimm ihm einige von seinen Wünschen" – kluge Konsequenz einer stoischen Lebenshaltung. Naturwidrige Üppigkeit nütze „so wenig wie das Nachfüllen von Wasser in ein schon gefülltes Gefäß". Jede Begierde darüber hinaus münde in Angst und Pein, mithin ins Gegenteil von Lust. Das sollte jemand unserer Konsumgesellschaft ins Stammbuch schreiben: Vielleicht kämen auch wir dann dem näher, was die Griechen *Ataraxía* nannten: einer Gelassenheit, kraft derer uns nichts mehr aus der Ruhe bringt. Und allerdings kann mans auch übertreiben. So weit soll Diogenes von Sinope seine Bedürfnislosigkeit getrieben haben, dass es ihm genügte, gänzlich unbemittelt in einem Fass zu hausen.

Um Sieg, nicht sportlich freilich, ging es seit dem zweiten Jahrhundert auch den Nachfolgern des Täufers Johannes unter den frühen Christen, den Eremiten und Anachoreten, Säulenheiligen und anderen Selbstquälern. Die Idee der Askese setzten sie denkbar kompromisslos um: Den Sieg errangen sie über sich selbst, indem sie ihr erdgebundenes Menschsein überwanden und ihre Seele so frei vom Körper wie nur möglich machten. Andacht und Selbstprüfung, Fasten und selbstauferlegte Dürftigkeit sollten „das Fleisch" abtöten: Durch Einsamkeit, Nacktheit in Frost und Hitze, bizarre Torturen von der Selbstkasteiung bis zur Selbstkastration suchten sie nach dem, was sie für Vervollkommnung hielten. Der Welt rundweg entsagend, wollten sie würdig werden, in einer *unio mystica*, einer unergründlichen Vereinigung mit Gott, dem Schöpfer selbst zu begegnen. Elisabeth etwa, die Thüringer National-Heilige, trieb als Bußübung ihre Aufopferung so weit, dass sie das Wasser trank, mit dem sie Aussätzigen den Eiter aus den Fußwunden gewaschen hatte. 1231 hatte sie sich, von keiner Missetat belastet, in bis zur Narrheit missverstandener Nachfolge Christi fanatisch zu Tode gesühnt, gerade mal 24 Jahre alt.

Auch darin lässt sich eine Spielart der Zügellosigkeit erblicken. Die welttüchtigen, menschenfreundlichen Zeitgenossen unter den erklärten Christen werden kaum glauben, irgendwo wohne ein der Verehrung würdiger Gott, der dergleichen mit Beifall zur Kenntnis nehme. Verständiger machen sich viele durch das Fasten bewusst, dass der Mensch „nicht vom Brot allein" lebt. Vorsätzlich verzichten sie auf Genüsse, die uns erreichbar sind, zuallererst auf bestimmte „Genussmittel" unseres Speisezettels. Das betrifft den Kern unseres Wesens, weil es die ursprünglichsten Genüsse in unserem Leben betrifft: Auf den Mund konzentriert das Neugeborene sein noch unwillkürliches Dasein, auf das Organ, mit dessen Hilfe es an der Milch spendenden Mutterbrust saugt. Unser Erdenwandel beginnt ungehemmt mit oraler Lust.

Wer später am Abendmahl teilnimmt, erlebt, so er denn daran glaubt, wie die handelsüblichen Genussmittel Brot und Wein die Sphäre des Alltags transzendieren: In Lebensmittel der Seele verwandeln sie sich, in Leib und Blut Christi, der sich der paulinischen Theologie des Neuen Testaments zufolge für die sündige Menschheit geopfert hat. Umgekehrt verfuhren die Hebräer der Alten Bibel: So wie die Kultgemeinschaften der meisten Religionen, opferten sie ihrerseits ihrem Gott Speisen, Tränke, Blut und Fett von Tieren. Allerdings hatte der Gott Israels keine rechte Freude daran: „Bringt nicht noch mehr so vergebliche Speisopfer", rief er durch den Prophetenmund Jesajas seinem bigott-bockbeinigen Volk zu, „das Räucherwerk ist mir ein Gräuel!" Stattdessen wünscht er sich: „Lasst ab vom Bösen, trachtet nach Recht, helft dem Unterdrückten, schafft dem Waisen Recht, führet der Witwe Sache ..." Ein Tugendkatalog, an dem sich auch jedes laizistische Staatswesen orientieren kann. Einfacher waren die Götter Griechenlands gestrickt: Sie labten sich, irgendwie menschlich, an Nektar und Ambrosia, der himmlischen Variante von Trank und Speise.

3

Freiwilliger Genuss im Übermaß heißt Luxus. Erzwungene Askese im Übermaß heißt Hunger, Durst, Drangsal. Extremerscheinungen unserer Existenz sind beide, anthropologische Konstanten: Durch alle Epochen der Geschichte hindurch ereignen sich sowohl Not wie Verschwendung immerzu. Not vor allem: Die Geschichte der Menschheit ist vor allem eine Geschichte der Entbehrung und der Mittellosigkeit, der Gefahr für Leib und Leben. Armut betraf nicht eine Minderheit zählbarer Einzelner – sie war auch in Europa eine Massenerscheinung bis weit ins Zeitalter der Industriellen Revolution mit ihrem Proletarier-Elend hinein, bis hin zu den Hungersnöten der Kriegs- und Nachkriegszeiten im vergangenen Jahrhundert.

Hingegen steht in der modernen westlichen Konsumgesellschaft jedem Durchschnittsverdiener eine Fülle von Genüssen offen, von denen die weit überwiegende Mehrheit all unserer Vorfahren nicht zu träumen wagte. Sehr bequem ist es für uns geworden, Grundbedürfnisse zu erfüllen: Wir haben ein Dach überm Kopf, kleiden und nähren uns nach Belieben. Derart saturiert, gesättigt bis zum Überdruss, streben wir immer weiter. Das Gang-und-Gäbe der verfügbaren Annehmlichkeiten, Reize und Attraktionen reicht vielen Zeitgenossen nicht. Der Genuss, nach dem sie streben, ist der Kick, der Faustschlag und Fußtritt für die sinnliche Wahrnehmung, der äußerste Kitzel, womöglich die Todesgefahr.

Das genau suchten all unsere Vorfahren jahrzehntausendelang um jeden Preis zu vermeiden. Wir dürfen das Vergnügen an Grenzwert und Überfülle ohne Weiteres für ein Charakteristikum der Dekadenz halten, eines in sich sehr widersprüchlichen Phänomens. Denn sie ist beides zugleich: ein Vorgang des Verfalls und einer der Verfeinerung. Sobald wir Menschen ein zivilisatorisches Paradigma zur Vollendung getrieben haben, erleben wir, wie es uns abgeschmackt vorkommt und zwischen den Händen zerfällt. Im landläufigen Hedonisten sehen wir die Personifikation der Dekadenz vor uns: Vergnügungssüchtig lässt er sich nur gefallen, was seine Lüste stillt, seiner Libido genüge tut. Derart negativ aber ist der Begriff des Hedonismus nur in der Umgangssprache besetzt. Anders gehen wir mit ihm um, wenn wir – eingedenk der Denker Epikur und Freud – akzeptieren, dass wir Menschen auf all unsere Wahrnehmungen letztlich entweder mit Lust oder mit Unlust reagieren. Dann bedeutet Hedonismus (von griechisch *hēdoné* für Vergnügen) lediglich, dass wir dem Behagen am begütigten Trieb den Vorzug geben vor dem Leid an der Unvollständigkeit – und das kann uns niemand verübeln. Banal gesagt: Nichts erscheint humaner als ein bisschen Spaß an der Freud.

So gesehen, bezeichnet „Genuss" – mit Nutzen, Nutznießung verschwistert – die vorteilhafte Verfügungsgewalt über erwünschte Dinge und Dienstleistungen, soweit sie nicht auf Kosten anderer geht. Versteht sich, dass wir der Angst und dem Missvergnügen aus dem Wege gehen. Wem dies im Großen und Ganzen gelingt und wer es versteht, sich damit erst einmal zufrieden zu geben, der sieht sich in der Lage, das Leben als solches genießend zu meistern. Jedes Ziel, das er sich fortan steckt und das er erreicht, wird er als weitere Bereicherung verstehen. Mit Mittelmäßigkeit hat solche Mäßigkeit nicht notwendig zu tun; freilich kann es passieren, dass eigennützigere Nachbarn sie für puritanische Langweiligkeit halten.

4

Vorderhand erfüllen sich die Möglichkeiten unserer Existenz in der Dialektik von Haben und Sein: Wir müssen etwas haben, um etwas zu sein. Auf der untersten Stufe unserer Existenz bedeutet dies, dass wir ausreichender Verpflegung habhaft werden müssen, um am Leben zu bleiben. Das kostet Energie und Geld. Gleichzeitig aber stoßen wir allenthalben auf Dinge, mit denen wir unser Dasein mühelos, wohlfeil, wenn nicht gratis ausstaffieren können. Der herbe Charme einer leeren Küsten-, die Anmut einer bewaldeten Hügellandschaft vor unseren Augen, der Wohllaut des bachschen AIRS aus dem Kopfhörer, die Klangrede eines Rilke-Gedichts, die gemalte Phantasmagorie auf dem Kunstdruck eines Gemäldes von Caspar David Friedrich – all dies vermag uns binnen Augenblicken gebührenfrei zu betören. Zu solchen bekömmlichen Eindrücken der Sinne tritt das erotisch-sinnliche Erlebnis: Mit dem wissenden Gefühl, geliebt zu sein, erfüllt uns in reifen Jahren eine Streicheleinheit mindestens so innig, wie die glücklich vollführten Kunststückchen einer jugendlichen Kopulation es tun. Und nicht anders als der zärtlich angesehene Leib des Partners oder der Partnerin regen delikate Speisen und Getränke unseren Appetit an. Das Auge, sagt man, „isst mit", weshalb aus zwei Scheiben Rindfleisch zwar ein fades, graues Kantinengericht, erst recht aber eine ansehnliche Delikatesse werden kann. Wahrscheinlich hat niemand köstliche Äpfel und Birnen, Blumen und Blüten, Trauben und Triebe so mundgerecht angerichtet wie der manieristische Mailänder Giuseppe Arcimboldo auf seinen surrealen Porträts: Allegorien malte er, deren Köpfe und Gesichter er aus Wahrem, Gutem und Schönem zusammenpuzzelte, aus Feld- und Wiesenfrüchten, oder, wohlgemerkt, aus lauter Büchern.

Schönheit und Genuss – ein unzertrennliches Paar. Der sterbende Johannes Brahms, dem man am Morgen seines Todes ein Glas Rheinwein reichte, soll nach ein paar langsamen, tiefen Zügen wohlig aufgeseufzt haben: „Das schmeckt schön!" In jener vorvorletzten Äußerung des Komponisten zeigt sich, dass sich „gut" und „schön" wahrheitsgemäß an beide Bedeutungen des Wortes Geschmack binden: Es meint sowohl ein exquisites Aroma, die Würze, woran sich Zunge, Gaumen, Nase delektieren; als auch ein geschultes Stilbewusstsein. Darüber, was als geschmacklos, weil kitschig, läppisch oder gar abstoßend zu gelten habe, besteht gesellschaftliches Einvernehmen zumindest in groben Zügen. Hingegen definiert jeder für sich eigene Vorstellungen von Lebensart und Bildung, Anstand und Takt und gibt sie für seinen guten Geschmack aus.

Über den lässt sich bekanntlich nicht streiten: aber wer ihn bislang für etwas Subjektives hielt, sieht sich neuerdings durch das Max-Planck-Institut für empirische Ästhetik in Frankfurt/Main eines Besseren belehrt. In einem „Art-Lab", einem Kunstlabor der Forschungsanstalt, vermessen ihn Gelehrte unterschiedlicher Disziplinen. Geisteswissenschaftler, Neuro- und Psychologen nehmen Kameras, Mikrofone, Geräte zur Ermittlung des Hautleitwiderstands zu Hilfe, um aufzuzeichnen, welche körperlich nachweisbaren Wirkungen Werke der Poesie oder Musik, der Bild- oder Filmkunst in ihren Testpersonen auslösen. Nicht einfach nach Gefallen und Missfallen wird gefragt, sondern nach Belegen für die Richtigkeit komplexer ästhetischer Theorien. Mit einem *Like*-Daumen wie auf Facebook ists da nicht getan.

Experimentell erhärten die Forscher die altbekannte Erfahrung, dass wir Vergnügen auch an „tragischen Gegenständen" empfinden, um mit Friedrich Schiller zu sprechen. Der allfällige Anblick von Kruzifixen mit Jesus Christus als Folteropfer erhebt den Gläubigen seltsamerweise befreiend, das grabesabgründige Finale, das Pjotr Tschaikowskys sechste Symphonie beschließt, oder der Tod der geliebten Krankenschwester, der am Ende von Ernest Hemingways IN EINEM ANDERN LAND den Protagonisten in vollständiger Verlassenheit zurücklässt – sie berühren uns gerade durch die Lust am Schmerz. Als eines der Motive für das personalintensive Max-Planck-Projekt nannte ein beteiligter Literaturwissenschaftler die Ungreifbarkeit von Schönheit; schon der Begriff sei beklagenswert unpräzis. Am weitesten kommen wir, wenn wir nicht fragen, was Schönheit sei, sondern wie wir sie wahrnehmen. Nach Immanuel Kants berühmtem Diktum tun wirs mit „interesselosem Wohlgefallen", womit der Philosoph meint, dass uns nicht der angeschaute Gegenstand selbst angenehm sei, sondern die ihm innewohnende Zweckmäßigkeit; sie schließe eine praktische, äußere Nützlichkeit aus. Worauf ließe sich diese Festlegung treffender anwenden als auf ein schmackhaftes Gericht, ein erlesenes Getränk, sobald Hunger und Durst gestillt sind.

5

Ein Hochgenuss kann dazu führen, dass unsereiner außer sich gerät. Von Ekstase sprechen wir dann, von einem Neben-uns-Stehen hart am Rande des Kontrollverlusts. Zum Äußersten getrieben, zeitigt Askese dieselbe Folge: Im Mystiker, der sich von der Welt meditierend abkehrt, treibt sie Blüten der Verzückung, wenn er sich ganz mit Gott verbunden glaubt. Buchstäblich durchquert er dann den Himmel auf Erden, das Jenseits im Diesseits; Zeit und Ewigkeit, letztlich Leben und Tod fallen in eins. Auch dem Gourmet geschlechtlicher Freuden, dem Körper-Kenner, der „genießt und schweigt", bleibt solche *unio mystica*, die rückhaltlose Entrückung in der Vereinigung, nicht fremd. Der Franzose sagt, er erlebe den Höhepunkt seiner erotischen Lust als „kleinen Tod": *La petite mort* über-„mannt" uns, egal, ob als Mann oder Frau, „bis zur Entspannung", wie liebesdienliche Damen in einschlägigen Annoncen versprechen.

Auf dem Gipfel unserer Leidenschaften erhoffen wir uns die Glut des Überschwangs: Der Rausch ist der höchste und allerdings kontroverseste der Genüsse. Was der Kick für den Extremabenteurer und -sportler, das ist die selige Trunkenheit für den „Whisky-Vikar" und den Wein-Connaisseur wie für den Bierdimpfel. Aber tödliche Risiken verbergen sich in den Rauschmitteln, und man muss nicht gleich Heroin und Crystal Meth ins Treffen führen, um sie zu fürchten. Auch der allseits griffbereite Alkohol ist eine Droge, wenngleich eine, die unauslösbar zu den meisten Kulturen seit ihren Anfängen gehört. Zu unserer Unkultur auch: Von 1919 an, dem Beginn der Prohibition, blieb Alkohol vierzehn Jahre lang in den USA verboten – mit dem Erfolg, dass die Amerikaner vierzehn Jahre lang aufs Fröhlichste pichelten und becherten wie nie zuvor. Ohne gehts offenbar nicht. Bis einfacher Traubensaft Gnade vor den geistlichen Augen fand, war in der Kirche, die nicht allein Wasser predigt, beim Abendmahl zwingend Wein, mithin „Weingeist", Ethanol, verlangt.

Das Gute erkennen, heißt das Böse erkennen. Mäßig genossen, sediert der Alkohol das Gemüt und hellt es auf, er erweitert das Bewusstsein und betäubt es zugleich. So steigert jene Wunderdroge, bevor sie uns in stumpfe Teilnahmslosigkeit eintunkt, unsere Aufmerksamkeit und Originalität auch bei der Befriedigung anderer, etwa erotischer Genüsse. Seelenfroh und freundlich kann der Alkohol uns machen – nur erlegt er uns, und jedem von uns ganz allein, die Riesenverantwortung auf, angemessen, nämlich zurückhaltend mit ihm umzugehen. Fair verfährt der Weingeist dabei nicht: Denn je mehr er uns benebelt, desto überzeugender macht er uns weis, noch ein Gläschen und noch eins in Ehren könne niemand verwehren. Wer Crystal Meth konsumiert, steht schon beim ersten Mal an der Schranke, hinter der die Abhängigkeit lauert. Beim Alkohol kann jene Barriere jahrelang unsichtbar bleiben, und unsichtbar hebt sie sich vor einem, womöglich so, dass ers zu spät gewahr wird. Sucht ist Genuss, durch Zwang zur Qual entartet.

Genauso wohnt jedem Gaumenkitzel, zumal jeder Zecherei die Möglichkeit zum körperlichen Unbehagen inne und jeder Sinnenfreude der Umschlag zur seelischen Unpässlichkeit. Ambrosia heißt nicht nur der Lieblingstrunk der fidelen Götter Griechenlands, auch eine Pflanze, die verbreitet schwerste Allergien auslöst. Ist also alles „ganz eitel", wie im Buch KOHELET der Prediger der Alten Bibel räsoniert? „Das Auge sieht sich nimmer satt, und das Ohr hört sich nimmer satt", klagt er, weil er weiß, dass uns Menschen jeder Genuss schal wird, wenn ihm kein weiterer, gesteigerter folgt. Und überhaupt „sind alle Dinge so voll Mühe, dass es niemand ausreden kann". Zwischen Neigung und Abneigung, Lust und Ekel empfiehlt jede seriöse Philosophie und jede Weltreligion, das Gleichgewicht in der Mäßigung zu suchen. Für die christliche Kardinaltugend dieses Namens kennt der Buddhismus das schöne Wort vom „mittleren Weg". Sehr ähnlich dachte sich der Philosoph Aristoteles die Tugend in der „Mitte zwischen zwei Lastern". Meist führt uns der Mittelweg zwischen Kaufrausch und Wellness hindurch wie einst den Helden Odysseus zwischen Skylla und Charybdis.

Vom Mittelweg wichen schon gleich Adam und Eva ab. In Gottvaters Paradies durften sie „essen von allen Bäumen", außer von einem; und es versteht sich, dass gerade dieser, „der Baum der Erkenntnis des Guten und Bösen", die Genusssucht unserer biblischen Erseltern aufstachelte. Eher bänglich als herzhaft, gleichwohl erwartungsvoll knabberten sie an der verbotenen Bio-Frucht, die Eva leckermäulig dem gefügigen Adam hinreichte. Jener Genäschigkeit wegen sehen sich alle Nachfahren seither jenseits von Eden zu Arbeitsdienst und peinvoller Gebärpflicht verdonnert. Schuld und Hellsicht, Sinn und Sinnlichkeit – für beides taugt prangendes Obst als Symbol, liebkost doch die Frucht als solche das Verlangen jedes

Genussmenschen: Durch ihre Farben verlockt sie das Auge, den Tastsinn durch Glätte, Struktur oder Feinpelz, den Geruchs- und Geschmackssinn durch Duft und Bukett; und sogar das Gehör spricht die Frucht an, denn wer, der die Zähne ins natursüß-safttriefende Fleisch schlägt, genösse nicht das Krachen eines knackigen Apfels beim ersten Biss. Der ist ein Akt der Penetration, wie der Biss der Schlange, die das erste Paar Menschen zur Sünde verführte und uns so die Vernunft bescherte. Wahrscheinlich taten Adam und Eva gut daran, vom verbotenen Baum zu kosten. Für die Kultur des Leibes nahmen sie aus dem Paradies die Kulinarik mit. Als höchsten aller Genüsse indes vererbten sie uns die Frucht der Erkenntnis.

Lasst wohlbeleibte Männer um mich sein

Aus der Gegenwart und Kulturgeschichte der Adipositas

Wir können über alles reden. Heutzutage stehen uns in der öffentlichen Debatte Themen offen, die wir vor wenigen Jahrzehnten noch geflissentlich als Tabus umgingen. Und wir reden ja auch über alles: Noch nie wurde so unablässig, überreichlich und oft unnötig geplappert wie heute. Dabei täten wir, bedächten wirs recht, besser daran, über die einen oder anderen Gegenstände den Mantel des Schweigens zu breiten: über die einen, weil sie zu privat oder zu unappetitlich sind; über die anderen, weil es schlicht die Höflichkeit gebietet. Zum Beispiel hätte der weiland Außenminister Joschka Fischer von den Grünen sich 1995 während einer Rede die Bemerkung verkneifen dürfen, der weiland Bundeskanzler Helmut Kohl werde als nichts anderes in die Geschichte eingehen denn als „drei Zentner fleischgewordene Vergangenheit". Wer heutzutage, im Zeitalter der sozialmedialen Shitstorms, einen Anwurf dieser Sorte wagte, müsste sich auf Abertausende Internet-Posts gefasst machen, gestreut von empörten Zeitgenossen mit Übergewicht.

1

Nur etwa ein Tausendstel des verewigten Kanzlers Kohl wiegt eine weit ältere Dame, obwohl ihr Körper, relativ gesehen, gleichfalls altkanzlergemäßes Format besitzt. Die kleine Dicke erblickte 1908 das Licht der Welt; das heißt: Sie erblickte es wieder. In der niederösterreichischen Wachau trat sie zutage. Lediglich elf Zentimeter lang, genießt jene „Venus von Willendorf" trotzdem Starruhm unter Archäologen, auch wenn die nicht wissen, mit wem genau sie es zu tun haben. Auf 29 500 Jahre schätzen Experten das Alter der „Frau von W." Im Naturhistorischen Museum zu Wien prunkt sie als steinernes Kleinbild einer fleischgewordenen, zwei oder mehr Zentner schweren Vergangenheit.

29 500 Jahre: Den Betrachter schaudert vor so viel Geschichte, zumal bei einem Objekt von so unfassbarer Unversehrtheit. Ihm präsentiert sich die Statuette als extrem übergewichtige Dame unbestimmbaren Alters, splitternackt, die schnurdünnen Ärmchen über zwei mächtige Brüste gelegt, ohne Füße an den stämmigen Beinen. Indessen führte der steinzeitliche Schöpfer der Plastik die Haartracht – oder den mützenförmigen Kopfputz – in aller Gründlichkeit aus. Besondere Akribie verwandte er auf den feisten, sackschweren Bauch, auf das Becken der Kalksteingestalt und auf ihren Schoß. Eine Erdgöttin? oder Urmutter? hochschwangeres Inbild der Fruchtbarkeit? oder stolzes Idol sattesten Wohlstands? Wer weiß.

Körperfülle als Ausweis des Reichtums an Geist und Gütern – sie ist keine Konstante in der Kulturgeschichte, aber eine wiederkehrende Erscheinung. Im alten Rom soll, William Shakespeare zufolge, der Imperator Caesar am liebsten „wohlbeleibte Männer" um sich gesehen haben, denn den Hageren und ihrem genussfeindlich „hohlen Blick" misstraute er.

Zwischen dem Diktator und Martin Luther hätte, unter diesem Gesichtspunkt, die Chemie wohl ganz gut gestimmt. Reichlich anderthalb Jahrtausende nach Caesars Ermordung porträtierte Lucas Cranach der Ältere den Reformator bevorzugt als rund- und kluggesichtigen Gemütsmenschen von behaglicher Korpulenz: ein Mann von Gewicht. In einer einschlägigen, preisgekrönten Studie legte die australisch-britische Historikerin Lyndal Roper 2014 dar, wie die Korpulenz des „feisten Doktors" auf Politik und Glaubenswelt seiner Zeit wirkte – widersprach er doch mit seiner Beleibtheit der geltenden Ikonografie des Asketentums. Sollten heiligmäßige Gestalten nicht eher als abgehärmte Welt- und Lustverächter auftreten, die mit ihrer Magerkeit dem Heuschrecken- und Honig-Konsumenten Johannes dem Täufer nachstreben? Als einer dieses Schlages wollte Luther, der Rebell des rechten Glaubens, nicht auftreten: nicht als einer, den jeder Windstoß niederwerfen konnte. Vielmehr wohlarrondiert ragte er auf starken Beinen vom irdischen Boden auf, standfest trotzte er toddrohenden Widersachern und theologischen Gegenargumenten und strahlte als Mann Gottes, als Gebieter über einen evangelischen Haushalt und als väterlicher Gastgeber unumstößliche Stabilität aus. So einer war zwar aus der Ruhe, aber nicht aus dem Gleichgewicht zu bringen.

2

Auch die massige Diva aus dem Willendorfer Paläolithikum entstand gewiss nicht als Spott-, sondern als Idealbild. Heute hingegen stellen spargelschmale Mediengöttinnen die Schönheitsnormen einer bleistiftdünnen Fadenscheinigkeit auf. Von einer freiheraus leibesfülligen Lady wie jener Venus fühlt sich kaum ein Mann angezogen. Während das Gros der Mitwelt bei Männern vornehmlich inwendige Vorzüge wie Tatkraft, Intelligenz und Kreativität schätzt, bemisst es weibliche Attraktivität weitgehend an den Außenreizen, an Aussehen und Figur. Da qualifiziert sich auch schon mal ein hübsches Gesicht ohne viel Kopf dahinter. In der Modewelt heißt die Regel: So wenig Körperoberfläche wie möglich. Darum staksen Hungerhaken über die *catwalks*, um Kleidermodelle zu präsentieren, die keine Normalfrau tragen kann.

Gleichzeitig meldet die Weltgesundheitsorganisation, dass bis zu 2,2 Milliarden Erdenbürger, mithin weit mehr als jeder dritte, als übergewichtig gelten müssen. Die WHO scheut sich nicht, von einer „globalen Epidemie des 21. Jahrhunderts" zu sprechen. Ärzte in Deutschland schrecken Eltern und Pädagogen mit der Nachricht auf, mehr als dreieinhalb Millionen Jungen und Mädchen unter achtzehn litten an Übergewicht; etwa zwischen 1990 und 2015 habe sich die Zahl schwergewichtiger Schulanfänger – die mehr als zwanzig Prozent mehr wiegen als der Durchschnitt ihrer Altersgenossen – verdoppelt, die der korpulenten Zehnjährigen sogar ums Vierfache erhöht. Nicht nur, aber augenfällig häufig tritt das Phänomen in Familien des Prekariats auf. Und der Boom des Junkfoods unterstützt es noch profitabel. So appellierten denn auch Kinderärzte kurz vor der Europameisterschaft 2016 an die deutschen Nationalfußballer, nicht länger für Coca-Cola, McDonald's und „Kinderschokolade" zu werben. In Chile machte gleich die Obrigkeit ernst: Das Land stoppte den Verkauf von Süßigkeiten, die Spielzeug enthalten, angefangen bei den beliebten Überraschungseiern aus dem Haus Ferrero. Kinder sollten für billigen Kram und Flitter nicht länger mit Schmerbäuchen bezahlen.

„Mehr Schulsport!" lautet mithin eine wichtige Forderung der Experten, denn die lieben Kleinen haben sich längst vom Bolzplatz verabschiedet, auf dem ihre Eltern einst die Fußball-Nationalmannschaft kopierten, und lümmeln sich lieber in die Couch, vor den Videospiel- und Computerbildschirm. Ebenso wenig lässt sich die jugendliche Dauerpräsenz in den sozialen Netzwerken mit ausdauernd zügiger Bewegung vereinbaren: Der stiere Blick eines wie paralysierten Jungmenschen aufs Display macht das Smartphone zum neuen Brett vorm Kopf. Selbst der noch ungezeugte, ungeborene Nachwuchs ist bedroht: Im maßgeblichen Fachmagazin NATURE warnten Forscher – unter anderem des Münchner Helmholtz-Zentrums –, ein Übermaß an Pfunden drücke auf das Erbgut.

Derweil vegetieren 3,4 Milliarden Menschen auf dem Planeten unter der Armutsgrenze dahin.

3

„Bin ich schön?" nannte Doris Dörrie 1998 einen ihrer erfolgreichsten Filme. Mit dem Titel zitiert die Regisseurin und Schriftstellerin eine jener Fragen, die wir Menschen offenbar am häufigsten stellen. Vor allem Frauen wollen es wissen. (Das Gegenstück aus Männermund lautet: „War ich gut?") Marktschreierisch suggerieren Medien und Werbung dem selbstverliebten Alltagsmenschen, er könne sich aus eigener Kraft in eine Aphrodite, einen Adonis verwandeln. Längst reicht dafür nicht mehr das landläufige Styling durch Kosmetik und Kleidung. Immer mehr Frauen erhoffen sich von der ästhetisch-plastischen Chirurgie ein scheinbar perfektes Verhältnis von Po und Busen, Bauch und Beinen; vielen Männern geht es ähnlich. Als Sexsymbol taugt die Venus von Willendorf heutzutage nur bei einer Minderheit von Kerlen, die der Mehrheit als abnorm gilt. Die Idee der Diät – womit ursprünglich eine ausgeglichene, den Körperbedürfnissen entsprechende Ernährung gemeint war – hat sich zur Fast-Null-Diät brachialer Hungerkuren pervertiert. Zum Model nach Art der erwähnten Hungerhaken taugt eine junge Frau nur bis Kleidergröße 32. Folgenschwer greift zwischen den unübersehbar übergewichtigen Jugendlichen beiderlei Geschlechts die Magersucht um sich. 2006 brach in Montevideo die 22-jährige Luisel Ramos beim Modeln leblos zusammen: Sie hatte sich selber ausgemergelt bis zum Tod.

Wenngleich das Volumen der steinzeitlichen Schönen alle Grenzen des Ansehnlichen und Zuträglichen zu sprengen scheint, so gilt doch ein Grundsatz: So wie wir Menschen mit blonden oder schwarzen Haaren, helleren oder dunkleren Zähnen, anliegenden oder abstehenden Ohren das Licht der überkritischen Welt erblicken, so werden wir auch als dickere oder dünnere Exemplare unserer Spezies geboren. Die von den Medien verbreiteten Setzungen von Idealfiguren ignorieren die natürliche Vielfalt der Körperformen und die Variabilität der Proportionen. Gegen Helmut Kohls Erinnerungsbild als Weltpolitiker dürfen Einwände erlaubt sein; aber wollen wir ihn schon darum verspotten, weil er uns das anstößige Erscheinungsbild eines Dickwansts bot?

Wie umfänglich darf in Richard Wagners WALKÜRE die liebliche Sieglinde aussehen, jene Mädchengestalt aus dem RING DES NIBELUNGEN, die dem Herzen des Dichterkomponisten am nächsten stand? Nur theoretisch eine taktlose Frage; in der Bühnenpraxis stellt sie sich brennend als heikles Besetzungsproblem. „Opern-Eklat", trompetete die Zeitung DIE

WELT 2014, als Kritiker über das Gewicht einer jungen Sängerin beim britischen Glyndeburne-Festival lästerten. Damals hatte Tara Erraught im ROSENKAVALIER die Hosenrolle des Octavian gegeben, eines elastisch-jugendlichen Liebhabers, den die Rezensenten der Künstlerin, trotz ihres schönen Mezzosoprans, nicht glauben wollten. Als „molliges Bündel von Babyspeck" beschrieben namhafte Zeitungen die Irin, sogar als „unglaublich unansehnlich und unattraktiv". Harte Worte; man kann und sollte dergleichen anders sagen, schonungsvoller. Oder breitet man als Kritiker über die Adipositas einer Aktrice besser gleich ganz den eingangs erwähnten Mantel gutmütigen Schweigens? Wir können über alles reden, meinen Journalisten, auch kultivierte Feuilletonisten, gern – und mussten es im Bayreuther Festspiel-Sommer des Jahres 2016, als Heidi Melton auf dem Grünen Hügel sang. Da sah man dem massigen Monument einer unbeweglich-feisten Frau zu, wie es an der zartesten Jung-Frauen-Rolle des RINGS scheiterte. Sieglinde, Wagners Schoßkind, vom Brutalo Hunding viel zu früh an den Tisch und ins Bett gezwungen: Wehrlos giert die Anmutige nach Schutz, Freiheit und Liebkosung, die Siegmund, als Bruder und Geliebter, ihr bringt. Die Dichtung sieht vor, dass der bestechende Kämpe für die Holde entflammt, kaum dass er ihren Anblick erstmals staunend genoss. In Bayreuth aber: von Anmut keine Spur. Hier traf Theater, als Kunst zum Anschauen, mithin ganz und gar daneben – ein Befund, der keineswegs auf die taktlose Diskriminierung einer Übergewichtigen hinausläuft. Denn Theater bedarf nicht allein der Berechtigung der Ideen, sondern genauso der Glaubwürdigkeit seiner Bilder.

4

„Bin ich schön?" Eine eitle und darum nebensächliche Frage. Was ist das: schön? Die Antworten darauf, in allen Kulturen, veränderten und verändern sich im Lauf der Geschichte ständig. Oder ists doch eine existenzielle Frage, weil sie unser Selbstbild und das Bild, das die anderen sich von uns machen, unmittelbar betrifft? *Sub specie aeternitatis*, über fünftausend Jahre Zivilisationsgeschichte hinweg betrachtet, haben wir für das, was an uns Menschen ‚schön' sei, keinen gemeinsamen Nenner gefunden, zumindest soweit es die Frauen betrifft. Zwar gelten Männer weitgehend gleichbleibend als wohlgestaltet, sofern ihr Oberkörper sich von breiten Schultern hin zu einer schmalen Hüfte als Dreieck verjüngt, ohne das Hindernis eines Wanstes überwinden zu müssen, und wenn an den Gliedmaßen runde Muskeln rollen. Aber welche Art von weiblichen Reizen muss eine Frau auf sich vereinen, um als Beauté durchzugehen?

Fünftausend Jahre Zivilisation bedeuten nicht fünftausend Jahre verlässlichen Wohlstands. Fast immer, überall auf der Welt und für den überwiegenden Teil der Menschen rangierte die Versorgung mit ausreichend Nahrungsmitteln alltäglich auf Platz eins der Agenda. Im Lauf der Evolution sicherte unsere vorteilhafte Fähigkeit, Fett im Körper anzulagern, das Fortbestehen unserer Spezies. Denn seit der Willendorfer Venus vermochte der Mensch als Allesfresser zwar sowohl Pflanzen- wie Fleischnahrung zu verdauen; Gefahr aber drohte, sobald es an Sammel- und Saatgut mangelte und Jagdbeute ausblieb. Während der Eiszeiten ebenso wie bei begrenzten Hungersnöten hielt besser durch, wer abbaubaren Speck auf den Rippen als Energiespender mit sich trug. Wer Plauze und dicken Hintern vorzeigen konnte, gab eine Stellungnahme in eigener Sache ab: Ich bekomme, was die meisten niemals kriegen – Kalorien im Überfluss. Solcher Luxus war stets ein Privileg der Starken und Durchsetzungsfähigen, der Anführer und ‚Systemrelevanten'. Mithin signalisierte reichlich Fett an Hüften und Schenkeln den hohen sozialen Status des Besitzers. In Mittel- und Nordeuropa, wo es dem Pol zu immer frischer wird, half das Körperfett überdies, die wärmeproduzierende, wärmebedürftige Muskulatur isolierend vor Unterkühlung zu schützen. Wo sich eine Gesellschaft – günstigenfalls in sonnigeren Gegenden – insgesamt ausreichend zu ernähren vermag, schrumpft der Luxus der Vollernährung zum Gemeingut. Nun lautet die Botschaft der Schönen und Schlanken: Ich hab von allem so reichlich – ich esse schon gar nicht mehr auf. Weltgeschichtlich blieben solche Phasen allerdings die Ausnahme.

In der griechischen Antike, an der sich später imitationsfreudig die römische Kultur orientierte, trat eine Venus eigener Art auf: die „Venus von Milo", lieblicher Widerpart zur Namensvetterin aus Willendorf. Zwar fehlen der Halbnackten die Arme; sonst aber hat sie alles, was uns gefallen kann: auf hohem, schlankem Hals einen zierlichen Kopf, feste Brüste, einen flachen, wie durchtrainierten Bauch und ein Becken, das, ungeachtet weitgehender Verschleierung, Gebärfreudigkeit ahnen lässt, ohne in der Breite zu übertreiben. So empfiehlt sich jene Venus (die, weil Hellenin, richtiger Aphrodite heißen sollte) als Partnerin der geschmeidigen und gelenkigen Jünglinge des klassischen Zeitalters, die als Skulpturen oder auf Vasenbildern überdauert haben. Ihrerseits stellen die wohldefinierten Kraftkerle eine elegante Athletik zur Schau, die sich nicht zu barbarischer Baumstärke aufblähen muss. Ein nabelnaher Schwimmring musste solch austarierte Schönheit entstellen. Der Säfte-Lehre des Arztes Galenos aus dem zweiten Jahrhundert zufolge ging unwillkommener Fettansatz, wie alle Krankheiten, auf ein Ungleichgewicht zwischen Blut und Schleim, schwarzer und gelber Galle zurück. Noch die Heilkunde im Barock gründete 1500 Jahre später auf dieser Theorie, die, obwohl unhaltbar, durch ihren ganzheitlichen Ansatz Interesse verdient.

Im mittelalterlichen Europa lebten über achtzig Prozent der Bevölkerung bestenfalls von der Hand in den Mund. Über Fettsüchtige berichten die Quellen nicht. Völlerei galt als Todsünde. Zu weiblichen Reizen erklären Wandbilder und illuminierte Handschriften den schmalen Körperbau und halbentwickelten Busen pubertierender Mädchen. Für die Ärzte des siebzehnten Jahrhunderts stand fest, dass überschüssiges Fett durch genügend Bewegung und die „Hitze", die dabei entstehe, „verdünnt", also verbrannt, werden müsse. Das Germanische Nationalmuseum in Nürnberg verwahrt die Darstellung einer Seilersgattin, die 1612 mit 36 Jahren annähernd fünf Zentner auf die Waage brachte. Übrigens ist das noch gar nichts: Als zertifizierter Rekordhalter verblich im Mai 2014 der 48-jährige Mexikaner Manuel Uribe, an seinem Ende 394, zuvor 560 Kilogramm schwer.

Der eigenmächtige Potentat der Renaissance, der nach Harmonie von Geist und Körper strebende Humanist, der herkulische Landsknecht jener Periode liebte die Frau als Vollweib: Fasslich und gepolstert mochte er ihr weiches Fleisch unter einer Haut, die mit „vornehmer Blässe" glänzte (wofür auch das frühe neunzehnte Jahrhundert schwärmte). Aus den schärferen Kurven zwischen Doppelkinn und einladend ausladendem Hinterteil, wie sie der Barockmaler Peter Paul Rubens in seinen weiblichen Gestalten integrierte, formte sich verlockend die „Rubensfigur". Wie aber jeder Fluss, der übers Ufer tritt, zurück in sein Bett gezwungen werden muss, stießen die überquellenden Damenpfunde an Grenzen, die ihnen die Mode künstlich setzte, und zwar drakonisch. Qualvoll zwängten, vor allem im Rokoko des achtzehnten Jahrhunderts, Korsetts mit Hilfe von Fischbein-, wenn nicht Stahlschienen die inneren Organe feiner Damen zusammen. Die sogenannte Wespentaille sollte dem weiblichen Körper die Anmutung einer Sanduhr verleihen. Befreiung indes brachte die Französische Revolution, die das Mieder verwünschte.

Gleichwohl war die Mode an der Wende des achtzehnten zum neunzehnten Jahrhundert vor allem für schlanke Damen und Herren gemacht. Frauen trugen lange, in natürlichen Falten fließende Kleider, deren Gürtel als Band von der Taille nach oben wanderte bis dicht unter die Brust. Von der vergötterten Preußenkönigin Luise, ihrer Schwester und den gleichsam römischen Gewändern der beiden schuf der Bildhauer Gottfried Schadow 1797 ein alsbald berühmtes Doppelbildnis, das im Biedermeier der deutschsprachigen Länder ein graziöses Vorbild abgab.

Doch wie schon ansatzweise im achtzehnten Jahrhundert, kehrten sich erst recht im neunzehnten allmählich die Verhältnisse um. Mit der Industrialisierung des Bürgerlichen Zeitalters begannen die Menschen bis hinein in die Arbeiterklasse, vermehrt Fleisch zu verzehren. Unterdessen übernahmen Maschinen immer mehr von den Knochenarbeiten, für die zuvor die Nährstoffe als Brennstoffe in den schuftenden Körpern hatten dienen müssen. So brüsteten sich schließlich Besitzbürger gern mit saturierter Beleibtheit und liebten auch ihre Gemahlinnen passend rundlich – während andererseits Schwarmgeister von fragiler statt maskuliner Männlichkeit sich romantisch weiter nach gewichtslosen Ätherwesen sehnten.

Für den Siegeszug der Körperertüchtigung stand ab 1811 der antinapoleonische Kampfsport des frisch-fromm-fröhlich-freien „Turnvaters" Friedrich Ludwig Jahn. Ihm verdankt das zwanzigste Jahrhundert sein Leitbild der „sportlichen Figur": Ohne Muskelprotzerei sehnig und stabil, elastisch und behände sollten die Körper der Mädels und Jungs sich regen. Zeitweilig, in den 1920-ern, wollten junge Frauen gern wie Knaben aussehen und drückten sich darum die Brüste flach.

Den Arier-Typus, den die Nationalsozialisten neu zu züchten trachteten, dachte sich das Terror- und Welteroberer-Regime als Kriegsmaschine, in Massen ausgebildet: Gegen die angebliche „Verweichlichung" der Weimarer „Systemzeit" stellte der – selbst wenig virile – „Führer" bellend eine Jugend, „flink wie Windhunde, zäh wie Leder und hart wie Kruppstahl". Mit Zurücksetzung, wenn nicht gar Zwang, Druck, Repression musste rechnen, wer jener Norm allzu auffallend nicht genügte. Zwei Mal warfen im vergangenen Jahrhundert Weltkriegs- und Nachkriegszeiten Millionen Europäer auf ein Mindestniveau mittelalterlicher Mangelernährung zurück. Als die (West-)Deutschen, nicht arg lang nach dem Untergang der braunen Diktatur, wirtschaftswunderlich wieder auf die Beine kamen und auf einer „Fresswelle" surften, legten sie sich extra dicke Bäuche zu. Und behielten sie: Abnehmen fällt schwerer als Anfüttern.

5

Den übermännlichen Waschbrett-Bauch, die sexbombenfeste Neunzig-sechzig-neunzig-Topfigur finden wir heute an uns selbst wie unter Zeitgenossen eher selten. Auch ein Körper, der nach Kleidern der Konfektionsgröße 42 verlangt, kann geballte Ladungen von Erotik freisetzen, wie dies der gebündelten Leiblichkeit einer Marilyn Monroe gelang.

Die Kunst, namentlich die bildende, aber auch die Literatur, geht mit den Menschen durch dick und dünn. In Georg Brittings lesenswertem, wenngleich nicht mehr viel gelesenem Roman LEBENSLAUF EINES DICKEN MANNES, DER HAMLET HIESS verfettet der Dänenprinz als unaufhaltsamer Fresser bis zur Bewegungsunfähigkeit – und findet so zum vollkommenen Ruhen in sich: Seiner „fanatischen Esslust und dem stillen Anschauen der Natur" – so fasste Brittings Schriftstellerkollege Joachim Maass 1933 in einer Rezension zusammen – bringt Hamlet „Macht, Ruhm, Liebe, das eigentliche Leben zum Opfer". Endlich vom Schlag getroffen, „berührt ihn kein Atom Problematik aus seiner Zeit" mehr.

Nicht ganz so bombastisch aus aller Fasson geraten, doch explizit rundlich mag Fernando Botero die Rümpfe und Glieder seiner Gestalten: Geradezu unförmig darf man die drallen Formen auf den Bildern, an den Skulpturen des 1932 geborenen Malers und Bildhauers nennen. Selbst heilige Persönlichkeiten und Helden der biblischen Geschichte fallen bei dem Kolumbianer so übergewichtig aus, dass sie einen Ernährungsmediziner, tauchten sie leibhaftig in dessen Praxis auf, verzweifelt den Kopf schütteln ließen. Unübersehbar neigen die wuchtig wuchernden Wesen der Persiflage zu. Die Damen auf seinen Aktgemälden, in der Fülle ihres hellen Fleisches gleichgültig, wenn nicht wie widerwillig auf Bett und Polster hingebreitet, scheinen mittels unsichtbarer Ventile aufgepumpt wie Ballons. So schwingt Spott, etwas sarkastisch Übertreibendes in den Werken mit. Sogar den Kreuzweg eines gut gefütterten Jesus wählte Botero als Sujet, allerdings, wie er betonte, „nicht satirisch, sondern voller Respekt". Auf seine

Weise begründete der Meister eine moderne Ästhetik der Adipositas, eine kernige Kunst- und Schönheitslehre des leiblichen Zu-viel.

Da steh ich,
ein entlaubter Stamm

Über die Nacktheit

Wie das wohl zugeht? Wenn Hotels für ihre Wellnessbereiche oder wenn Hersteller von Sauna- und Spa-Anlagen für ihre Produkte werben, so lachen uns von den dazugehörigen Illustrationen stets bildschöne Menschen entgegen, die sich tiefenentspannt und glänzender Laune auf Holzbänken und -rosten räkelnd verteilen, delikate Bereiche ihrer schlanken Körper mit Badetüchern verhüllend. Betreten wir indes im richtigen Leben eine Sauna, treffen wir dort in aller Regel splitternackend auf splitternackte Körper und denken uns gefälligst nichts dabei. Ein Widerspruch? In der Tat. Aus der Rhein-Main-Therme im Taunus wurde vor einigen Jahren über den Fall einer 35-jährigen Dame berichtet, die das Dampfbad besuchte, ohne dabei ihr um die Hüften gebundenes Tuch abzulegen. Auch als ein Mitarbeiter sie, mit Verweis auf die Hausordnung, dazu aufforderte, weigerte sie sich. Wer weiß, was sie dazu veranlasste: Fürchtete sie Männerblicke, die sie durch die trüben Nebel hindurch voyeuristisch hätten mustern können? Verboten ihr Vorschriften ihrer Religion, sich fremden Augen vollständig unverschleiert darzubieten? Wie auch immer: Der strenge Bademeister zwang sie, den ausdrücklich als „textilfrei" ausgewiesenen Bereich zu verlassen. Inzwischen bieten manche Thermen auch Sauna-Termine extra für textilaffine Spa-Freunde an. Allerdings erinnert der Deutsche Sauna-Bund an die finnischen Traditionen des heißen Vergnügens und also an die medizinischen und hygienischen Vorzüge des Schwitzens bei vollständiger Nacktheit. Die freilich halten nicht wenige von uns für einen eher genierlichen Zustand. Der Mensch, hat der amerikanische Schriftsteller Mark Twain beobachtet, sei „das einzige Tier, das errötet und Grund dazu hat". So geistreich wie tiefsinnig benannte er damit unsere Eigenheit, Scham zu empfinden, wenn wir uns bloßgestellt sehen.

1

„Es war ein Mann im Lande Uz, der hieß Hiob. Derselbe war gottesfürchtig und mied das Böse." Dennoch – so erzählt der unbekannte Verfasser eines der poetischsten biblischen Bücher – lässt es der Allmächtige zu, dass Satan ausgerechnet diesen Redlichsten der Menschen mit entsetzlichen Prüfungen heimsucht: Kinder, Hab und Gut verliert Hiob und sitzt endlich, mit Geschwüren geschlagen und mit einer Scherbe sich schabend, wie Gott ihn schuf „in der Asche". Am Herrn des Himmel hält er gleichwohl fest: „Ich bin nackt von meiner Mutter Leibe gekommen, nackt werde ich wieder dahinfahren. Der Name des Herrn sei gelobt."

Wer von uns brächte, verlöre er das letzte Hemd, solch übermenschliche Ergebenheit auf? Wenn uns ist, als stünden wir wie nackt vor den andern, fühlen wir uns gedemütigt. Hingegen brauchten unsere mythischen Vorfahren Adam und Eva im Paradies keine Kleidung: Nicht nur evolutionsbiologisch, auch moralisch fängt die Geschichte der Nacktheit bei den ersten Menschen an. Im Paradies des biblischen Schöpfungsberichts sehen die beiden in ihrer Blankhäutigkeit keinen Grund, voreinander errötend den Blick zu senken. In aller Unschuld genießen sie die Eintracht mit Gott und der Natur. Erst nach dem Sündenfall, als Vertriebene jenseits von Eden, „erkennen" sie einander – und erst nachdem sie sich bedeckt hatten. Denn noch vor der Begierde und Lust kam, wie die Heilige Schrift unterstreicht, die Scham über sie, seither eine Spielart des Schuldgefühls und vielleicht sein allererstes Erscheinungsbild.

Seit weit über hundert Jahren propagiert die Lebensreform-Bewegung – Freikörperkultur, Nudismus, Naturismus – eine entsexualisierte Nacktheit als Fanal gegen das Stadtleben und die Störung unserer Kreatürlichkeit durch die Zivilisation. Auch im Alltag zeigen zivilisierte Menschen mehr blanke Haut als jemals zuvor. Aber alles in Grenzen: Der Münchner Stadtrat erlaubt das Nacktbaden an den Stränden der Isar nur in einigen genau bezeichneten Regionen. Bei allfälliger Hitze, wie in den jüngsten Sommern, nackt im Auto unterwegs zu sein, lässt der Gesetzgeber zwar zu, allerdings nur, solange es den Mitmenschen gefällt: Nimmt einer Anstoß an unserem öffentlichen Ärgernis zwischen Nabel und Knie und erstattet Anzeige, müssen wir für unsere aufdringliche Freizügigkeit mit einer Buße zwischen fünf und tausend Euro einstehen.

Für wie aufgeklärt wir uns auch halten – Nacktheit bleibt in der Gesellschaft grundsätzlich ein Problem. Wer darf einen anderen hüllenlos herzeigen? Und wem? Wer wen so betrachten? Welche Zwecke dürfen dafür als ehrbar, welche müssen als voyeuristisch oder noch schändlicher gelten? Wer hübsche Kinder beim „Posing" beguckt – missbraucht der sie schon durch die Geilheit allein seines Blicks? Zwischen ästhetischer Possierlichkeit und unbedingt strafwürdigem Übergriff gegen

Wehrlose fließt die Grenze, und jedenfalls haben gerade die Unmündigen in unserer Gesellschaft Anspruch darauf, ihren „höchstpersönlichen Lebensbereich" unangetastet zu wissen. Das Juristendeutsch untersagt Darstellungen von nackten Kindern, wenn sie dazu vergewaltigt werden, „an eindeutig sexuellen Handlungen aktiv oder passiv beteiligt zu sein, einschließlich das aufreizende Zurschaustellen der Genitalien". Letztere, jenen Bereich zwischen Knie und Nabel, nennt unsere Sprache auch Scham, und zugleich nennt sie so auch die Scheu, sie zu zeigen.

2

„Akt" heißt ein weiterer Schlüsselbegriff. So bezeichnet einerseits die Kunstwissenschaft die Darstellung des entblößten Körpers; in der Aktion, der bewegten, gleichsam eingefrorenen ‚Handlung' des Modells, wurzelt die deutsche Bezeichnung.

Auf den fleischlichen Akt einer gefühlsunabhängigen Vereinigung beschränkt sich andererseits die Sexindustrie, indem sie Nacktheit als plumpes Stimulanz präsentiert. Freilich geschieht dies, durch mehr oder weniger freizügige Darstellungen des kaum oder gar nicht verhüllten Menschenleibs, in Museen auch; im Pariser Musée d'Orsay sogar auf eklatanteste – in der Filmwelt würde man sagen: explizite – Weise: Angesichts des URSPRUNGS DER WELT, zu dem der Maler Gustave Courbet 1866 auf einer nur einen Viertel Quadratmeter großen Leinwand vorstieß, dürfen, ja müssen wir von Pornografie sprechen.

Wie bitte? In einer der berühmtesten Sammlungen klassisch moderner Kunst auf Erden – Schmuddelkram? Worum es sich bei der Pornografie handelt, können wir von Reiner

Kunze lernen; nicht etwa, weil der Dichter – der mit seinem Wesen und Schreiben seinem Vornamen stets Ehre machte – je mit Schweinigeleien öffentlich hervorgetreten wäre; sondern weil die jungen Leute in seinem 1976 erschienenen Prosaband DIE WUNDERBAREN JAHRE auf das Problem stoßen. Im Porno, lautet dort die wahrscheinlich griffigste, jedenfalls geistreichste Definition des Phänomens, im Porno kämen Menschen vor, damit die Geschlechtsteile Beine hätten. An dem trefflichen Diktum gemessen, zählt Courbets legendäre Leinwand ohne mildernde Umstände dazu – nicht weil das Bild wahrscheinlich das ‚nackteste' Werk der älteren bildenden Kunst ist, sondern weil es zwar Menschliches, aber keinen Menschen zeigt.

Um an den Anfang von Allem zu gelangen, ging der Maler nicht erst umständlich zum Urknall des Alls zurück und verfügte sich auch nicht ins Innerste der Erde. Ganz in seiner Nähe, gleich im Atelier, wurde er fündig, den unverhüllten Schoß eines Modells malte er mit naturalistischer Genauigkeit und begrenzte ihn nach oben mit Bauch, Nabel und einer Brust, nach unten mit dem Beginn der klaffenden Schenkel. Dem Betrachter bietet sich die fleischeslustige Nacktheit jener Scham mithin nicht unverschämt, doch schamfrei dar. Unterdessen übrigens, um nebenbei auch das nicht zu verschweigen, könnte es mittlerweile gelungen sein, das Nacktmodell zu identifizieren: 2018 machte der französische Literaturwissenschaftler Claude Schopp das Dämchen als die 34-jährige Constance Quéniaux aus dem Tanzensemble der Pariser Oper namhaft. Wie es heißt, wurde die junge Frau dem türkisch-ägyptischen Diplomaten Khalil-Bey als Mätresse gefällig, der offenbar Wert darauf legte, seine Gespielin, wenn schon nicht immer als Ganzkörpergestalt, so doch jederzeit ausschnittsweise vor Augen zu haben. Darum bestellte er bei Courbet ein Bild vom Ursprung seiner Lust.

Dass Kunst und Pornografie, im weiteren oder engeren Sinn, einander berühren, gar durchdringen, das ereignet sich seit den hellenischen Anfängen des Akt-Genres und hörte mit Egon Schieles karstigen Frauenleibern, auch mit den offensiv schwulen Provokationen des Fotografen Robert Mapplethorpe oder mit Tom Wesselmanns pop-artistischen GREAT AMERICAN NUDES noch lange nicht auf. Irgendwo dazwischen: die knackige MISS O'MURPHY, die der Rokokomaler François Boucher 1752 mit erwartungsvoll schimmernder Mädchenhaut in einen eleganten Sündenpfühl bettete. Nach ihrem königlichen Liebhaber Louis XV. scheint sie auszuschauen, auf dem Bauch liegend, die rosigen Beinchen schon leicht gespreizt. Verglichen mit Courbets gesichtslosem Porträt der Tänzerin Constance geht sie als putziger Unschuldsengel durch. Gewöhnlich gilt für Nacktheit von courbetscher Rigorosität die Altersbeschränkung „Freigegeben ab sechzehn Jahren", wenn nicht „ab achtzehn". Noch heute scheuen sich manche Zeitungen, sogar die BILD, diese berüchtigte Auffassung der ORIGINE DU MONDE im plastischen Vierfarbdruck wiederzugeben. Den Redakteuren der WIKIPEDIA andererseits kamen offenkundig keine allzu hindernden Bedenken: Im Online-Lexikon zeigt sich die Dame ohne Oberleib unverstellt und beliebig vergrößerbar.

Den ersten Gestaltern des künstlerischen Akts bot jedoch nicht die Frau das Vorbild. Die Skulpteure der griechischen Antike, die dem Abendland das Thema erschlossen, fokussierten sich auf den Mann, wofür beispielsweise der im fünften vorchristlichen Jahrhundert vollendet gebildete, entsprechend berühmte Diskuswerfer des begnadeten Bildhauers Myron das Musterbeispiel gibt. Lange dienten Männerkörper als Vorbilder auch für weibliche Aktfiguren. Im Mittelalter blieb Nacktheit auf Bildwerken, wenn sie überhaupt auftrat, männlich. Die frühneuzeitlichen Genies der Renaissance, die sich auch der entkleideten Frau wieder zuwandten, berechneten aus dem Geist der Mathematik heraus ein System menschlicher Proportionen, worin sie die Vernunft der kosmischen Ordnung gespiegelt sahen. Im VITRUVIANISCHEN MENSCHEN, einer der bis heute populärsten Bilderfindungen Leonardo da Vincis, stellt ein nackter Mann die perfekte Verknüpfung von physischem Ebenmaß, organischer Symmetrie und funktionaler Konstruktion in Idealgestalt dar, buchstäblich als Quadratur des Kreises. Gottesebenbildlichkeit suchten die Künstler in einem neuen, diesseitigen Bild vom Menschen, der sich die Natur untertan macht und seinerseits zum Schöpfer und zum Beherrscher taugt. So war dem Aktgemälde, der nackten Statue auch ein Bekenntnis zum Sexus stets eingeschrieben: Der Künstler erschloss die Schöpfung Gottes als irdische Natur, deutete und verherrlichte sie.

Als Signal der männlichen Natur, der Fruchtbarkeit und sich fortzeugenden Männerherrschaft, galt jahrtausendelang der Phallus in überdimensionaler Steilheit. Hingegen reduziert der Franzose Hervé in einer Online-Fotogalerie das KLEINE MONSTER im Schritt auf runzlige Unansehnlichkeit. Ähnlich unheroisch dachte der 1990 gestorbene Japaner Tetsumi Kudo über des Mannes bestes Stück. In seinen Objekten de- und „transformieren" sich Penisse zu „Antisymbolen der Macht", zu Würmern oder Pflanzen. Das amateurhafte Internet-Genre des *dick-pic* erfand Soraya Doolbaz in New York neu, indem sie dem strammen Max des Herren beim Fotoshooting liebevoll Kostümchen oder Uniformen überzog oder Minibrillen aufsetzte. Ähnlich behutsam ging Jamie McCartney mit 399 Damen jedes Alters um, deren Unterleiber er textillos mit Gips abgoss; als Wohnungsdeko eignet sich seine GREAT WALL OF VAGINA nicht, auch wenn sie keineswegs pornografisch gemeint ist, jedenfalls weit weniger als Gustave Courbets Schoß im Naturzustand. Was der britische Künstler aneinanderreiht, sind 399 Variationen zum großen Thema „Ursprung der Welt".

3

Wir sehen: Der nackte Körper steht für vieles, beileibe nicht nur für bloßes Stimulanz und den Kitzel unserer Sinne. Für Schönheit steht er, für Kreatürlichkeit – aber auch für Demütigung, etwa dann, wenn Folterer ihre Opfer zusätzlich dadurch schänden, dass sie ihnen vor der Tortur mit der Würde auch alle Kleider nehmen. Blanke Haut, das größte Organ unseres Körpers, symbolisiert reine Unschuld so anschaulich wie Verletzlichkeit und lüsterne Verderbtheit, das Heilige so gut wie die Hurerei. Und sie symbolisiert Selbstbehauptung, im Lebenskampf sowohl wie im zwischenmenschlichen Konflikt. Die Kunsthandwerker des antiken Griechenlands schmückten ihre Vasen vielfach mit der Darstellung nackt kämpfender Athleten und Krieger, galt ihnen doch der gestählte (Männer-)Körper als Beleg für Gesundheit und Leistungskraft und obendrein als sichtbar gewordener Ausweis für eine schöne, edle, tapfere Seele. *Gymnásion* hieß die Stätte, wo der Jüngling seinen Leib zu Sport und Wehrdienst ertüchtigte – von *gymnós*, nackt, einem Wort, von dem sich auch unsere Gymnastik herleitet und natürlich das Gymnasium. Dort hat man sich glücklicherweise längst angewöhnt, mit bedeckten Leibern zu erscheinen.

Dass der Mensch das Nackte tabuisiert, gehört zu den anthropologischen Konstanten der Kultur- und Sozialgeschichte; dass er dies Tabu bestreitet, desgleichen. Von Epoche zu Epoche verschoben sich die Gewichte zwischen dem Enthüllten und dem Verhüllten neu. Im Mittelalter etwa trafen Männlein und Weiblein in den Zubern der Badhäuser nicht nur ohne Scham zusammen; auch beschäftigten sie sich reichlich schamlos miteinander. Zugleich ist die Geschichte der Nacktheit eine der hochgeschlossenen Prüderie. Dem freizügigen Körpergefühl der antiken, heute im Pariser Louvre ausgestellten Venus von Milo etwa hielt die christliche Kunst späterer Epochen nicht selten ein deutlich leibfeindlicheres Menschenbild entgegen. Denn vor allem bei frommen Seelen, zumal den Verwaltern des Glaubens, steigerte sich die natürliche Schüchternheit leicht zum Puritanismus. So fühlte sich Papst Paul IV. im sechzehnten Jahrhundert versucht, das Weltgerichts-Fresko, mit dem Michelangelo die Altarwand der Sixtinischen Kapelle im Vatikan überzogen hatte, abschlagen zu lassen – wegen der vielen nackten Gestalten, die es bevölkerten; später begnadigte der nachfolgende Pontifex, Pius VI., das singuläre Kunstwerk; allerdings hieß er den Maler Daniello Ricciarelli mit leichten Stoffen verhüllen, was den leibfeindlichen Klerikern anstößig vorkam. Überhaupt kannte die Renaissance, ungeachtet der erwähnten Vorliebe für Nuditäten, auch den Reiz der Ziererei: Auf Sandro Botticellis GEBURT DER VENUS verbirgt die Göttin ihre schöne Jugend hinter langem Haar.

Stellen wir ruhig einmal die Frage: warum eigentlich? Nacktheit ist Natur. Viele Ethnien, die man früher Naturvölker nannte, kennen zwar Körperschmuck, aber keine Körperbekleidung; trotzdem verfallen bei ihnen der nackte Mann und die nackte Frau, einander begegnend, nicht zwingend auf den Gedanken, einander sogleich im biblischen Sinn „erkennen" zu wollen. In unseren Breiten entfaltet Nacktheit erotischen Reiz erst in einem Kontext mit dem verhüllten Körper; stachelt doch alles, was unsichtbar sein soll, unsere Neugierde auf. Nicht erst der entblößte Körper als solcher, ebenso seine Verhüllung und erst recht sein allmähliches Enthülltwerden vermitteln das Stimulanz.

Darauf reagiert die Miederwaren-Industrie: Ihre Produkte sind einerseits ausersehen, den Frauen- oder Männerkörper zu modellieren, indem sie etwaige Auswüchse kaschieren und erogene Bereiche hervorheben; andererseits und zugleich sind sie geeignet, dem vorfreudig betrachtenden Partner, der Partnerin ein Versprechen zu geben, eine Offenbarung zu verheißen, die sich erst durch ihre Verzögerung vollendet. Dabei will das Dessous, das an intimsten Stellen die Reize berührt, um sie dem Blick zu entziehen, selber reizvoll sein. Was versteckt gehört, will trotzdem irgendwie sichtbar werden. Ein Widerspruch in sich – und auf paradoxe Weise löst ihn der Stringtanga auf: Sein schmales Band unterstreicht die Prallheit der Pobacken, indem es, statt sie zu bedecken, abtaucht zwischen ihnen. „Reizwäsche", sofern sie mit vollem Recht so heißt, wird von ihrer Trägerin angezogen, damit ein anderer sie ihr wieder auszieht. Da lag die Firma Triumph nicht daneben, als sie in den Siebzigerjahren einschlägige Leichtbekleidung als „Romantik für die Nacht" bewarb.

Weil Nacktheit Natur ist, suchten deren Gegenspieler, also Kultur, Technisierung, Industrialisierung, sie im neunzehnten und in langen Jahrzehnten des zwanzigsten Jahrhunderts ins Dunkeleck zurückzudrängen. Sprichwörtlich wurde, so lange nach den Renaissancemalern und -päpsten, die verklemmte Schamhaftigkeit des viktorianischen Zeitalters in England, das den Anblick unbekleideter Körper ins eheliche Schlafgemach (und, männlichen Kunden zugänglich, ins Bordell) verbannte; damals sahen sich vorbildlich sittenstrenge Zeitgenossen bemüßigt, noch die unverhüllten Füße ihres Klaviers keusch zu bemänteln.

Bis heute verwalten die Vereinigten Staaten, wo die schamlosesten Pornofilme entstehen, jenes Erbe mit absurder Zimperlichkeit. So kochten am 1. Februar 2004 in Houston die Emotionen hoch, nicht nur weil dort das Endspiel der American-Football-Profis ausgetragen wurde. Während der Halbzeitpause des (von TV-Stationen in alle Richtungen live übertragenen) *super bowl* trällerten Janet Jackson und Justin Timberlake ein Duett, an dessen Ende der Sänger – vereinbarungsgemäß – der Sängerin einen Teil ihres Kleids vom Leib riss. Dadurch legte er – angeblich unbeabsichtigt – eine von Jacksons Brüsten mitsamt Piercing frei, nur für einen Augenblick. Der aber versetzte die Nation in Aufruhr. Lautstark empörten sich Gut- und Wutbürgerinnen über die unverhoffte Zurschaustellung „expliziter sexueller Handlungen". Aufheulende Eltern fürchteten bleibende seelische Traumata für ihre fernsehenden Kleinkinder, die offenbar zum letzten Mal bei der Entnahme mütterlicher Milch einen weiblichen Busen erblickt hatten und es bis zur Hochzeitsnacht nicht wieder tun sollten. Sogar einen Gerichtsprozess – „im Namen aller US-Bürger" mit dem Ziel „maximaler Bestrafung" – löste das Vorkommnis aus, das unauslöschlich unterm frivolen Namen *nipplegate* in die Mediengeschichte eingeschrieben ist.

Jenen noch nach über anderthalb Jahrzehnten legendären Ausnahmezustand dürfen wir für umso absurder halten, als doch jeder Zwölfjährige in jedem zweiten sonntagsabendlichen Fernsehkrimi einem leidenschaftlichen Paar beim Kopulieren zusehen kann, ohne schon begreifen zu können, dass die meisten solchen Szenen dramaturgisch entbehrlich sind. In unserer bis zum Überdruss durchsexualisierten Epoche und Gesellschaft entzieht sich der öffentlichen und zumeist auch der elterlich-erwachsenen Aufsicht das meiste von dem, womit die vielgenutzten Streamingdienste die Zimmer unserer Kinder täglich fluten. Das mag hingehen. Bewusst muss den „Pubertieren" in ihrer berechtigten Wissbegier dabei nur werden, dass nicht jeder nackte Mensch, nicht jedes kleiderlose Paar gleich zum Objekt der Begierde taugt; und allerdings ebenso wenig zum Stein des sittlichen Anstoßes.

4

Gegen besagte Sexualisierung allerorten und nicht zuletzt in den Schauräumen der Kunst protestierte 2018 die Künstlerin Sonia Boyce im nordenglischen Manchester. In der dortigen Art Gallery – und im Einvernehmen mit deren Kuratorin – nahm sie für etliche Tage das Bild HYLAS UND DIE NYMPHEN des Malers John William Waterhouse von der Wand; das 1896 entstandene Gemälde zeigt in einem schwül-feuchten Pflanzenreich eine Schar jugendhübscher, verführerisch weißbrüstiger Undinen, die einen wenig widerstrebenden Jüngling zu sich in ihren Teich zu locken trachten. Natürlich sollte die Aktion als Folge und Bestandteil der *Me too*-Debatte verstanden werden, die im Jahr zuvor der notorisch blankziehende US-Filmproduzent Harvey Weinstein unfreiwillig losgetreten hatte. Mit der Entfernung des Gemäldes, die an den Streit um das 1938 in verfänglicher Traumpose gemalte Mädchen Thérèse des Malers Balthus erinnert, sorgte Sonia Boyce international für Kontroversen: Wollte da etwa eine engagierte Künstlerin reaktionärer Zensur das Wort reden? Wohl kaum; sie rege, ließ sie verlauten, mit dem nackten Platz an der Galeriewand nur dazu an, über eine Welt nachzudenken, die nach wie vor hauptsächlich aus männlicher Perspektive dargestellt werde und in der sich Frauen allzu oft mit der passiven Aufgabe zu begnügen hätten, maskulines Begehren zu provozieren und zu stillen.

Die moderne Allgegenwart der Nacktheit – wie sie die Unabhängigkeit der Lust von der Liebe begleitet – schmälert das Aufreizende, indem sie das Reizvolle inflationiert. Bis vor Kurzem verlangten vielerorts die Regisseure eines tabubrechenden ‚Theaters der Körpersäfte' ihren Darstellern ein Äußerstes an Unbekleidetheit ab. Weitaus länger gibt es eine Spielart des Ausdruckstanzes, die zwischen kunstgewerblicher Show und der Aufpeitschung sogenannter niederer Instinkte balanciert: 1894 ließ in einem Pariser Varieté eine berufsmäßige „Schönheitstänzerin" die letzte Hülle fallen – der erste bezeugte Striptease; den Namen der Aktrice verschweigt die Geschichte. In sich für vornehm haltenden Kreisen hochkultivierter Länder galt der Nackttanz über Jahrzehnte als anrüchig, wenn nicht skandalös. Nur bedachten jene besseren Herrschaften nicht, dass er sich schon vor Jahrtausenden in die Riten fast aller alten Religionen einfügte. Direkt in die Welt westlicher Hochkultur fand er zurück durch Oscar Wildes brünstiges Schauspiel SALOME und dessen Vertonung durch die berühmte Oper von Richard Strauss: Darin betört eine Prinzessin ihren Stiefvater durch einen TANZ DER SIEBEN SCHLEIER, die sie Stück für Stück von ihrem ranken Leib gleiten lässt, bis ihr der wuschige Wüstling als Liebeslohn nicht weniger als sein halbes Königreich offeriert. Salome indes erzwingt sich ein anderes Entgelt, ein blutiges. Auf den Propheten Jochanaan, den Täufer der Bibel, spekuliert die unwiderstehliche Schöne; der hat sich ihren lüsternen Avancen stets hartnäckig verweigert – darum lässt sie sich nun sein triefendes Haupt auf einer Silberschale bringen. „Ich habe deinen Mund geküsst, Jochanaan. Es war ein bitterer Geschmack auf deinen

Lippen": *dirty sex* in seiner radikalsten Spielart, zwar zur Hochästhetik stilisiert, aber ‚schmutzig' durchaus.

Wenn aber Nacktheit Natur ist – ist sie dann nicht, im Gegenteil, vorderhand etwas makellos Pures, Absichtsloses, moralisch Zweckfreies? Unsere Vorfahren würden es „rein" oder „unschuldig" genannt haben. So auch verstehen sie die erwähnten Nudisten und Naturisten – und geraten in die Bredouille angesichts eines Zeitgeists, der sich nur allzu bereit zeigt, das Nackte zu erotisieren und dabei erotische Wirkung zwingend an äußerliche Anziehungskräfte zu binden, an realitätsfremde Idealmaße und Erwartungen. Auch darum wohl hat die Freikörperkultur, seit 1900 im Schwange und jeweils nach den Weltkriegen, außerdem in der DDR stark verbreitet, mittlerweile mancherorts den Rückzug angetreten. Im Gespräch mit der Deutschen Presse-Agentur vermutete die Geschäftsführerin eines Berliner Spas, viele Besucher, die eine Sauna nur selbstverständlich im Adams- oder Evakostüm besuchten, scheuten Nacktheit „außerhalb als zu direkt und zu nah". Dem Leipziger Sexualforscher Kurt Starke leuchtet das ein: Namentlich jüngere Menschen achteten ihren Körper als „kostbares Instrument, das man nicht einfach so zur Schau stellt und preisfrei preisgibt"; über ältere Menschen breche der „Terror der herrschenden Schönheitsideale" umso einschüchternder herein.

Dann wird Nacktheit zum Fluch: zum Signal unumkehrbaren Verfalls, mithin unser aller unausweichlicher Endlichkeit. Unter uns Kleiderträgern steht sie heutzutage nun mal weniger für Natürlichkeit als für die „nackte Wahrheit", die wir besser im Verborgenen hielten, nun gar für das Laster, für das, was gemeinhin Sünde heißt. Auch sie, als einen Urwesenszug des Menschen, deckt Courbets URSPRUNG DER WELT vor uns auf.

Allemal ist das Nackte, als Tatsache, das Offenbare und Unleugbare, ein von verschleiernder Zutat bereinigtes Äußeres, beim Menschen das erschlossene Geheimnis des Leibes. Zuallererst betrifft dies unser Gesicht: Was nicht alles teilt es dem Nächsten mit. Ausgerechnet mit jener Körperstelle, die unser Innerstes am deutlichsten verrät, zeigen wir uns den anderen meist nackt. Freilich verraten wir hüllenlos nicht alle Rätsel, weil unsere Wahrheit in unserem Inneren liegt. So erblicken wir im nackten Körper nicht so sehr, was (im Wortsinn) dran ist an ihm, wie das, was wir selbst sehen wollen: Wir umkleiden das Gegenüber gewissermaßen mit einer Aura, die unseren eigenen, unbewussten Wünschen oder manipulierten Vorstellungen entspringt. Im Märchen von DES KAISERS NEUEN KLEIDERN inszenierte dies der dänische Erzähler Hans Christian Andersen 1837 als Allegorie: Ein eitler Regent sitzt Beutelschneidern auf, die er für Gewänder bezahlt, angeblich so fein gewoben, dass niemand sie sehen und spüren kann; in erlesenster Pracht meint er einherzuschreiten und hat doch schlichtweg nichts an. Gleichsam durchsichtig wird so das innere Selbst des Lackaffen vor den Untertanen, kenntlich geworden durch seine banale Körperlichkeit. Erst der rationale Spottruf eines Kindes entzaubert ihn durch schonungslose Nüchternheit.

„Da steh ich, ein entlaubter Stamm", heißts (wenn auch in anderem Zusammenhang) in Friedrich Schillers WALLENSTEIN. Dabei hat Andersens Kaiser noch Glück: Wer weiß, vielleicht reicht ja sein bloßer Körper hin, das Staatsvolk durch athletischen Bau zu beeindrucken. Immerhin darf ein Mann ohne Hosen gelinde hoffen, erotisch zu wirken. Mit nur heruntergelassener Hose indes wird er immer lächerlich ausschauen. So nah liegen das Erregende und das Erbärmliche beieinander.

5

Dass wir Menschen uns bekleiden, besagt nicht gleich, dass wir ganz Unaussprechliches zu verbergen hätten. Einem Gebot des Anstands genügen wir damit, auf das sich entwickelte Gesellschaften geeinigt haben. Zur Verkleidung, Verfremdung, womöglich zur Täuschung wird Kleidung erst durch weiter gehende Absicht. Als abgrenzendes Signal der Klassenzugehörigkeit funktionierte Kleidung schon immer: An Qualität und Wert ihrer Materialien, der Kostbarkeit ihrer Verarbeitung lesen wir Ärmlichkeit oder Wohlstand des Anderen ab. Detailliert schrieben mittelalterliche Kleiderordnungen fest, was an Stoffen, Farben und Dekors jedem Stand für angemessen galt. Als Jude jener Zeit stand fast wie nackt da, wer auf Anordnung des Laterankonzils von 1215 einen spitzen Hut und am Mantel einen gelben Ring trug; später ging es in Deutschland dem nicht besser, der sich gemäß antisemitischer Polizeiverordnung ab 1939 einen gelben Stern an die Brust heften musste.

Umso mehr sollten wir ihn schätzen: den entkleidenden Moment, von dem an nur noch der sprichwörtliche „kleine Unterschied" das Männlein vom Weiblein sondert. Durch seine Geringfügigkeit bügelt er zeichenhaft alle vermeintlichen Unterschiede aus zwischen Damen und Herren, Hochwohlgeborenen und Subalternen, Geldprotzen und Habenichtsen. Nacktheit macht sie alle, macht uns alle gleich. Die demokratischsten Orte auf Erden sind die öffentliche Sauna und die Leichenkeller der Pathologie.

* *
*

Michael Thumser, geboren 1959 in Hof, studierte Literatur- und Theaterwissenschaft sowie Kunstgeschichte in Erlangen und schloss als Magister Artium ab. Fast 35 Jahre war er bei einer regionalen nordbayerischen Tageszeitung tätig, lange als verantwortlicher Kulturredakteur, zuletzt als Chefautor. Seit 2020 betreibt er als erfahrener klassischer Feuilletonist alter Schule unter *https://www.hochfranken-feuilleton.de* Kulturberichterstattung im Internet.

Theodor-Wolff-Preis; Oberfränkischer Medienpreis (Sparte Print); Johann-Christian-Reinhart-Plakette für Verdienste um die Kultur der Stadt Hof.

Von Michael Thumser erschien im Verlag Tredition außerdem:

DER HUNGERTURM
Erzählungen

Von Paaren handeln etliche der dreizehn Geschichten in diesem Band: von solchen, die auseinandergehen, von anderen, die „trotz allem" beieinanderbleiben, von wieder anderen, die gar nicht erst zusammenfinden. Dass die Liebe auch bitter schmecken kann, ahnen oder erfahren sie. Sich selbst und der Welt abhanden z kommen, müssen manche der Figure fürchten, den Kontakt zu verlieren, al sein oder zu bleiben und nichts anfangen zu können, nur mit sich. Manche haben ihren Platz ziemlich weit fort von den anderen, zum Beispiel hoch über ihnen wie der namenlose Protagonist der Titelerzählung DER HUNGERTURM. Irgendwann freilich werden sie aufgestört von der halb heimlichen Sehnsucht, mit jemandem zu zweit zu sein. Bei anderen genügt ein unerwarteter Zwischenfall, dass der Boden unter ihren Füßen ins Schwanken gerät und brüchig wird. Und es gibt auch welche, die an der Wirklichkeit scheitern, weil sie Ziele und ein Bild von sich haben, die nicht zu ihnen passen.

Knapp und zielstrebig, bisweilen in filmartig geschnittenen Szenen und Dialogen berichten die „altmodischen", weil zeitlosen Erzählungen davon, wie aus Unspektakulärem etwas Liebes- und Lebensbestimmendes, mitunter Tödliches erwächst.

**2., durchgesehene Auflage, 288 Seiten
Hardcover: (ISBN 978-3-347-17238-8) 19,99 Euro
Paperback: (ISBN 978-3-347-17237-1) 10,99 Euro
e-Book: (ISBN 978-3-347-17239-5) 2,99 Euro**